《信息化与工业化两化融合研究与应用丛书》编委会

国家出版基金项目
NATIONAL PUBLICATION FOUNDATION

信息化与工业化两化融合研究与应用

高速列车运行控制系统

宁　滨　唐　涛
李开成　董海荣　编著

科学出版社
北　京

内 容 简 介

高速列车运行控制系统是保障高速铁路行车安全、提高运输效率的关键技术和核心装备，是高速铁路的“大脑和神经系统”。本书重点介绍了高速列车运行控制系统的原理、结构、关键技术和目前世界上高速铁路中正在应用的几个典型高速列车运行控制系统，并阐述了高速列车运行控制系统的仿真与测试技术、方法以及安全保障体系。

全书共 9 章，第 1 章为绪论；第 2 章介绍高速列车运行控制系统原理和结构；第 3 章介绍高速列车运行控制系统关键技术；第 4 章介绍欧洲列车运行控制系统(ETCS)；第 5 章介绍中国列车运行控制系统(CTCS)；第 6 章介绍高速磁悬浮列车运行控制系统；第 7 章介绍高速列车运行控制系统的仿真与测试；第 8 章介绍高速列车运行控制系统安全保障；第 9 章对高速铁路和高速列车运行控制系统未来的发展做出展望。

本书可供研究高速铁路列车运行控制系统的科研工作者和工程技术人员阅读，也可作为相关专业的本科生和研究生的教学参考书。

图书在版编目(CIP)数据

高速列车运行控制系统 / 宁滨等编著. —北京：科学出版社，2012
(信息化与工业化两化融合研究与应用)

ISBN 978-7-03-036115-8

Ⅰ. 高…　Ⅱ. 宁…　Ⅲ. 高速列车-运行-控制系统　Ⅳ. U284.48

中国版本图书馆 CIP 数据核字(2012)第 286813 号

责任编辑：姚庆爽 / 责任校对：刘亚琦
责任印制：吴兆东 / 封面设计：黄华斌

科学出版社 出版
北京东黄城根北街 16 号
邮政编码：100717
http://www.sciencep.com
北京厚诚则铭印刷科技有限公司印刷
科学出版社发行　各地新华书店经销

*

2012 年 12 月第 一 版　开本：B5(720×1000)
2025 年 8 月第五次印刷　印张：16 3/4
字数：318 000

定价：98.00 元

(如有印装质量问题，我社负责调换)

《信息化与工业化两化融合研究与应用丛书》序

传统的工业化道路，在发展生产力的同时付出了过量消耗资源的代价：产业革命200多年以来，占全球人口不到15%的英国、德国、美国等40多个国家相继完成了工业化，在此进程中消耗了全球已探明能源的70%和其他矿产资源的60%。

发达国家是在完成工业化以后实行信息化的，而我国则是在工业化过程中就出现了信息化问题。回顾我国工业化和信息化的发展历程，从中国共产党的"十五大"提出"改造和提高传统产业，发展新兴产业和高技术产业，推进国民经济信息化"，到党的"十六大"提出"以信息化带动工业化，以工业化促进信息化"，再到党的"十七大"明确提出，"坚持走中国特色新型工业化道路，大力推进信息化与工业化融合"。这充分体现了我国对信息化与工业化关系的认识不断深化。

工业信息化是"两化融合"的主要内容，它主要包括生产设备、过程、装置、企业的信息化，产品的信息化和产品设计、制造、管理、销售等过程的信息化，其目的是建立起资源节约型产业技术和生产体系，大幅度降低资源消耗；在保持经济高速增长和社会发展过程中，有效地解决发展与生态环境之间的矛盾，积极发展循环经济，这对我国科学技术的发展提出了十分迫切的战略需求，特别是对控制科学与工程学科提出了十分急需的殷切期望。

"两化融合"将是今后一个历史时期里，实现经济发展方式转变和产业结构优化升级的必由之路，也是中国特色新型工业化道路的一个基本特征。为此，中国自动化学会与科学出版社共同策划出版《信息化与工业化两化融合研究与应用》，旨在展示两化融合领域的最新研究成果，促进多学科多领域的交叉融合，推动国际间的学术交流与合作，提升控制科学与工程学科的学术水平。丛书内容既可以是新的研究方向，也可以是至今仍然活跃的传统方向；既注意横向的共性技术的应用研究，又注意纵向的行业技术的应用研究；既重视"两化融合"的软件技术，也关注相关的硬件技术；特别强调那些有助于将科学技术转化为生产力以及对国民经济建设有重大作用和应用前景的著作。

我们相信，有广大专家、学者的积极参与和大力支持，以及编委的共同努力，本丛书将为繁荣我国“两化融合”的科学技术事业、增强自主创新能力、建设创新型国家做出应有的贡献。

最后，衷心感谢所有关心本丛书并为丛书出版提供帮助的专家，感谢科学出版社及有关学术机构的大力支持和资助，感谢广大读者对本丛书的厚爱。

中国自动化学会理事长

2010 年 11 月

前　　言

随着石化能源危机和环境污染等问题日益严重，发展绿色环保的交通工具成为世界各国的共同目标。随着国家“十二五”综合交通运输体系规划的颁布，建设智能化的综合交通运输体系已经作为国家发展战略之一。轨道交通，特别是高速铁路，已经成为综合交通运输体系的骨干。在过去的十年间，通过自主创新和引进消化吸收再创新，中国高铁初步构建了高速铁路技术体系，获得了快速的发展。目前，我国高速铁路的运营里程已达7500多公里，成为世界高速铁路运营里程最长的国家。可以肯定，未来十年，仍是中国高速铁路发展的黄金时期。

高速列车运行控制系统作为高速铁路的“大脑和神经系统”，是确保高速列车运行安全和运输效率的关键技术和核心装备，在高速铁路发展中处于重要的地位。为适应铁路发展需要，2002年，中国铁路提出中国列车运行控制系统（Chinese Train Control System，CTCS）技术框架，结合高速铁路建设，面向高速铁路的CTCS-3级列车运行控制系统技术规范体系及装备体系已逐渐形成，并在高速铁路的建设和运营中发挥了重要作用。2011年7月23日甬温线特别重大铁路交通事故发生后，列车运行控制系统的安全性和可靠性引起人们的高度关注。那么，高速列车运行控制系统到底具有哪些功能？它是如何构成的？其工作原理是什么？包含哪些关键技术？作为高速列车运行安全的重要保障技术之一，系统本身的安全性和可靠性如何通过技术和管理手段进行保障？我国高速列车运行控制系统与其他国家的高速列车运行控制系统相比，有什么特点？处于何种水平？这是本书试图阐述的重点。

北京交通大学列车运行控制研究团队，依托“轨道交通控制与安全国家重点实验室”和“轨道交通运行控制系统国家工程研究中心”等平台，数十年来，一直根据国家轨道交通快速发展的需要，致力于列车运行控制系统的理论、方法、关键技术、集成和开发等方面的研究工作，始终坚持理论联系实际，不仅掌握了该领域一些关键技术，开发出了一批核心装置并成功应用（数字化通用机车信号和CBTC系统），还注重从工程实践中凝练科学问题，寓教于研，培养了一批骨干人才，从技术和人才方面有力地支撑了国家轨道交通包括高速铁路的发展。从20世纪90年代中期开始跟踪研究欧洲列车运行控制系统（European Train Control System，ETCS）项目进展，主持和参加了多项轨道交通列车运行控制领域的国家、铁道部和北京市重大项目以及国际交流与合作项目，全面参与了CTCS标准、相关技术规范的制定以及高速列车运行控制系统CTCS-3在中国高速铁路上的互联互通测试等工作。2010 年，完成了具有完全自主知识产权的基于通信城市轨道列车运行控制(Communication Based Train Control，CBTC)系统的研发，并作为示范工程成功应用于北京亦庄线和昌平线，使我国成为继德国、法国和加拿大之后第四个掌握该项核心技术并投入运营的国家。正是在多年来实践和积累的基础上，完成了本书的著述。

随着高速铁路在中国的快速发展，无论是在学术交流中，还是与高铁第一线的技术人员和管理人员的接触中，我们都深切感受到了高铁科研工作者、工程技术人员和高等院校学生等迫切需要全面系统地了解高速列车运行控制系统原理、结构和应用等方面的最新研究内容和进展。为此，我们想尽早出版一本系统地介绍高速列车运行控制系统理论与应用方面的专著，并将数年来团队在研究和开发中，特别是在高速列车运行控制系统实践中积累的成果与大家分享和交流。虽然高速列车运行控制系统相关的文献不少，介绍欧洲 ETCS 和中国 CTCS 等系统的文献也多能见到，但如何从系统中综合凝练出共性问题，详细介绍高速列车运行控制系统基本原理和方法等方面的论著却未见到。作为该领域的教育和科研工作者，我们有责任来做这件事。但真正开始写作之后，我们才发现撰写这样一本著作的难度远远超出了最初的想象：许多概念和术语没有完全统一，甚至在一些理论和方法的研究上还存在不同的观点。尤其"7·23 事故"发生后，如何进行高速列车安全高效运行和安全保障体系的研究，更引起我们深刻的反思。所以，尽管困难重重，我们仍然尽最大的努力撰写本书。

全书共 9 章，第 1 章简要介绍了高速铁路和高速列车运行控制系统在世界范围内的发展概况。第 2 章对高速列车运行控制系统基本原理和基本结构进行了深入的阐述和分析。第 3 章围绕高速列车运行控制系统涉及的主要关键技术如安全计算机、车-地通信、列车测速和定位等方面进行详细的介绍。第 4～6 章围绕高速列车运行控制系统几个典型系统，如欧洲列车运行控制系统(ETCS)、中国列车运行控制系统(CTCS)和高速磁悬浮列车运行控制系统进行分类描述。第 7 章介绍了高速列车运行控制系统仿真与测试。第 8 章探讨建立高速列车运行控制系统安全保障体系。最后对高速铁路和高速列车运行控制系统未来发展的方向进行展望。

衷心感谢团队余祖俊、郜春海、蔡伯根、袁磊、马连川、陈磊、燕飞、孙绪彬、陈姚、周达天、荀径等博士对本书著述给予的支持和协助，他们以不同的形式、在不同的程度上对本书著述和出版做出了重要贡献。感谢北京交通大学轨道交通控制与安全国家重点实验室高童欣、张凌莺、覃高友、刘超、郭亮、杨晓霞、高士根、欧阳任海、康元磊和张梦杨等研究生，他们为完成本书做了大量的辅助工作，如绘图、排版和文字修正等。此外，团队长期以来的工作得到铁道部、科技部、财政部、国家发展和改革委员会以及北京市的大力支持。多年来，与轨道交通领域许多高校、研究院所、铁路局和有关企业的专家及技术人员进行的讨论、交流和合作都使我们受益匪浅，我们无法一一列出他们的名字，在此对所有支持我们的领导、同事和同仁表示衷心的感谢。最后，感谢家人长期以来对我们的工作给予的理解和支持。

感谢国家支撑计划课题“高速列车运行控制系统技术及装备研制”、国家863计划课题“高速铁路信号系统安全认证与评估技术研究”、铁道部科技发展项目“CTCS-3级列控系统深化研究”、教育部新世纪优秀人才支持计划“高速列车多目标优化运行及人因分析”等项目的资助。

由于水平有限，书中难免存在疏漏，热忱欢迎读者把对本书的任何意见和建议及时反馈给我们，以便有机会对本书做进一步改进。

作　者
2012年10月于北京交通大学
轨道交通控制与安全国家重点实验室

作者信箱：hrdong@bjtu. edu. cn

目　　录

第1章　绪　　论

1.1　概　　述

铁路自19世纪初诞生以来，在近200年的发展历史中，对人类文明发展与社会进步发挥了重要的作用。随着汽车、高速公路和航空事业的发展，铁路的作用一度逐渐淡化。然而，“大运量”、“低成本”等运输特点使铁路行业依然保有发展潜力，直至1964年10月，时速200km日本东海道新干线的开通，揭开了世界高速铁路发展的新篇章，铁路在世界各国的发展也开始从“夕阳工业”走向新生。半个世纪以来，高速铁路先后在日本、法国、德国、西班牙和中国等多个国家得到了快速发展。

根据国际铁路联盟定义，高速铁路是指新建线路设计时速250km，或改造原有线路使其时速达到200km以上的铁路。“狭义”上的高速铁路是指传统的轮轨式高速铁路；而“广义”上的高速铁路则包含使用磁悬浮技术的高速轨道运输系统。目前，世界上有代表性的高速铁路列车有日本新干线列车、法国TGV列车、德国ICE列车和中国CRH列车，其中高速铁路轮轨式最高运营时速为法国320km，上海磁悬浮运营线最高时速为431km。

无论是城市轨道交通，还是干线铁路，特别是高速铁路，作为一种绿色的大众化交通工具，在综合交通运输体系中发挥的骨干作用已成共识。同公路和航空运输相比，高速铁路在节能、环保、占地少、全天候运行和安全等方面都具有明显的优势。高速铁路已经成为一个国家或地区的“名片”，对促进经济发展，改变人们的时空观念，发挥着重要的作用。这一点，无论在日本、欧洲，还是在中国都得到了证实。作为一个集现代技术为一体的复杂巨系统，高速铁路的发展还对现代制造业和重大装备技术等具有较大的带动作用，尤其对中国的信息化、城镇化和现代化的发展具有重要的推动作用。

在中国，第一条真正意义上的高速铁路是2008年北京奥运会开幕前开通的京津城际高速铁路，线路全长120km，开通时速为350km。随后相继开通了武汉至广州、郑州至西安和北京至上海（简称京沪高速铁路）等多条高速铁路。特别是2011年7月开通的京沪高速铁路，是世界上一次建成开通运营最长的高速线路，其线路长度为1318km，开通时速为300km。中国是目前世界上拥有高速铁路线路运营里程最长的国家，开通运营的高速铁路里程超过7500km，在建总里程近10000km。根据规划，到2020年，中国将建成近1.8万km的高速铁路网。

高速铁路系统可以分为固定设施、移动设施和高速列车运行控制三大部分，其中固定设施部分包括线路、桥梁、隧道（通常简称线、桥、隧）和牵引供电等地面设施；移动设施部分即动车组（或机车车辆部分）；高速列车运行控制部分（即高速列车运行控制系统）包括中央控制子系统（即调度系统）、地面控制子系统、车载控制子系统和通信网络子系统，如图 1-1 所示。高速铁路系统是在高速列车运行控制系统的指挥和控制下，使高速列车在线路上安全高效地运行。

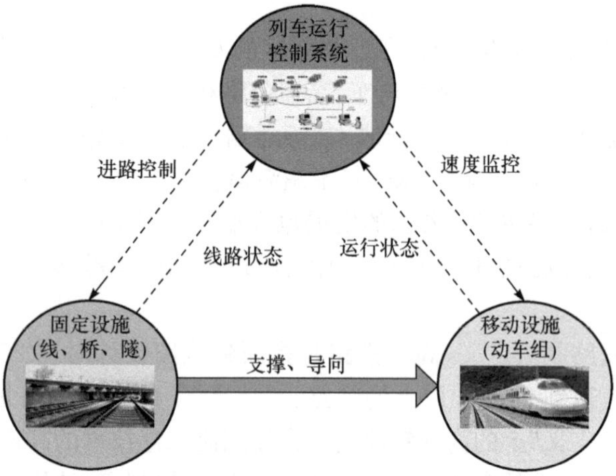

图 1-1　高速铁路系统

高速铁路中常见的其他控制系统有高速列车车载控制系统和牵引供电控制系统，其中高速列车车载控制系统是对列车的变压、变流和制动装置等实施牵引和制动控制的系统，该部分已在动车组设计制造时完成。牵引供电控制系统是对列车提供正常供电电源的系统，如全线供电系统的设计、供电分区的设置、换相点设置和过分相控制等，该部分在高速铁路建设时完成。

高速列车运行控制系统是对列车运行的进路方向、列车间隔和运行速度实施控制的系统，从某种意义上讲不能独立存在，往往依附于高速列车和线路。根据线路和列车的运行状态，通过获得列车的牵引和制动性能，运行控制系统实现对列车加速、减速和停车等控制功能，而列车的牵引则又需要通过牵引供电控制系统提供电能等。上述三类控制系统既有密切联系，又有明确的分工。因而，在高速列车运行的过程中控制系统间通过协同作用使高速列车安全和高效运行。本书主要探讨的是高速列车运行控制系统。

高速列车运行控制系统（俗称信号系统）是保障高速铁路行车安全、提高运输效率的关键技术和核心装备，是高速铁路的“大脑和神经系统”。传统铁路的列车运行控制系统由地面信号显示为主的自动闭塞、机车信号和自动停车构成，当列车速度超过 160km/h，司机难以用肉眼及时识别地面信号和有效对列车运行实施控制。因此，许多国家对传统的列车运行控制系统所能适应的最高车速进行了规定，如法国铁路规定时速不得高于 200km，德国联邦铁路规定时速为 160km。当高速列车以时速 200km 以上运行时，为确保列车运行安全和提高行车密度，必须采用以车载速度信号显示为主的高可靠和高安全的高速列车运行控制系统予以保障。

高速列车运行控制系统的车载控制子系统根据从地面接收的速度控制信息自动生成并给司机显示目标速度和限制速度等信息，以便司机进行高速列车的驾驶。当高速列车运行速度超过其限制速度，车载控制子系统将自动实施制动（常用制动或紧急制动）迫使列车降速或停车，最终确保高速列车行车的安全。作为一个高速列车运行控制系统，除完成其应有的功能外，其特殊性体现在以下三个方面。

首先是安全性和可靠性。高速列车运行控制系统与高速列车的安全运行密切相关。作为铁路的信号系统，列车运行控制系统自铁路诞生以来就存在。随着列车运行速度的不断提高，列车脱轨、颠覆、追尾和正面冲突造成的灾难越来越严重，对列车运行控制系统安全性和可靠性的要求就越来越高。高速列车运行控制系统的安全性，通常遵循“故障-安全”原则，即系统发生故障时只能显示“红灯”（或降速信息等）确保高速列车安全停车（或减速），而不能显示“绿灯”或其他信息使列车继续高速运行，从而避免追尾、颠覆或其他事故发生等。

高速列车运行控制系统的第二个特殊性在于系统的二次设计。高速列车运行控制系统并不是一个“确定”的系统，与动车组、线路、车站的布局及运输组织等相关，是一个覆盖所有线路和涉及线路上所有运行的高速列车的复杂巨系统。因此，在高速列车运行控制系统的“最小核心系统”研发完成以后，针对不同线路和不同类型的高速列车，需要进行系统的二次设计。所谓“最小核心系统”，是包含一个标准站场、局部线路和固定列车设计的一个覆盖线路、站场和列车等的最小系统，确保其联锁、逻辑等功能以及系统的可靠性和安全性。高速列车运行控制系统属于一个“量体裁衣系统”，其开发和二次设计的完成需要有专业性的辅助设计系统支持。

高速列车运行控制系统的第三个特殊性在于验证、安全评估和认证。无论是“最小核心系统”，还是具体应用系统，都存在可靠性和安全性的验证问题，即对系统进行实验室仿真验证、现场试验验证和中试等。高速列车运行控制系统在运营中复杂性不断提高、技术不断完善及升级，当系统投入运行以后，与现场应用“相同”的仿真系统仍旧被保留，用于后续系统的维护、升级和人员培训等。近年来，平行系统的概念也应用于轨道交通和高速铁路系统的研究中。除了进行上述系列测试、验证和试验，还应对高速列车运行控制系统进行独立的第三方安全评估和认证，从而保障系统的高安全和可靠性，使系统的风险得以分散和可控。不同于传统的测试、检测和鉴定，作为国际上通行的有效方法，第三方独立的安全评估和认证是一个安全保障的过程控制。

高速列车运行控制系统由中央控制子系统、地面控制子系统、车载控制子系统和通信网络子系统 4 个子系统构成，如图 1-2 所示。其中，地面控制子系统包括车站系统、区间及沿线的装置等，通信网络子系统包括有线网络和车-地无线通信等。从系统控制涉及的范围和对象来看，高速列车运行控制系统是一个复杂系统，不仅与线路和动车组有关，也与运营的动、静态数据有关，还与各种设施的状态、天气和地震等灾害监测结果有关。

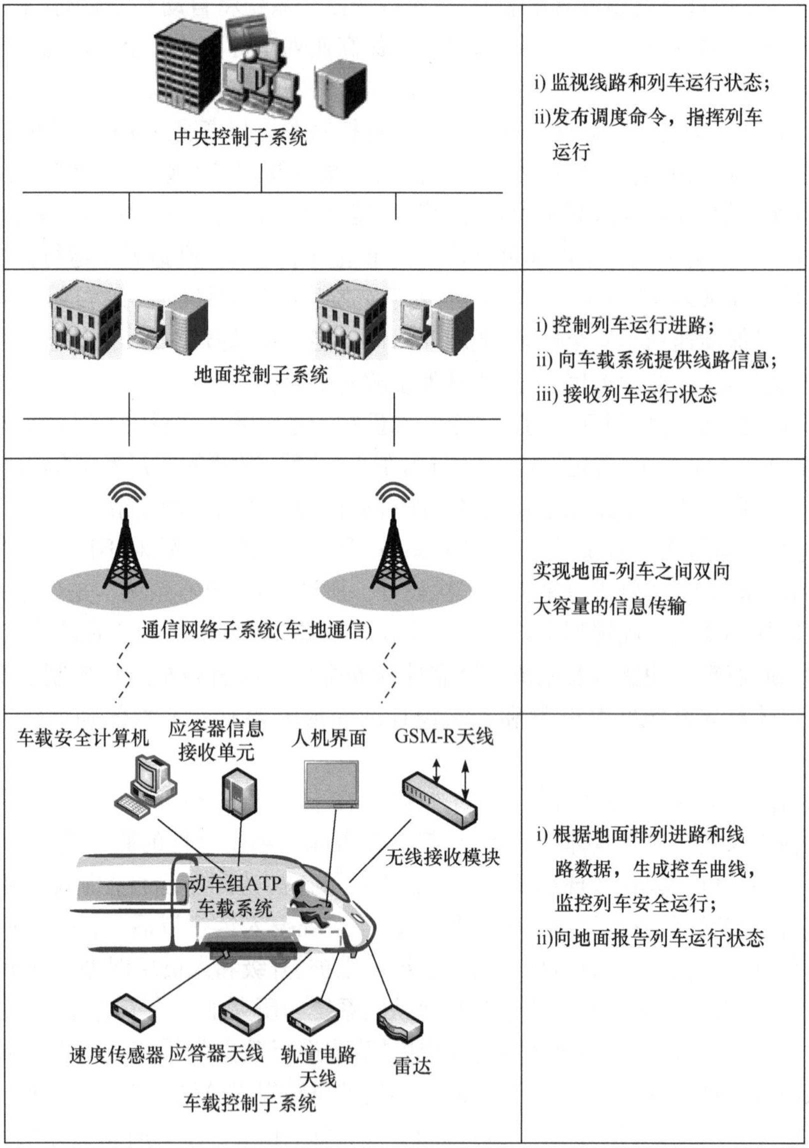

图 1-2　高速列车运行控制系统的分层结构

同航空、船舶等领域的控制系统一样，我国在高速列车运行控制领域的核心技术方面，仍旧面临着诸多挑战。在系统集成方面，尽管需求等因素发展比较快，但在部分核心技术方面的发展仍不尽如人意。在控制领域技术的发展中，不仅需要理论的支撑和模型的建立，还需要进行经验的积累。例如，模型中一些参数的确定需要大量的数据支撑，这也是我们在诸多领域的控制系统方面落后的原因之一。我国在高速铁路的发展起步较晚，经验不足，积累不够，因此，高速列车运行控制系统需要在应用中进一步完善。

高速列车运行控制系统是在传统列车运行控制系统的基础上发展起来的，既具有传统轨道交通列车运行控制系统的特点，也具有高速列车运行控制系统的特殊要求。例如，在进路控制、联锁关系和超速防护等方面，高速列车运行控制系统与既有列车运行控制系统的要求是一样的，但由于列车运行速度比较高，在控制信息传输的实时性要求、列车的牵引和制动控制模型等方面具有完全不同的特点。

总之，高速列车运行控制系统作为高速铁路的重要组成部分，在高速铁路的发展中发挥着重要的作用。高速列车安全运行，直接与高速列车运行控制系统有关。包括2011年7月23日发生的甬温线特别重大铁路交通事故在内的许多铁路恶性事故，都或多或少与列车运行控制系统有关。高速铁路运行控制系统是典型的安全苛求系统，新技术的引入对传统铁路信号系统开发与集成方法的安全性提出了挑战。主要风险已经从硬件随机失效事件，向系统和软件层面的共因失效因素转变，涉及软件开发与测试技术、项目质量控制方法，以及安全管理与保障理念。目前国际铁路领域已经形成了基于系统工程理论的铁路安全保障体系，尽管该体系并不是针对高速铁路技术提出的，但是高速铁路系统对安全性的更高要求会极大推动高速铁路安全保障体系的建立与完善。因此，结合我国高速铁路在系统安全管理、评估与认证领域的实际情况，应尽早建立先进的高速铁路运行控制系统安全保障体系。

1.2　高速列车运行控制系统

高速列车运行控制系统是伴随着高速铁路的发展而发展起来的。目前，世界上高速列车运行控制系统总体上可以分为三大类，第一类是日本的高速列车运行控制系统；第二类是欧洲的高速列车运行控制系统，主要是法国和德国的高速列车运行控制系统，及欧洲列车运行控制系统（European Train Control System, ETCS）；第三类是中国列车运行控制系统（Chinese Train Control System, CTCS）。西班牙、意大利、瑞典和英国以及中国的台湾地区，其高速列车运行控制系统均可以归在这三类系统之中。其中，欧洲列车运行控制系统ETCS和中国列车运行控制系统CTCS已各自形成比较完善的技术体系。

1.2.1　日本高速列车运行控制系统

日本是世界上第一个将高速铁路列车投入运营的国家。自1964年以来，日本已经拥有新干线高铁网络约2500km，最高运行时速已从最初东海道新干线的200km，提高到山阳新干线的300km。每年承运近3亿人次，且保持了自运营以来无一例死亡事故的良好纪录。日本的高速列车运行控制系统为此发挥了重要作用。

20世纪60年代，为保证新干线高速列车的运行安全，日本开发了列车自动控制(Automatic Train Control，ATC)系统。该系统利用轨道电路进行列车的检测，并通过轨道电路向列车传输机车信号，以阶梯式控制方式实现列车超速防护。ATC系统广泛应用于日本干线铁路、高速铁路及地铁。90年代日本又开发了D-ATC系统，这里D即Digtal的缩写。D-ATC系统的地面系统采用了数字轨道电路，利用轨道电路进行列车检测，并向列车传输数字编码的列车控制信息，采用目标距离控制模式。

D-ATC系统使用有绝缘数字轨道电路发送列车位置、目标速度和进路等信息，其地面系统向车载系统传输的信息量比ATC系统大，因此车载系统可根据轨道电路信息和车载系统存储的线路数据生成连续速度距离模式曲线，控制列车安全运行，并采用设备控制优先方式，不仅缩短了列车间隔，而且提高了旅客的舒适性，如图1-3所示。

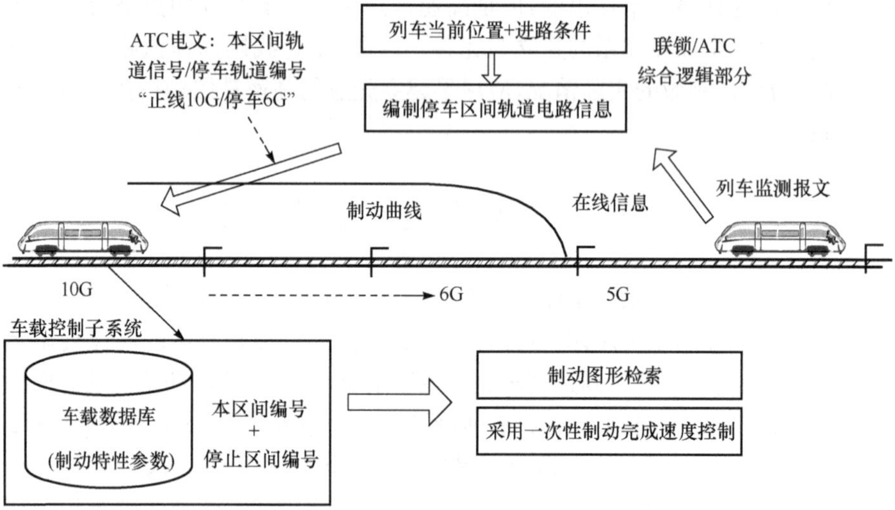

图1-3　D-ATC系统

1.2.2 欧洲高速列车运行控制系统

截至2011年11月，欧洲已投入运营的高速铁路线路总长约6600km，其中正在建设2427km。欧洲第一条高速铁路是1981年投入运营的法国巴黎至里昂东南线，线路长度388km，运营最高时速是270km。目前，法国高铁最高运营时速是320km，投入运营的高速铁路线路总长约为2000km，加上在建和规划的高速铁路总计近5000km。

20世纪70年代，作为法国高速铁路TGV项目的组成部分之一，法国铁路开发了TVM300型列车运行控制系统，TVM是法文Transmission Voie-Machine的缩写，即地-车传输。该系统采用UM71型无绝缘轨道电路，采用阶梯控制方式实现列车超速防护控制。UM71型无绝缘轨道电路是法国1971年开发的防止电气化谐波干扰的移频轨道电路，共有四个载频，每个方向交叉配置两个载频，向列车发出18个低频调制信号。90年代初开发的TVM430则采用了UM2000型无绝缘数字轨道电路和速度距离模式曲线控制方式。法国巴黎到比利时边境及经里尔到英吉利海峡隧道的TGV Lord高速铁路首先应用该系统。UM2000型无绝缘轨道电路是对UM71型轨道电路进行的数字化改造，低频信号增加到28种，其中一种低频信号为轨道占用信息，其余27种低频信号进行编码处理。信息传输量由UM71的18个信息增加到2^{27}个信息，其中防护码为6位，有效信息为2^{21}个。

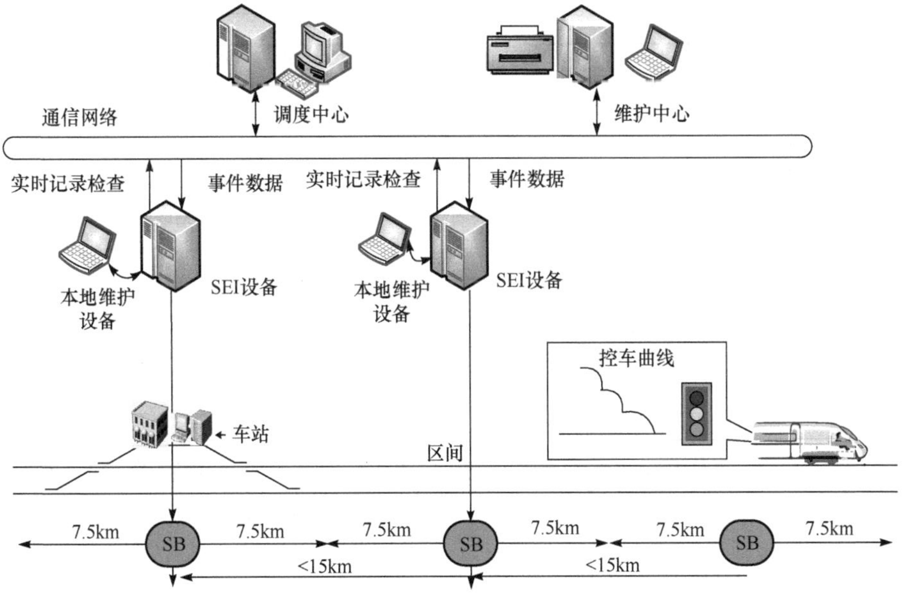

图1-4 TVM430系统

TVM430系统构成如图1-4所示，使用无绝缘数字轨道电路向列车发送行车许可(Movement Authority,MA)。车载系统根据轨道电路报文生成分段速度距离模式曲线，控制列车安全运行，并采用司机控制优先方式。

德国于1988年建成第一条高速铁路汉诺威-维尔茨堡线的富尔达至维尔茨堡段，总长90km，最高速度280km/h。从汉堡到慕尼黑的铁路线是第一条升级为高速铁路的既有线路，全长286km，2004年提高到260km/h。目前德国投入运营的高速铁路最高速度为300km/h，总长约为1300km。

20世纪60年代，为适应铁路提速及发展高速铁路需要，德国铁路开发了LZB 100型列车运行控制系统，LZB是德文Linienzugbeeinflussung的缩写，意为连续列车控制。LZB系统采用基于轨道电缆传输方法，广泛应用于德国干线铁路及高速铁路、奥地利铁路及西班牙高速铁路AVE。70年末开发的LZB80系统的构成如图1-5所示，采用轨道电缆(交叉环线)方式传输车-地信息、使用S棒无绝缘轨道电路实现列车占用和完整性检查；车载系统采用了三取二安全计算机，利用车-地传输的信息生成连续速度距离模式曲线控制列车安全运行，并采用司机控制优先方式。

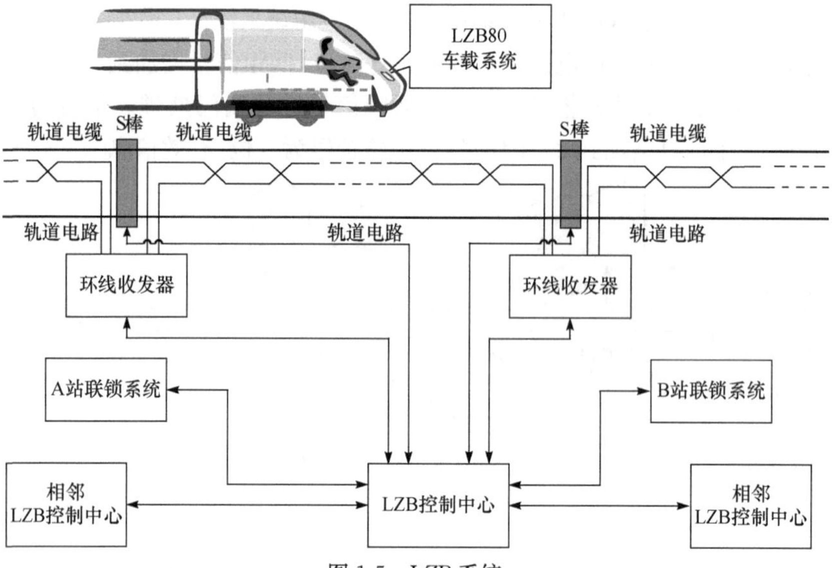

图1-5　LZB系统

20世纪90年代初，为了改善欧洲铁路网内信号制式互不兼容的状况，欧洲铁路和欧洲信号工业界在欧洲委员会的财政支持下，通过大约20年的努力完成了欧洲铁路运输管理系统(European Rail Traffic Management System,ERTMS)技术标准，目的是在全欧洲范围内创立一个既可以兼容现有信号体制，又可以在各国统一推广使用的铁路信号标准，保证欧洲各国列车在欧洲铁路网内的互通运营和提高运输效率。ERTMS包括欧洲列车运行控制系统ETCS和无线通信系统GSM-R等部分。为了兼顾既有系统及今后列车运行控制系统发展趋势，ETCS按地面系统的组成以及车-地信息传输方式分成了5个等级，如表1-1所示。

表1-1 ETCS等级

等级名称	简要描述
ETCS-0级	装备了ETCS的列车可以在未装备ETCS地面系统或者无本国(本地)信号系统的线路上运行，或者在处于试运行的ETCS线路中运行
ETCS-STM级	装备了ETCS的列车，在装备了本国(本地)信号系统的线路上运行，使用STM(专用传输模块)接口
ETCS-1级	装备了ETCS的列车，在装备有欧洲应答器的线路上运行，线路上安装欧洲环线或者无线注入单元；ETCS-1级分成带注入信息和不带注入信息两种模式
ETCS-2级	装备了ETCS的列车，由无线闭塞中心控制的、在装备了欧洲应答器和GSM-R的线路上运行，由地面系统提供列车定位功能和列车完整性检测
ETCS-3级	与ETCS-2级相同，但是列车定位和列车完整性检测由车载系统实现

1.2.3 中国高速列车运行控制系统

2002年初，由中国铁道部牵头，当时从事列车运行控制系统研发的大学、研究院和企业均参与了中国列车运行控制系统CTCS技术标准制定。参考欧洲列车运行控制系统ETCS标准，针对中国铁路运输的需求及发展，提出了CTCS技术标准。CTCS的提出，是中国铁路信号发展史上一个重要里程碑，它规范中国铁路运行控制系统，又为中国高速列车运行控制系统的发展指明了方向。CTCS标准目前分为五级，其中CTCS-0级和CTCS-1级用于常规铁路，CTCS-2级和CTCS-3级用于提速列车的动车运行控制系统和高速列车运行控制系统。表1-2列出了CTCS五个等级的简要描述，中国高速列车运行控制系统是中国列车运行控制系统中CTCS-2级和CTCS-3级，本书的第5章将详细介绍有关内容。

表1-2 CTCS等级

等级名称	简要描述
CTCS-0级	由通用机车信号和运行监控记录装置构成； 既有线现状
CTCS-1级	由主体机车信号和安全型运行监控记录装置组成
CTCS-2级	基于应答器和轨道电路传输，司机凭车载信号行车； 适用于200～250km/h线路，追踪间隔缩短至5min
CTCS-3级	基于无线通信平台，司机凭车载信号行车； 适用于300～350km/h线路，追踪间隔缩短至3min
CTCS-4级	基于无线通信平台，取消轨道电路，实现虚拟/移动闭塞； 目前尚无开发，是未来发展制式

1.3　高速磁悬浮列车运行控制系统

1935年，德国工程师赫尔曼·肯佩尔利用电子管放大器首次成功地在实验室完成了自由悬浮210kg重物的实验。1965年，基于这种悬浮原理，提出电磁推力驱动的车体概念，使得高速磁悬浮列车的构想在工业界开始实验，启动了开发磁悬浮车的无接触驱动原理车的工作。1979年，世界第一列准许载客的长定子动力装置磁悬浮列车（TR05）在德国汉堡国际运输展览会运行展出；1980年，在德国Ernsland的Transrapid测试中心（TVE）开始建筑导轨和TR06试验车，设计时速400km，并在1988年创下载人时速412.6km的记录。1997年，德国在汉诺威博览会上展出了设计时速为550km，具有3节客车的TR08型磁悬浮列车，这是计划在柏林-汉堡线路上建造的高速磁悬浮列车原型。

德国高速磁悬浮列车系统可分为线路、牵引、车辆和运行控制四大子系统。运行控制子系统不仅实现列车运行、安全控制和防护，还兼有列车运行的管理和调度等功能，主要包括操作与显示、自动操纵列车、驾驶序列控制、列车防护、进路防护、道岔防护、列车安全定位、速度距离曲线监控和牵引安全切断等功能。其安全系统采用“三取二”安全计算机平台，列车运行控制系统采用位于控制中心的中央控制子系统，位于牵引变电站和轨道旁的分区控制子系统和位于列车上的车载控制子系统三层结构。子系统之间的连接和数据传输通过运行控制通信子系统实现，包括地面的光纤网、地面与列车间无线通信系统，如图1-6所示。

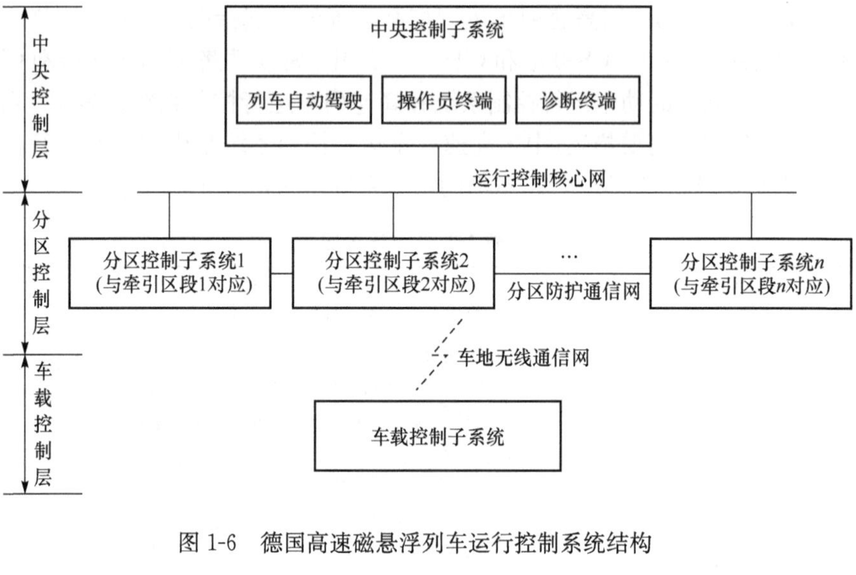

图1-6　德国高速磁悬浮列车运行控制系统结构

高速磁悬浮列车中央控制子系统的功能包括完成操作与显示、按时刻表自动调度指挥列车等功能。分区控制子系统完成驾驶序列控制、列车防护、进路防护、道岔防护、速度距离曲线监控、列车安全定位和牵引安全切断等功能。车载控制子系统完成列车防护、速度距离曲线监控、列车安全定位等功能。运行控制通信子系统由三个子通信网组成，实现中央控制子系统与分区控制子系统之间信息传输的运行控制核心网、分区间及分区内部安全计算机系统间信息安全传输的分区防护通信网和车地间无线信息传输的 38G 无线通信网。

为增强与航空运输的竞争力，日本在 20 世纪 60 年代初开始从事磁悬浮技术的研究，1979 年无人试验车 ML500 试验达到了时速 517km 的最高速度。之后日本磁悬浮研究的重点是改进超导磁铁、试验车上磁铁和线路上线圈的不同布置。1989 年，日本在山梨修建全长 42.8km 的世界最长磁悬浮试验线。1997 年，日本铁路(JR)综合技术研究所研制的新试验车 MLX02 在不载人运行中，创造了 550km/h 的最高磁悬浮列车运行记录。1999 年，该公司的 MXL01 在载人条件下刷新了该记录，达到 552km/h。

日本高速磁悬浮列车系统也可分为线路、牵引、车辆和运行控制四大系统。运行控制系统由运输控制子系统、安全控制子系统、驾驶控制子系统三个子系统构成。这三个子系统之间的连接和数据传输通过运行控制通信子系统实现，包括地面的光纤网、地面和列车之间的无线通信系统，如图 1-7 所示。

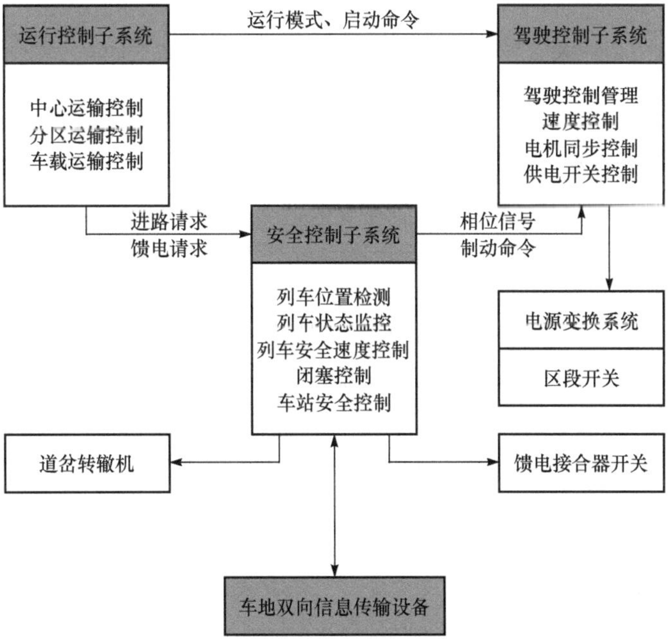

图 1-7　日本高速磁悬浮列车运行控制系统结构

日本高速磁悬浮列车运行控制系统的基本功能主要包括:对磁悬浮列车系统的运输调度指挥、车站安全控制、站间的闭塞控制、列车超速防护以及驾驶控制管理、定子段供电开关控制等。运输控制子系统实现对磁悬浮列车系统的运输调度指挥,由中心运输控制、分区运输控制和车载运输控制三部分组成。安全控制子系统实现磁悬浮列车系统的安全防护功能,主要由列车位置检测、列车状态监控、列车安全速度控制、闭塞控制、车站安全控制等部分组成。驾驶控制子系统实现磁悬浮列车速度控制及定子段供电控制等功能,由驾驶控制管理、速度控制、电机同步控制和定子段供电开关控制等部分组成。运行控制通信子系统采用漏泄电缆或者毫米波无线通信实现列车与地面之间的双向通信,采用光纤通信网实现地面轨旁系统间的信息传输。

20 世纪 80 年代后期,中国开始对常导低速磁悬浮列车的悬浮、导向和推进等关键技术进行基础性研究。1994 年 10 月,国防科学技术大学研制成功了我国首条低速磁浮列车试验线和试验车。随后,国防科学技术大学于 1998 年 12 月研制出 6 吨单走行机构磁浮试验车,在设计时速为 100km 的室内磁悬浮试验线路上成功地进行了试验。2002 年 12 月 31 日,通过引进德国高速磁悬浮列车技术,实现世界第一条高速磁悬浮商业示范线在上海试运行通车,该线路全长 30km,开通后一直安全运营至今。上海高速磁浮列车示范运营线基于德国 TR08 高速磁浮列车系统技术体系,由中德两国联合设计、开发和建设。

1.4 本书的基本框架

本书在介绍世界高速铁路及高速列车运行控制系统发展概况的基础上,结合作者科研团队在该领域多年实践和积累,不仅对高速列车运行控制系统的原理、结构和关键技术进行分析,还对高速列车运行控制系统的仿真系统和安全保障体系进行阐述。试图涉及高速列车运行控制系统开发、运用、评估、维护和技术支持与安全保障等所有方面,给读者在该领域奠定一定的基础,使其能对现在典型应用的和即将开发的新一代高速列车运行控制系统进行分析与把握。在对三个典型高速列车运行控制系统描述的过程中,限于篇幅,本书仅从原理、结构和需求等方面进行概要性介绍,使读者能对典型系统有一个初步的了解。如需对这些典型系统做进一步的详细分析,仍需参阅其他相关的著作和资料。

第 2 章　高速列车运行控制系统原理和结构

高速列车运行控制系统是集计算机、通信和控制等技术为一体的行车指挥、列车运行控制和管理自动化系统，是用于控制高速列车运行速度、确保行车安全和提高运输能力的复杂控制系统，是高速列车的关键技术和核心装备，也是一个国家轨道交通技术装备现代化水平的标志。本章在分析目前典型的高速列车运行控制系统（详见后续章节）基础上，将高速列车运行控制系统的原理和结构进行抽象和综合，以便读者能更深入地理解已经存在并正在应用的高速列车运行控制系统和未来开发的新一代高速列车运行控制系统。

2.1　概　　述

2.1.1　高速列车运行控制系统的原理

高速列车运行控制系统的主要功能是完成对线路上运行列车的进路安全和速度控制。进路安全由联锁系统保障，而速度控制简而言之就是加速、减速和制动等。确保列车不会超速运行，以免脱轨或颠覆；确保列车间有安全的追踪距离，不会发生追尾；保证列车在规定的停车点能够停下来，不会冒进和追尾。根据高速列车运行控制系统的功能需求，高速列车运行控制系统的原理用图 2-1 进行阐述。

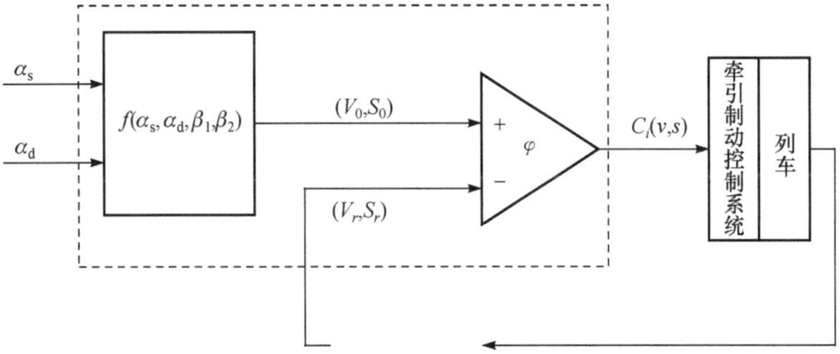

图 2-1　高速列车运行控制系统的控制原理示意图

图 2-1 中虚线部分是高速列车运行控制系统的主体部分，该主体系统的输入包含静态参数 α_s、动态参数 α_d 和列车速度传感器对列车的实时速度反馈（V_r，S_r）。

根据以上参数及列车的牵引性能 β_1、制动性能 β_2，高速列车运行控制系统利用速度距离模型 $f(\alpha_1,\alpha_2,\beta_1,\beta_2)$计算出列车在特定位置下的允许速度$(V_0,S_0)$。系统通过对允许速度和规定延时后反馈的实时速度进行比较，根据设定的规则 ϕ 得到控制命令 $C_i(v,s)$，即牵引命令(加速)、惰性命令(卸载)、常用制动命令、最大常用制动和紧急制动等命令，并发送至列车的牵引制动控制系统。其中，α_s 和 α_d 分别表示系统的静态输入参数和动态输入参数。所谓静态参数是不随列车运行而改变的参数，如线路的坡度和曲线半径等影响列车运行的数据。动态参数则是随着列车运行而改变的参数，如列车距目标速度点的距离和列车位置，包括防灾系统(地震监测或大风检测系统)传给高速列车运行控制系统信息等参数。

高速列车运行控制系统对列车最直接的控制结果是生成控车曲线。所谓控车曲线，实质是列车的速度控制模式，是为了保证列车运行安全，以安全信息为基础对列车的速度进行安全监控的方式，通常可以分为阶梯式控制方式和速度距离模式曲线控制方式，分别如图 2-2 和图 2-3 所示。早期由于车地信息传输能力有限，采用阶梯式控制方式；高速铁路提供了车地间大容量信息交互能力，所以高速列车运行控制系统广泛采用速度距离模式曲线控制方式，图 2-3 所示速度距离控制曲线亦称为连续式速度距离控制曲线。

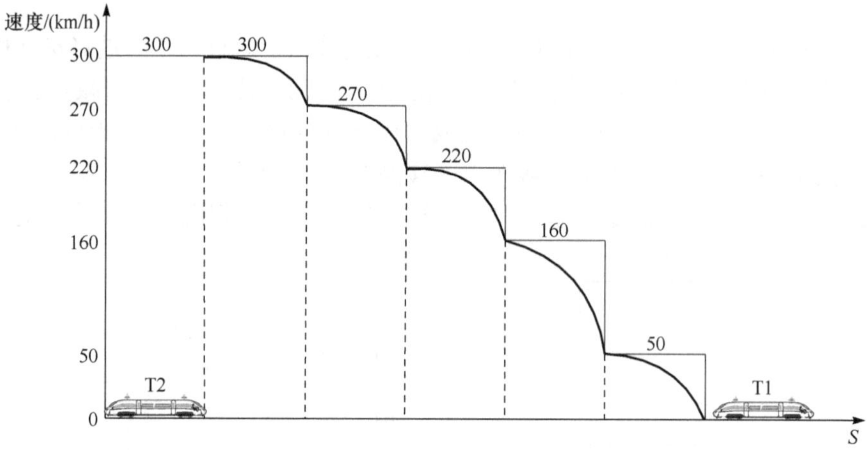

图 2-2　阶梯式控制方式

根据各种动静态参数和控制模型实时计算出列车的速度距离模式曲线对列车运行速度进行控制。在图 2-3 中，仅给出速度距离曲线的部分巡航速度和制动部分，特别强调了制动部分，而牵引加速部分被省略(完整地反映牵引、巡航和制动过程的速度距离曲线如图 2-4 所示)。其中，$V_1(t)$称为常用制动曲线，$V_2(t)$为最大常用制动曲线，$V_3(t)$为紧急制动曲线。S_1、S_2 和 S_3 分别为该类制动开始实施的位置点。根据不同的制动要求，常用制动曲线可能分为不同等级，这里为了说明原

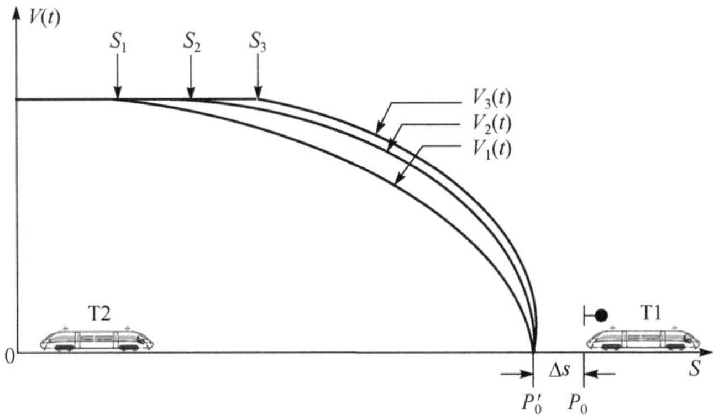

图 2-3　速度距离模式曲线控制方式

理，将常用制动曲线简化为一条，便于说明与其他制动曲线之间的关系。显然，最大常用制动实施位置滞后于常用制动实施位置，紧急制动的实施位置滞后于最大常用制动实施位置。在制动曲线的计算中，实施制动时还需要考虑列车的空走时间和制动延时等问题。

在图 2-3 中，P_0 点是后行列车 T2 的理论制动点，同时也是前行列车 T1 的尾部坐标点或者防护信号机、防护点标志的坐标点，而 $P_0{}'$点是后行列车 T2 的计算停车点。P_0 和 $P_0{}'$之间的距离 Δs 称为安全防护距离，可以是常量，也可以是变量，与列车运行的安全和效率具有密切的关系。安全防护距离越短，运行效率越高，相应安全的风险较大，反之亦然。安全距离的确定，不仅与列车制动时的初速度有关，还与列车制动曲线的理论计算和实际制动的误差有关。实际的误差则不仅与列车的载重、制动系统的磨耗程度和制动时轮轨关系等有关，还与制动系统的离散性有关。显然，安全距离的确定是一个复杂的理论问题，也是一个需要实践和经验积累的问题。

图 2-4 给出了列车 T2 完整的牵引和制动速度距离曲线 $V_{\mathrm{T2}}(t)$。$V_{\mathrm{T1}}(t)$是前行列车的速度距离模式曲线。图中的虚线对应的距离处 S_i，表明从该处起列车的速度发生变化。列车速度距离模式曲线可以分为牵引加速(牵引功能目前在高速列车运行控制系统中仅作为预备功能，为列车自动驾驶做储备。目前的牵引加速功能由司机完成)、巡航运行、减速运行和制动三部分。建立速度距离模式曲线模型是高速列车运行控制系统设计的难点之一，不仅与列车牵引制动性能有关，还与列车运行的线路参数、信号系统的制式有关。如采用单质点模型，高速列车速度距离模式曲线的模型可用下式表示：

$$m\frac{\mathrm{d}v}{\mathrm{d}t}=u_f f(v)-u_b b(v)-w(v)-g(x)$$

$$\frac{\mathrm{d}x}{\mathrm{d}t}=v$$

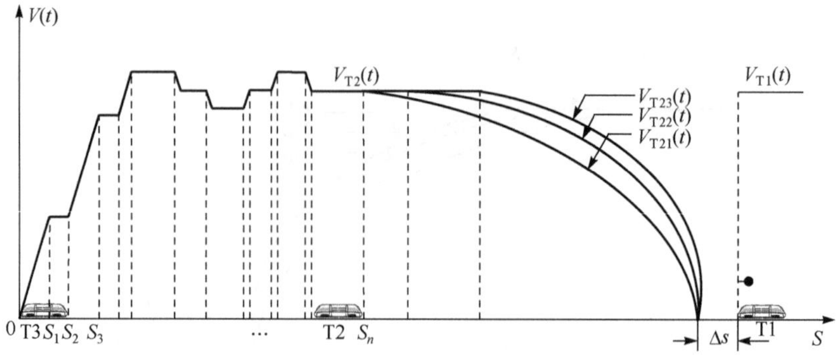

图 2-4　牵引和制动速度距离曲线

其中，m 为列车质量；v 为运行速度；x 为运行位置；$f(x)$为最大牵引力；$b(v)$为最大制动力；$w(v)$为基本阻力；$g(x)$为附加(如坡度和曲度等)阻力。上式仅仅给出这类模型的一般形式，在高速列车运行控制系统中实际应用的模型要复杂得多。这里不作专门的深入分析，仅介绍其一般原理。

2.1.2　高速列车运行控制系统的结构

根据高速列车运行控制系统的功能需求和原理，高速列车运行控制系统由中央控制子系统、地面控制子系统、车载控制子系统和通信网络子系统四部分构成。通过通信网络子系统可靠的数据传输链路进行数据交换，协同完成系统功能，以达到控制列车安全和高效运行的目的，其基本原理如图 2-5 所示。

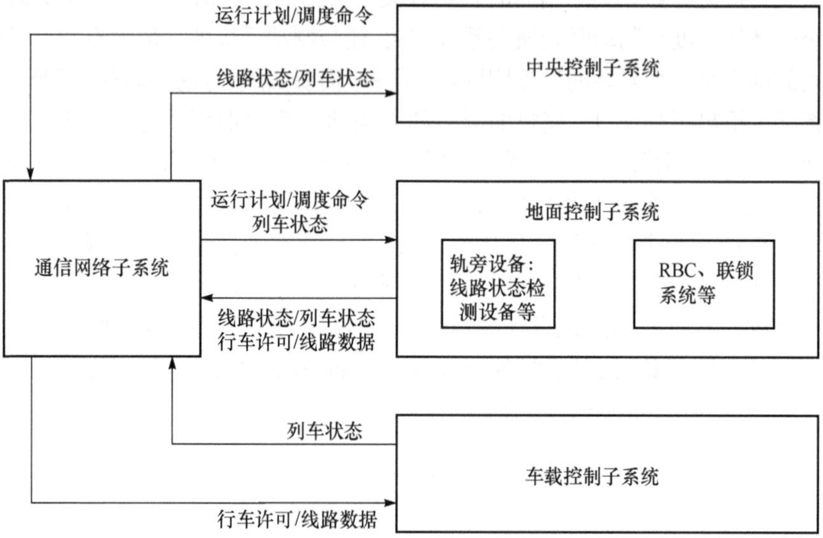

图 2-5　高速列车运行控制系统原理图

作为保障列车行车安全和提高运输效率的重要部分，高速列车运行控制系统将先进的控制技术、通信技术、计算机技术与铁路信号技术融为一体，是行车指挥、安全控制和机电一体化的自动化系统。随着地面信号机的取消，车载控制子系统作为高速列车运行控制系统的主体信号，为列车提供应遵循的安全速度。列车运行方式可以是自动驾驶、辅助驾驶（司机驾驶为主，设备监控为辅）和完全司机驾驶。不同的驾驶方式，相应速度距离模式曲线的计算方式也不同。列车超速防护系统（ATP）自动监控列车运行速度，可以有效防止由于司机失去警惕或错误操作可能酿成的超速运行、冒进信号或列车追尾等事故。

高速列车运行控制系统的物理结构分别如图 2-6 和图 2-7 所示。高速列车运行控制系统不仅包括中央控制子系统，位于每个车站的地面控制子系统和每列列车上的车载控制子系统，还包括覆盖控制区域内的所有轨旁设备。无论从系统覆盖的区域，还是从控制的规模和精度来讲，高速列车运行控制系统这样一个复杂巨系统，任何一部分出现故障，都会极大地影响行车安全和行车效率。

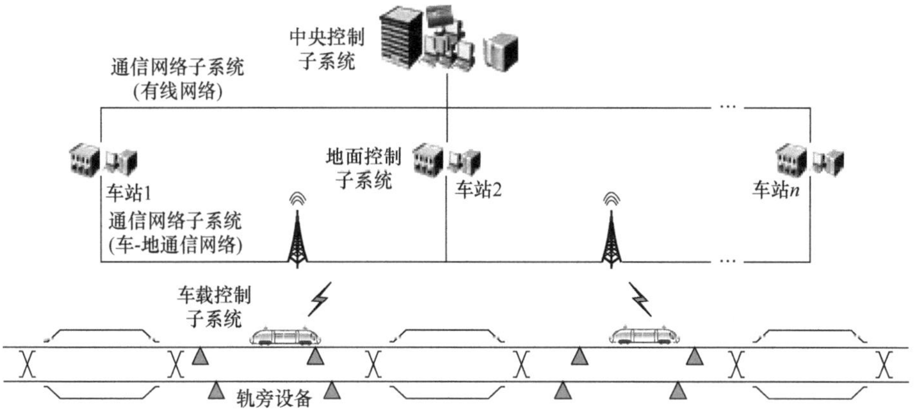

图 2-6　高速列车运行控制系统物理结构图

(1) 中央控制子系统：高速列车运行控制系统的控制中心，具有控制和监督列车运行的功能。根据列车运行图，系统编制运行命令并传向地面控制子系统和车载控制子系统，在中央控制中心显示管辖区域内的列车实际运行状况。中央控制子系统具备列车运行计划人工调整、自动调整和实际运行图自动描绘，行车日志自动生成、储存和打印，调度命令传送，车次号校核等功能。同时，向车站和乘务室等部门发布调度命令以及经调度命令无线传送系统向司机下达调度命令（含许可证和调车作业通知单等）。

(2) 地面控制子系统：包括位于车站信号楼的室内控制系统和位于车站控制区域内轨旁系统，其中室内控制系统包含车站联锁系统、无线闭塞控制系统（Radio Block Center，RBC）等，轨旁系统包含道岔、信号机和查询应答器等。根据从中央

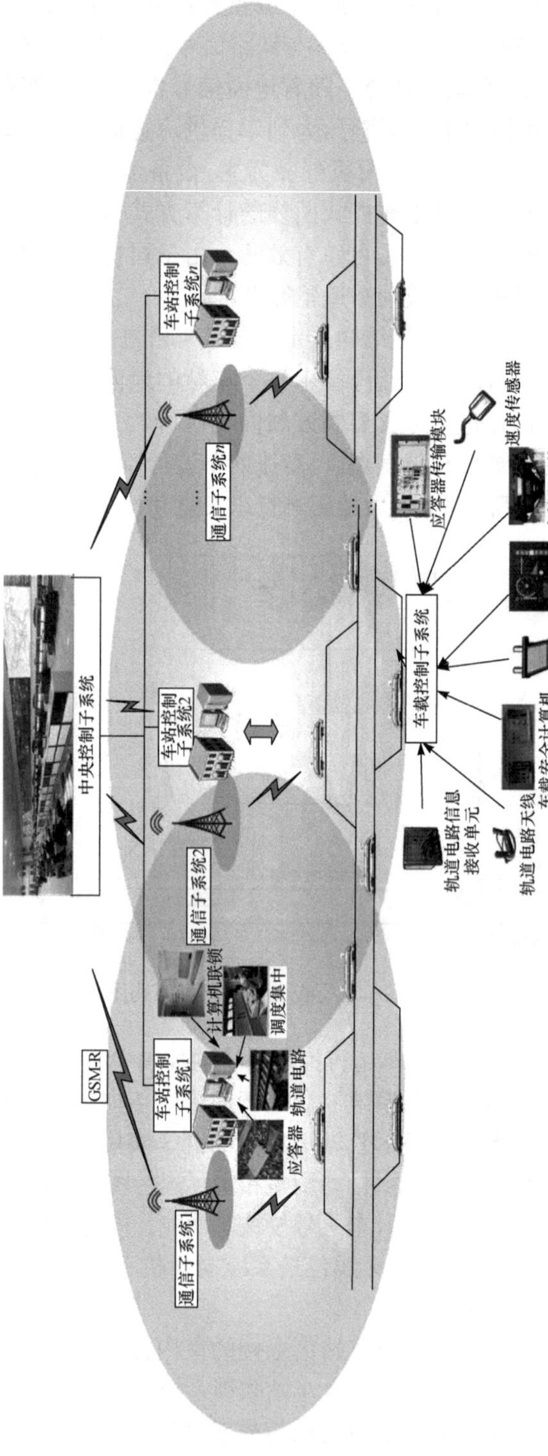

图2-7　高速列车运行控制系统的物理结构细化图

控制子系统接收的调度命令和车站列车的状态信息，办理列车进路，并生成列车控制所需要的基础数据，通过车-地通信网络（即车-地传输通道）将有关信息传送给列车，经车载控制子系统进行处理后，生成列车速度距离模式曲线，监督控制列车安全和高速运行。

行车许可是指列车被允许运行的凭证和运行距离。线路数据则包括静态速度距离曲线、坡度曲线、轴重速度曲线、线路条件、进路适合性数据、临时限速和分相区信息等。

(3) 车载控制子系统：安装在高速列车上，根据地面控制子系统提供的行车许可和线路数据，生成速度距离模式曲线，连续地、实时地监控高速列车的运行速度，自动控制列车的牵引和制动系统，实现列车的超速防护等功能，并向司机提供驾驶列车的相关信息。车载控制子系统还包括车载记录装置，即列车的“黑匣子”，用于记录列车的运行工况、位置、速度信息以及车载控制子系统自身的运行状况和司机的操作状况等。另外，车载的测速和定位装置也属于车载控制子系统。列车智能控制的程度越高，车载控制子系统功能要求越高，系统的复杂度也高。

(4) 通信网络子系统：包括有线网络（固定传输网络）和车-地通信无线网络（也称车-地传输通道）。有线网络用于连接中央控制子系统和地面控制子系统，实现子系统间安全和可靠的数据传输。车-地通信无线网络用于地面控制子系统和车载控制子系统的信息交换，实现地面控制子系统和车载控制子系统之间的安全和可靠的数据传输。

在高速列车运行控制系统中，中央控制子系统根据列车基本运行图所制定的日、班计划和列车运行正、晚点情况，编制各阶段计划，下达给其管辖范围内的各地面控制子系统，进行统筹规划。地面控制子系统接收到中央运行控制子系统的命令后，根据计划实时为列车建立进、出站及站内行车的安全进路，同时，地面控制子系统根据车站进路、前行列车的位置、安全追踪间隔等，通过车-地通信网络向列车提供行车许可和线路数据等信息，由车载控制子系统对列车运行速度实施监督和控制，控车原理如图 2-8 所示。具体过程可以简述如下。

(1) 中央控制子系统发布列车运行控制命令（运行计划或者调度命令）。

(2) 地面控制子系统根据接收的列车运行命令，办理列车进路，产生车载控制子系统所需要的全部地面信息，包括行车许可和线路数据，并通过车-地通信网络将信息发送给列车上的车载控制子系统。

(3) 车载控制子系统接收信息，实时计算并生成速度距离模式曲线，并在司机室显示器显示；同时检测列车当前运行速度，在司机室驾驶室显示器上显示。

(4) 当列车的实际速度超过允许速度，车载运行控制子系统自动控制制动装置进行减速制动。

(5) 司机根据驾驶室显示器上的目标速度和距离、允许速度和实际速度控制列车运行。

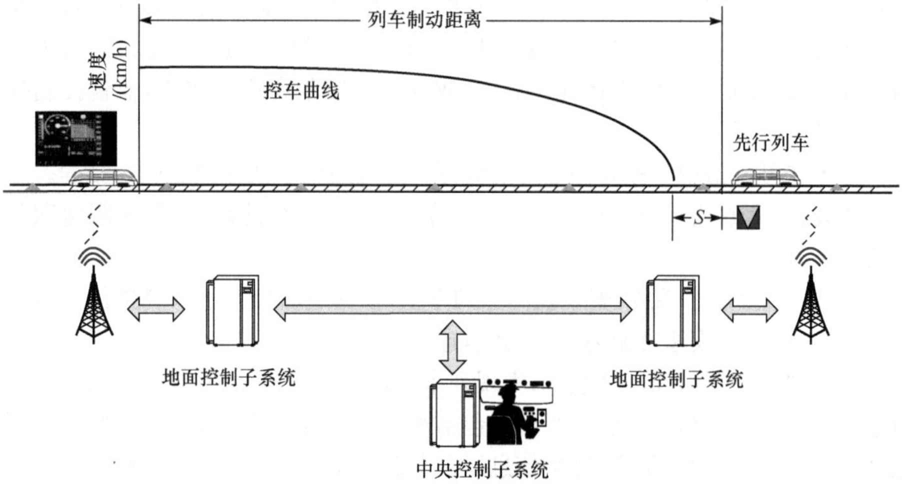

图 2-8　高速列车运行控制系统控车原理

2.2　中央控制子系统

2.2.1　原理

中央控制子系统是高速列车运行的调度和指挥中心，通常也称为调度集中系统(Centralized Traffic Control System，CTC)，其基本原理是：在正常情况下，根据列车运行计划(运行图)向地面控制子系统发送运行计划和调度命令，实现列车进路控制自动化；同时实时监视管辖范围内的信号系统和列车运行状态、线路状态，自动追踪列车运行位置和到发时刻，实时描绘列车实际运行图。在运行计划不能正常执行时，中央控制子系统提供计算机辅助编制和调整功能，供调度员快速制定新的列车运行调整计划，实现列车运行指挥自动化，主要功能包含行车指挥功能和调度集中功能。

2.2.1.1　行车指挥功能

铁路运输指挥采用两层指挥结构，调度中心为运输指挥核心，车站为运输指挥的具体执行单位。行车调度功能在调度中心采用计算机铺画运行图，网络下达行车计划，自动生成实际运行图，取代行车调度员传统的“手画运行图，电话指挥车站”的行车指挥方式；车站系统能够自动生成行车日志，自动接收行车计划与调度命令，取代车站值班员“电话接受指挥，人工填写行车日志”的指挥方式。

主要功能如下：

(1) 列车运行实时监视功能。为调度指挥管理人员提供管辖范围内车站和区间列车运行状况、信号系统状态及列车运行是否正点等情况。列车调度员可以清晰地观察到列车在各车站、区间的实际运行状态。

(2) 自动完成列车车次号追踪功能。列车车次追踪采用软件追踪和运行计划、无线车次号校核相结合的方法，当三者不一致时，由助理调度员或车站值班员进行人工确认。

(3) 列车特别跟踪报警功能。对于处于特别跟踪状态的列车给助理调度员提供语音报警。

(4) 车站自动报点功能。通过调度集中车站实现列车到发、通过各车站时刻信息采集并自动传送到调度台，车站值班员不再通过电话方式进行报点。

(5) 列车运行图管理功能。主要包括确报、基本图接收、阶段计划生成及自动调整、实际运行图自动绘制、行车计划、调度命令下达到车站和高速列车、操作与数据记录等。

2.2.1.2　调度集中功能

调度集中功能主要体现在实现所有列车的按图进路控制，实现列车进路控制自动化。调度集中按图排路功能的核心思想是：通过运行图来实现对车站现场信号设备的直接控制。基本流程是列车调度员在调整列车计划的同时，合理设置列车计划中的到发线，下达到地面控制子系统；地面控制子系统根据计划及到发线将计划解析为通过或到发列车进路，再结合车站限制条件，最终形成始终端控制按钮信息发送到联锁系统，控制信号设备动作，完成进路的自动控制。

我国高速铁路中央控制子系统有中心完全控制模式、分散自律控制模式和站中结合控制模式三种控制模式。

(1) 中心完全控制模式。中央控制子系统完全控制车站列车计划的调整、车站到发线的安排、列车信号的开放；车站所有的行车指挥作业全部由中央控制子系统调度员指挥控制。

(2) 分散自律控制模式。中央控制子系统负责对列车的控制，车站负责对调车的控制。调度中心制定列车调整计划、安排被控车站的股道应用，车站制定调车作业计划、办理调车作业。

高速铁路中央控制子系统采用分散自律控制的思想，即调度中心系统主要负责编制和调整列车运行计划，列车到发线安排并将计划发送到车站，车站系统将运行计划转换成为进路控制命令，驱动联锁系统执行。地面控制子系统完成列车计划、调车计划、集中进路控制、车站进路控制等不同控制来源的冲突检查和协调，解决传统系统中心控制/车站控制频繁切换导致的效率低下问题。

根据“分散自律控制”的思想，地面控制子系统根据行车计划产生控制进路，进行按钮操作的处理，并对列车接发作业进行冲突检测和调整。在分散自律控制模式下，系统将传统的由车站办理的列车接发工作全部改为中心办理，车站负责调车作业计划的编制、调车作业的办理。所有的列车进路和调车进路最终通过调度集中自律机实现对联锁系统的控制。

(3) 站中结合控制模式。调度中心负责列车计划的调整及下达，车站有权修改调度中心下达的列车计划，有权调整列车接发的到发线安排。车站制定调车作业计划、办理调车作业。

在站中结合的控制模式下，车站具有比分散自律控制更大的权限，车站对列车的编组、解体、开行有着更大的指挥权。列车运行计划由调度中心下达，赋予车站对列车计划进行修改及重新安排列车到发线的权利。这类车站所有调车计划的制订和调车作业办理完全由车站控制。

总之，对于上述三种控制模式，无论采取何种模式，都需从技术上和管理上明确不同模式的界定及其在这个模式下，中央控制级与车站控制级人员的安全职责和功能职责。

2.2.2　结构

中央控制子系统一般由数据库服务器、应用服务器、通信服务器、行调工作站、助调工作站、值班主任工作站、计划员工作站、控制工作站、网管工作站、系统维护工作站、综合维修工作站和大屏显示系统等组成，如图 2-9 所示。

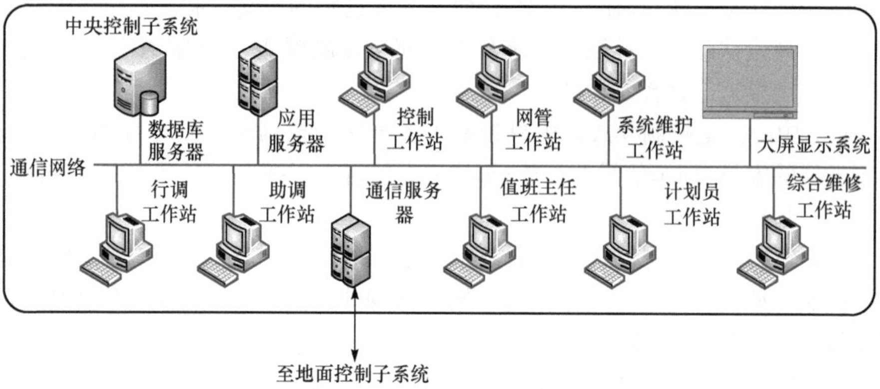

图 2-9　中央运行控制子系统的典型结构图

(1) 数据库服务器：用于存储各种数据和操作记录，采用强大、通用、高效、开放和可靠的数据库系统。数据库服务器为双机热备系统。

(2) 应用服务器：用于运行图的自动调整、数据存储与数据交换，向所有应用工作站提供行车表示信息、列车编组信息、车次号跟踪信息、列车报点信息等，并保存到数据库服务器。应用服务器为双机热备系统。

(3) 通信服务器:实现中央控制子系统与其他系统之间的信息交换。通信服务器为双机热备系统。

(4) 行调工作站:实现监控管辖区段范围内列车运行位置、指挥列车运行的功能,包括人工编制和调整列车运行计划、调度命令的下达、与相邻区段调度员工作站交换信息。

(5) 助调工作站:实现无人车站的调车作业计划的编制、调整和指挥等。

(6) 控制工作站:实现调度中心人工进路操作、闭塞办理、非常处理等。

(7) 系统维护工作站:用于系统设置、调试和技术支持。在授权的情况下,具有远程维护与技术支持功能;同时具有监视系统的运行状况的功能,能对系统、现场设备运用情况、操作命令和报警信息进行记录、分析、回放、输出和打印。

(8) 值班主任工作站:实现行车信息显示、下达调车命令、查询列车运行调整计划和实际列车运行图等。

(9) 计划员工作站:主要实现列车日班计划的编制和下达。

(10) 综合维修工作站:用于日常维护、天窗、施工以及故障处理方面的登记手续办理,设置临时限速区间、股道封锁等。

(11) 网管工作站:具有诊断报警功能,提供网络拓扑图状态、通道的流量和网络连接等信息。

(12) 大屏显示系统:显示站场作业情况和所管辖区间列车运行情况等信息。

2.3 地面控制子系统

2.3.1 原理

地面控制子系统的主要功能是实现列车的进路控制和间隔控制。其基本原理是:在车站,地面控制子系统根据中央控制子系统的运行计划和调度命令,结合轨道区段的空闲状态和列车的位置信息,适时排列列车接/发车进路,并开放接/发车信号,列车进入进路后,适时关闭接/发车信号,实现进路控制;在区间,地面控制子系统根据列车位置和列车运行前方轨道区段的空闲状态为列车提供行车许可,实现间隔控制。在实现进路控制和间隔控制的基础上,自动生成行车许可,并通过车-地通信网络将行车许可以及相关的线路信息(含线路坡度、线路限速等)发送给相应的列车。

2.3.1.1 运行计划和调度命令执行

1) 分散自律控制

将调度员指挥调度列车群运行的要求和车站值班员指挥控制本站列车调车作

业的要求以形式化的描述纳入计算机处理。将过去由调度中心集中控制所有车站的列车作业方式改变为由各个车站独立控制各自的列车作业。其基本原则是列车作业优先于调车作业,发生冲突由系统判决,给出建议后执行。

在高速列车运行控制系统中,调度中心的核心技术是将列车进路转为程序化控制,系统自动确定进路的始端和终端,并根据车次号跟踪结果适时地将进路操作命令下达到联锁系统排列进路。分散自律控制模式下,调度人员不用手动排列进路,而只需监视显示屏上自动办理进路的信息是否正确。

2) 人工控制(非常站控)

在非正常情况发生时,将分散自律调度集中控制模式转为联锁操作台上通过操作按钮办理进路,称为非常站控。

相对于分散自律控制模式而言,此时的联锁系统将不接受分散自律调度集中输入的指令。在常态下,车站联锁系统处于分散自律模式下,在发生故障出现危险情况时,利用设在联锁操作台上的"非常站控"按钮,将控制模式切换到非常站控模式,使调度人员充分发挥其经验智慧,排除险情,正确控制进路。

2.3.1.2 进路控制

进路控制由联锁系统实现,可分为车站联锁和区域联锁两种方式。

1) 车站联锁

车站计算机联锁是一种以计算机为主要技术手段实现联锁功能的系统,不仅具有传统继电联锁系统的联锁控制功能,而且利用计算机的快速信息处理能力和存储能力,可方便地实现继电联锁系统难以实现的一些功能。

车站计算机联锁相对于区域性计算机联锁来说,控制范围较小,是针对某个具体车站的计算机联锁。根据车站行车安全的需要,在规定的联锁条件和时序下自动对进路、信号和道岔实行控制,如进路控制、信号的正常开放和关闭、道岔的单独操纵,锁闭和解锁等。此外,高速铁路车站联锁还具有站场基本图显示、现场信号设备状态显示等监控功能。

2) 区域联锁

能控制多个车站,包括枢纽在内的区域性计算机联锁简称区域联锁。区域联锁集现代化网络通信技术、远程控制技术、计算机冗余技术、安全信息传输技术和"故障-安全"原则于一体,是网络化、智能化和集成化的信号控制系统,是计算机联锁控制系统的延伸和进一步发展。通过安全传输网络将系统的控制范围扩大,将对包括枢纽在内的几个车站的控制纳入到一个区域控制中心,实现由中心站对周围小站和区间道岔等的远程集中控制。

区域联锁以计算机联锁控制系统为基础,通过调度集中加分站联锁及调度监督加集中联锁的方式实现。

采用调度监督加集中联锁方式实现的区域性计算机联锁系统，区域中心设置联锁机，各远端车站设置执表机，通过光缆将联锁总线延长，传递表示信息和控制指令，由联锁机完成对整个区域内现场设备的测控。

采用调度集中加分站联锁方式实现的区域性计算机联锁系统，区域内的各站均独立设置一套计算机联锁控制系统，通过光缆将监控局域网延伸至整个区域，传递操作命令信息，由各站的联锁系统独立地实现对各自现场设备的控制。

2.3.1.3　间隔控制

用信号或凭证，保证列车按照空间间隔运行的技术方法称之为行车闭塞法，简称闭塞。也就是说，闭塞就是将铁路区间分为一个个具有一定长度的闭塞分区，从而保证不同列车在空间和时间上的间隔，保证行车安全。目前，高速铁路普遍采用固定闭塞控制方式，未来有望应用移动闭塞控制方式。

1）固定闭塞

两列运行列车之间的空间间隔是若干个长度固定的闭塞分区，通过地面信号机保证列车按照空间间隔法运行。高速列车不能授权进入已被另一列车占用的分区，两追踪列车之间的间隔距离（若干个闭塞分区的长度）必须始终大于后车的制动距离（即在最不利的情况下，列车制动所需要的最大距离），保证两列车不会追尾。一个三显示的固定闭塞原理如图 2 10 所示。

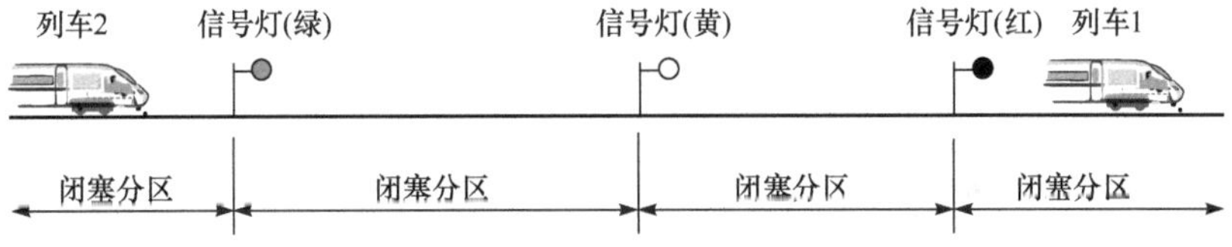

图 2-10　固定闭塞原理

2）移动闭塞

移动闭塞制式是基于列车运行间隔的自动追踪技术，它不需要将区间划分成固定的若干闭塞分区，而是以前行列车尾部自动地调整运行间隔，在确保后行列车有足够的制动距离的前提下，使列车间隔最小，从而提高了区间内的行车密度，大大提高了区间通过能力。移动闭塞原理如图 2-11 所示。

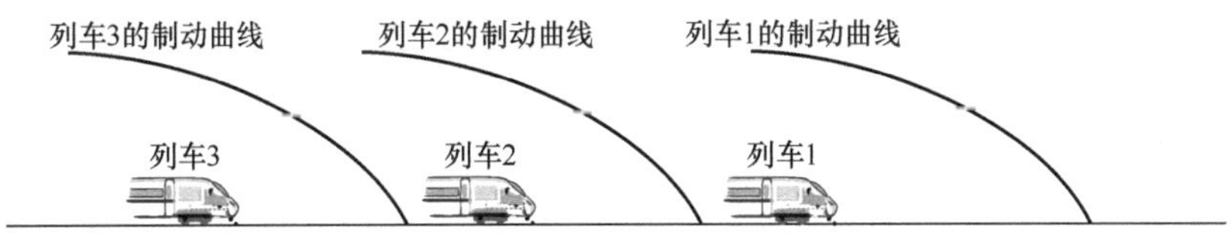

图 2-11　移动闭塞原理

2.3.1.4 行车许可生成

地面控制子系统根据获得的进路信息、轨道区段状态信息、限速信息以及与车载控制子系统交换的信息(位置报告)等生成发送给列车的控制命令,提供行车许可,使列车在其允许范围内的线路上安全运行,完成列车间隔控制和速度防护。

行车许可生成的原理是:根据列车获得的位置信息,在内部拓扑图上对列车精确定位,根据列车前方进路状态,将列车前方尽可能多的空闲进路分配给列车,并计算出空闲进路的总长度,得到行车许可信息;同时,根据静态线路描述信息中包含在分配给列车的进路范围内的应答器、变坡点、变速点、分相区、等级转换区等信息,根据内部拓扑图上的动态临时限速信息,得到链接信息、坡度曲线、静态速度距离曲线、等级转换命令、设置临时限速、线路条件等信息,共同组成行车许可消息发送给车载系统。

2.3.2 结构

高速列车运行控制系统地面控制子系统由无线闭塞中心、计算机联锁、列控中心、临时限速服务器、轨道电路、应答器/轨旁电子单元和调度集中分机等组成,典型结构如图 2-12 所示。

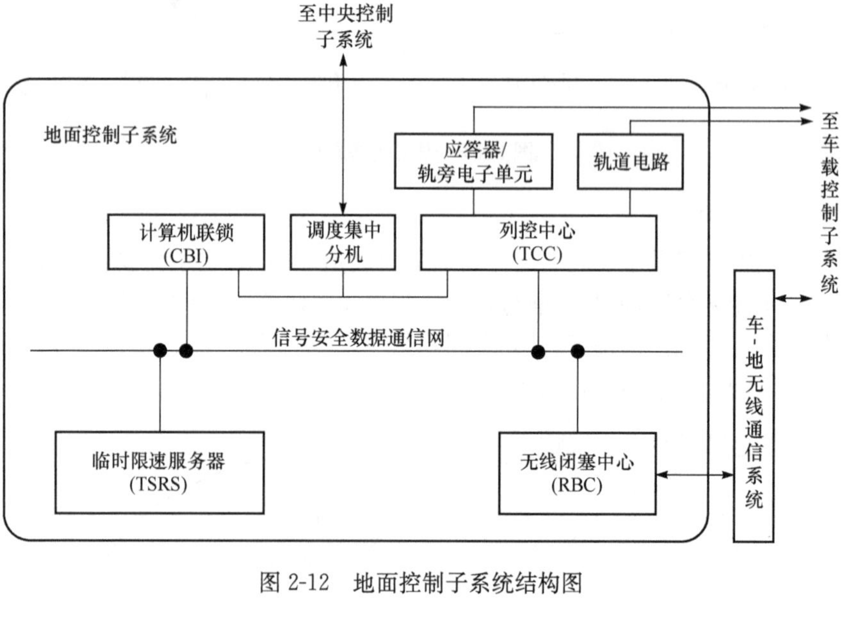

图 2-12　地面控制子系统结构图

1) 调度集中分机

接收、存储中央控制子系统发送的运行计划和调度命令,经检测无冲突后适时发送给计算机联锁系统执行。实时接收、分析车站信号设备状态表示信息,进行列车车次号跟踪,收集列车运行实际数据,并上传至中央控制子系统;掌握计算机联锁系统对进路命令执行的情况,并根据反馈信息对有关进路进行必要的调整,接收相邻两站的实际运行图和设备状态信息。

2) 计算机联锁

计算机联锁系统负责处理进路内的道岔、信号机和轨道电路之间的安全联锁关系,根据调度命令、进路状态、控制信号机和道岔等轨旁装置,完成进路控制。

3) 无线闭塞中心

根据辖区内闭塞分区轨道占用信息、线路数据、临时限速信息、联锁系统给出的进路状态信息等,对进入其辖区内的列车提供行车许可和线路信息,该行车许可和线路信息通过车-地通信网络传输给车载控制子系统。当车-地通信网络采用无线通信时(如 GSM-R),需要实现地面系统与车载控制子系统之间的通信会话建立、保持、终止等功能。同时,无线闭塞中心还能完成列车信息管理功能,实时地进行列车数据管理和列车位置管理。根据车载控制子系统的位置报告实时更新列车位置数据,完成线路数据管理功能,具有管理管辖范围内的全部数据库的功能。常见的列车数据包括列车种类、列车长度、最大允许速度、载重、列车车次号等信息。数据库分为静态数据库和动态数据库,其中静态数据包括线路的布局、站场图和设备分布等信息,动态数据包括轨道区段的占用信息和系统的状态信息等。

4) 临时限速服务器

当线路施工、或者风雨雪时需要限制列车的运行速度,则调度员设置临时限速后,由临时限度服务器发送给无线闭塞中心和列控中心。

5) 应答器

向列车提供线路数据,并实现列车位置校正功能。高速铁路采用先进的速度距离模式曲线控制列车运行,列车定位的准确性直接影响列车运行的安全。采用多种测速传感器来提供列车速度和位置存在测速测距误差,会造成距离误差的积累,因此列车运行一定距离后,必须进行位置校正,以消除列车走行距离的误差积累。在高速铁路中,通常采用在轨道中安装信标(如应答器)来实现列车定位校正,列车每通过一个信标,获得该点准确的定位信息,重新以该信标为基准计算走行距离,从而消除距离的误差积累。列车位置校正原理如图 2-13 所示。

6) 轨道电路

轨道电路是列车运行控制系统的基础单元之一,也是地面控制系统的基础。在高速列车运行控制系统中也在大量应用。其主要功能为实现轨道区段的空闲检查和列车完整性检查,从而实现固定闭塞。同时,轨道电路采用编码方式向列车传

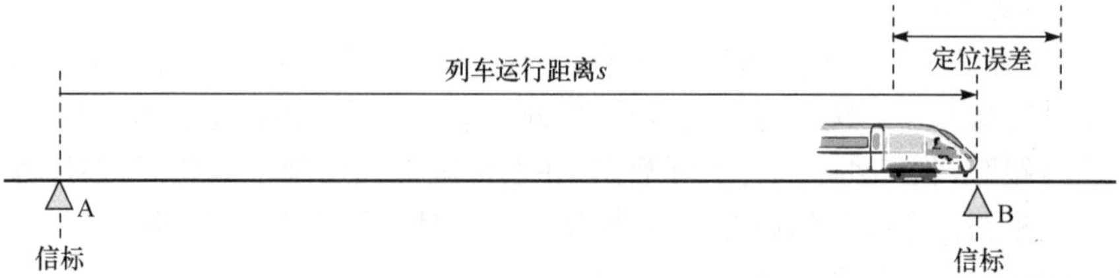

图 2-13 列车位置校正原理

输前方轨道区段空闲数量，与应答器提供的线路参数相结合，为列车提供行车许可和线路描述数据，是高速列车运行控制系统车地通信传递行车许可的方式之一。

轨道电路是铁路信号的重要基础。限于篇幅，本书只做了简要说明，有兴趣的读者可参阅轨道电路的相关专著。

2.4 车载控制子系统

2.4.1 原理

地面控制子系统最主要的功能是列车速度控制，通过从自身系统获取列车制动参数，从地面系统获得线路描述信息(包括线路坡度、线路各种限速值等)和行车许可，实时计算速度距离模式曲线并实时监控列车运行速度。同时，通过人机界面给出司机相应的信息表示。当列车实际速度接近当前限制速度，车载系统将发出报警指示，提醒司机降速；若当列车实际速度超过当前限制速度，车载系统将输出减速或制动命令，自动控制列车减速或停车。高速列车控车曲线一般采用速度距离模式曲线控制方式，根据目标距离和目标速度来确定速度距离模式曲线，不需设定每个闭塞分区的速度等级，而采用一次制动。如前所述连续速度距离模式曲线控制方式亦可如图 2-14 所示。

地面控制子系统以前方列车占用闭塞分区入口为目标点，向列车传送目标距离、目标速度等信息。速度距离模式曲线反映了列车在各点允许运行的速度值。该方式能减少闭塞分区长度对列车运行间隔时分的影响。在连续速度距离模式曲线控制方式中，列车的运行间隔距离可以在安全的前提下进行优化，有助于提高运行效率。同时其所具有的一次制动性能也与列车实时制动方式相吻合，连续速度距离模式曲线控制方式是高速列车运行控制的主要方式。

在高速列车速度监控过程中，车载控制子系统设置了两种控制方式：司机控制优先方式和设备控制优先方式。

司机控制优先方式又称为人控优先方式。在该方式下，司机按照模式曲线控

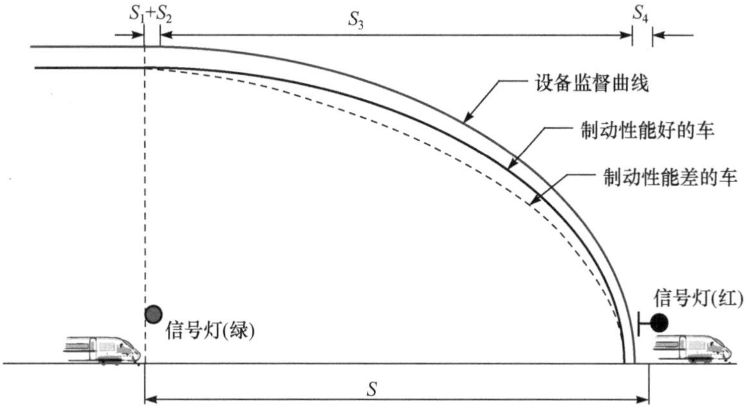

图 2-14　连续速度距离模式曲线

制列车速度，设备不干涉司机正常驾驶。列车运行速度一般由司机控制，只有列车速度超过允许速度，设备才自动介入实施制动。在区间和车站运行时，均采用最大常用制动曲线监控列车速度，限制速度降低时首先由司机负责降速，若实际速度超过限制速度时则由设备实施最大常用制动。列车制动的缓解需设备允许和司机操作确认。司机控制优先方式如图 2-15 所示。

司机控制优先的系统优点是可以有效发挥司机的作用，减少设备对司机操作的干扰。

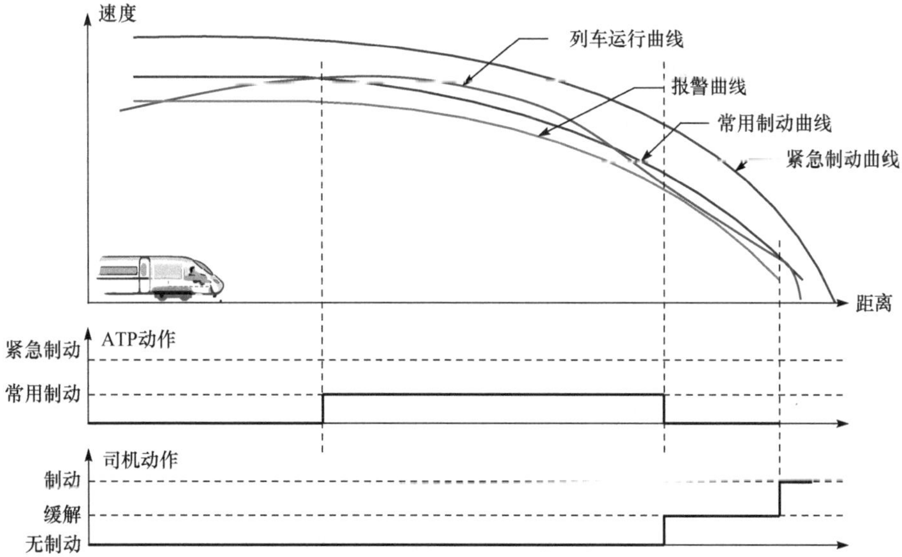

图 2-15　司机控制优先方式

设备控制优先方式又称机控优先方式。在该方式下，当要求列车减速时，根据实际情况，车载系统输出不同级别的制动(如弱常用制动、中等常用制动，或者最大常用制动)，列车实际速度低于允许速度后系统自动缓解制动。设备控制优先方式如图 2-16 所示。

设备控制优先方式的最大优点是能够减少司机的劳动强度，提高列车运行服务质量。同时也可适当缩短列车运行间隔时间。但为满足旅客乘坐舒适性，制动系统的自动化程度及制动性能要求较高。当要求列车减速时，根据实际情况，系统输出不同级别的制动，低于允许速度后自动缓解。

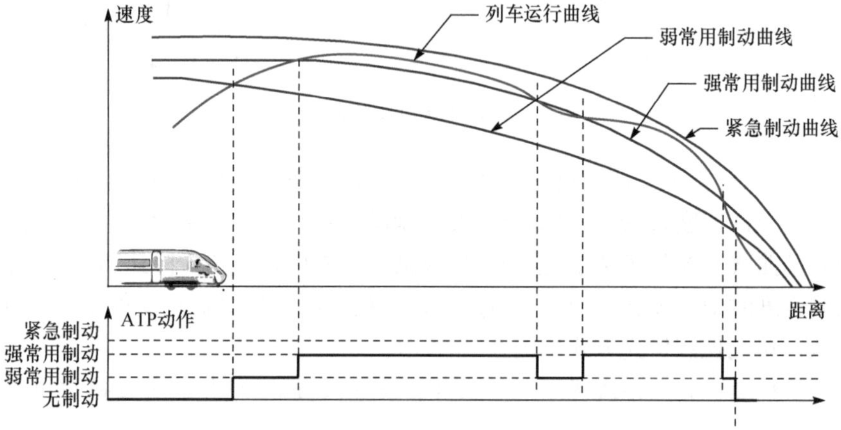

图 2-16　设备控制优先方式

不管是司机控制优先方式，还是设备控制优先方式，当列车速度超过紧急制动曲线时，设备自动实施紧急制动，使列车停车，而且列车必须完全停车后，才能缓解制动。

2.4.2　结构

车载控制子系统安装在列车上，通常包括车载安全计算机(主机)、人机界面、测速测距单元、车-地信息传输单元(包括无线通信单元、轨道电路信息接收单元和应答器信息接收单元)、列车接口单元和运行记录单元等组成，其典型结构如图 2-17 所示。

(1) 安全计算机：车载控制子系统的核心，从其他模块/单元获取信息，依据线路信息、列车制动性能、列车运行速度等信息，确定列车位置，实时计算相应的速度距离控制模式曲线，必要时通过故障-安全电路向列车输出制动信息，控制列车安全运行。

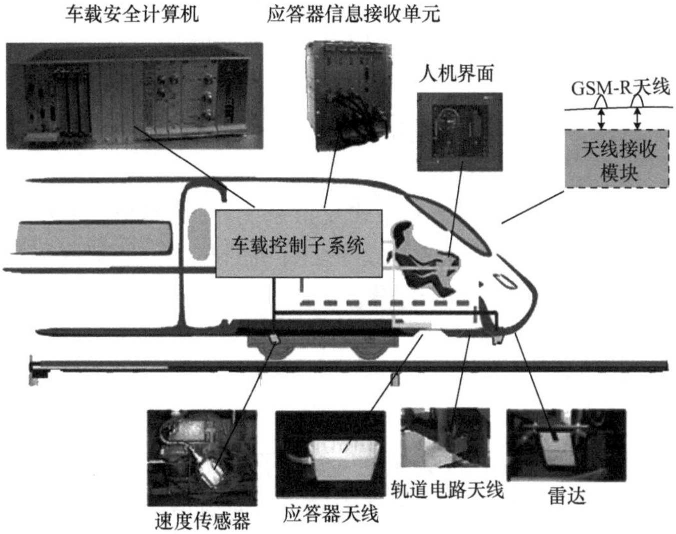

图 2-17　车载控制子系统结构图

(2) 车-地信息传输单元：实现地面与列车之间的双向信息交互，包括无线通信单元、轨道电路信息接收单元和应答器信息接收单元等。地面向列车传输的信息包括行车许可、线路数据、等级转换命令和位置信息等；列车向地面传输的信息包括：列车位置、列车速度、列车状态等信息。

(3) 测速测距单元：通过各种速度传感器获得列车的运行速度，计算列车的走行距离，并提供给安全计算机，作为控车的依据。测速测距单元应具有防滑行、防空转等功能。

(4) 人机界面：司机与系统之间的交互手段，是车载控制子系统的操作和显示界面。人机界面能够以字符、数字及图形等方式显示列车运行速度、允许速度、目标速度和目标距离等；能够实时给出列车超速、制动、允许缓解等表示以及设备故障状态的报警；具有标准的列车数据输入界面，可根据运营和安全控制要求对输入数据进行有效性检查；具有声、光报警或提示功能。

(5) 列车接口单元：车载控制子系统与动车组或者列车之间的接口，通常包括电源接口、牵引手柄接口/制动手柄接口、方向手柄接口、驾驶室主控/休眠控制接口、列车气密性接口、反馈信号接口、隔离接口、制动接口(常用制动和紧急制动)、无线警报接口、列车车门控制接口、过分相接口等，可采用继电器控制接口方式，也可采用 MVB 总线方式，但紧急制动接口必须采用失电制动的"故障-安全型"接口方式。

(6) 运行记录单元：记录列车运行的各种工作模式和状态信息，如列车位置、速度、工作等级和工作模式，司机的各种操作，主机与地面系统的交互信息。运行记录单元的信息下载后可进行系统运行状况分析,需要时也可作为事故原因的分析依据,运行记录单元的功能类似飞机“黑匣子”的功能。

2.5 通信网络子系统

高速列车运行控制系统属于分布式复杂系统,通信网络子系统在其中起到桥梁和纽带的作用,将各组成部分连接成一个有机的整体。通信网络子系统分为地面通信网络和车-地通信网络两个部分。

2.5.1 地面通信网络

地面通信网络是有线网络,实现中央控制子系统和地面控制子系统之间、相邻地面控制子系统之间的信息安全、可靠传输。地面通信网络的典型结构如图 2-18 所示,该网络采用工业以太网网络设备(工业级交换机)构成冗余双环网,双网间物理隔离,网络设备间采用专用光纤连接。两环网设备间互联光纤(设备端-设备端)采用了不同物理路径,并且同一环网络设备间互联光纤与迂回通道也使用不同物理路径的光纤。连接相邻网络设备的光纤长度超过一定距离(如 70km)时,增加了中继器,两个独立环路的中继器不能设置在同一个地点,以增加地面通信网络的可用性。

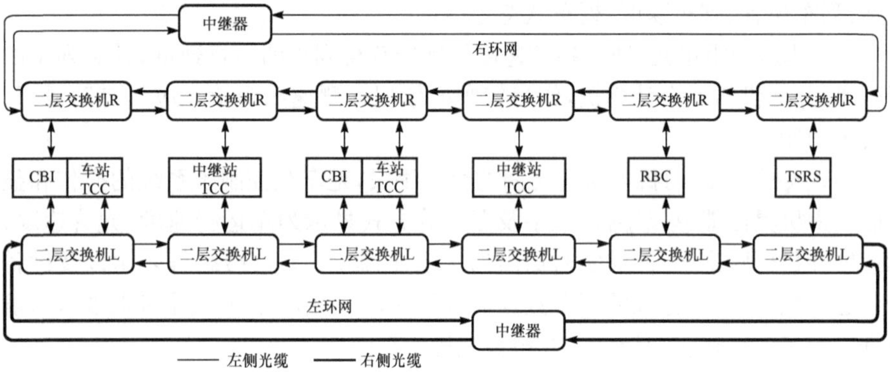

图 2-18 地面通信网络

2.5.2 车-地通信网络

车-地通信网络实现运行的列车与地面固定系统之间的信息交互,车-地通信方式有轨道电路传输方式、查询应答器传输方式、GSM-R 通信方式和 38G 无线通信方式。

1）轨道电路传输方式

轨道电路是以铁路线路的钢轨为导体构成的电路，用于自动、连续检测这段线路是否被列车占用，以保证行车安全，向车载系统提供线路信息和速度信息，或者闭塞分区的空闲个数。轨道电路分为有绝缘和无绝缘轨道电路。通常，整个轨道系统路网依适当距离区分成许多闭塞区间，各闭塞区间以轨道绝缘接头隔，形成独立轨道电路，各区间的起始点可设有信号机或信号标志牌，当列车进入闭塞分区后，轨道电路立即反应，并传达本区间已被列车占用，此时位于区间入口的信号机立即显示禁止信号，禁止其他列车进入该区间。在高速铁路中，由于采用了主体机车信号，通常情况下，区间取消了地面信号机，只设置信号标志牌。列车接收轨道电路信息方式，是通过感应轨道电路中信号进行的。

在高速铁路中，轨道电路可分为模拟轨道电路和数字编码轨道电路。模拟轨道电路每次只能向车载系统传输一种信息；数字编码轨道电路每次可向车载系统传输多种信息。轨道电路传输方式和工作原理如图 2-19 所示。

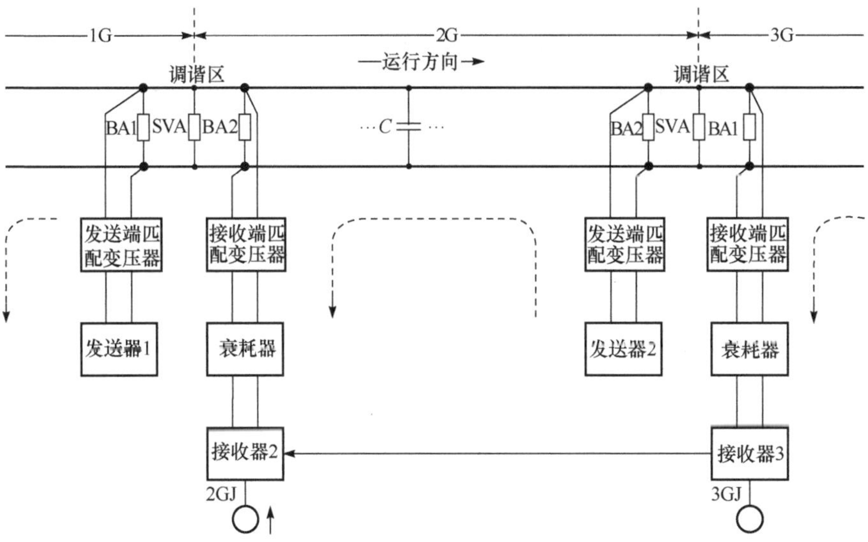

图 2-19　轨道电路传输方式及工作原理

2）查询应答器传输方式

查询应答器是一种采用电磁感应原理构成的高速点式数据传输设备，用于在特定地点实现地面与列车之间的相互通信，由查询器和应答器组成。查询器安装在列车底部，应答器安装在轨道间的道床上，查询器与应答器之间按电感耦合的原理进行工作。应答器不要求外加电源，平时处于休眠状态，应答器的工作电源从感应电压获取。车载系统正常工作后，查询器连续不断发射能量信号，当高速列车从应答器上方通过时，应答器从查询器获得能量而开始工作，并向查询器发送大量的编码信息，其

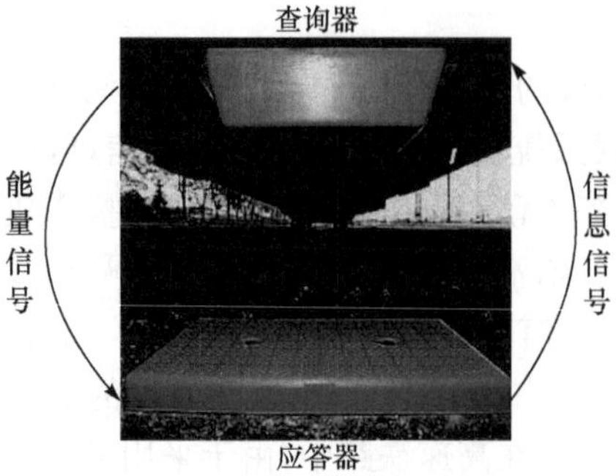

图 2-20　查询应答器信息传输方式

中信息有效位最多可达 820 位。查询应答器传输方式原理如图 2-20 所示。

3）GSM-R 通信方式

GSM-R（GSM for Railway）是铁路综合数字移动通信系统的简称，是在成熟的 GSM 通信技术之上，针对铁路行业的特殊需求进行开发，形成符合铁路通信要求的综合数字移动通信系统。基于 GSM-R 提供良好的语音和高速的数据传输功能，可以为铁路行业开发出很多的应用，尤其是高速铁路的车-地通信功能。GSM-R 网络由移动交换中心、基站控制器、基站、光传输设备、移动终端、码型转换和速率适配单元等组成，如图 2-21 所示。GSM-R 网络可采用单网交织的冗余覆盖方案、也可采用双网交织的冗余覆盖方案。

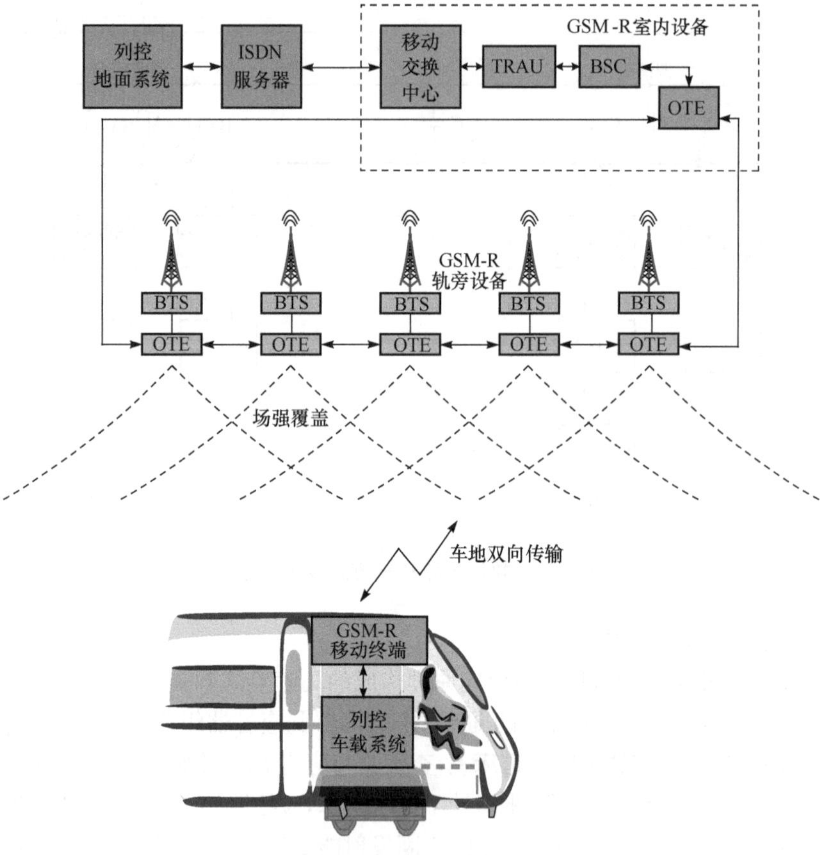

图 2-21　GSM-R 通信网络结构图

GSM-R 通信网络移动性能满足运行速度高达 500km/h 的高速列车与地面系统之间信息传输的实时性与可靠性要求，提供了 4800bit/s 和 9600bit/s 两种传输速率，高速列车运行控制系统可根据情况选用。CTCS-3 级高速列车运行控制系统和 ETCS-2 级高速列车运行控制系统均使用 GSM-R 实现车-地双向信息传输。

4）38G 无线通信方式

38G 无线通信方式用于上海高速磁悬浮列车和德国高速磁悬浮列车的运行控制系统，实现磁悬浮列车与地面系统之间的双向通信，该通信网除用于实现列车运行控制系统所需的车地信息传输外，还同时为诊断数据、牵引控制所需的磁轮角数据、语音通信、旅客信息系统数据等提供透明传输通道。

38G 无线通信的毫米波无线收发信机（地面基站、移动台收发信机）工作在 38GHz 频段，传输速度可达 64kbps～2Mbps。38G 无线通信通过优化设计来满足列车运行的高速要求，即车速高达 500km/h 以上时仍可实现实时通信功能，确保磁悬浮列车运行控制系统对信息传输的实时性和可靠性要求。38G 无线通信的系统构成如图 2-22 所示。

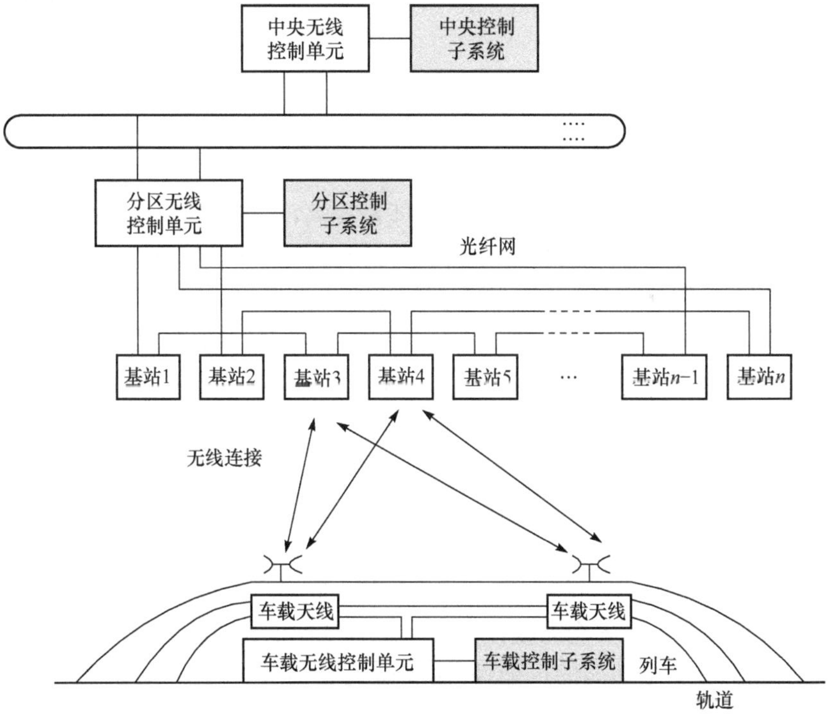

图 2-22　38G 无线通信系统构成

第 3 章　高速列车运行控制系统关键技术

高速列车运行控制系统是集计算机、通信及控制技术与传统铁道信号系统交叉融合的复杂巨系统，除了完成系统的整体功能之外，可靠性、可用性、可维护性以及安全性也是系统必须具有的重要特性。简而言之，可靠性是系统在规定的时间内、规定的条件下完成规定功能的能力；可用性是在考虑了系统维护性能条件下的可靠性；可维护性是在规定的条件下，规定的时间内使系统恢复功能的能力；而安全性是系统风险分析、安全评估和符合"故障-安全"原则等一系列特性。为了确保高速列车运行控制系统具有上述的综合性能，在系统的构成中采用了若干关键技术予以保障。本章将重点围绕高速列车运行控制系统的若干关键技术如安全计算机、系统的 RAMS 设计，即可靠性、可用性、可维护性和安全性设计(Reliability, Availability, Maintainability and Safety, RAMS)、车-地通信、列车测速和定位技术等方面进行阐述。

3.1　概　　述

随着高速列车的运行速度和运营效率不断提高，对高速列车运行控制系统的可靠性和安全性等要求也日趋提高。可靠性、可用性、可维护性以及安全性作为高速列车运行控制系统具有的重要特性，需要在阐述关键技术之前给出简单定性定义。

可靠性是指系统在规定条件下和规定时间区间内(寿命期内)，完成所需功能的能力，用平均无故障时间进行衡量(MTBF)；可用性是指在要求的外部资源得到保证的前提下，产品在规定的条件下和规定的使用寿命期内处于可执行规定功能状态的能力，用实际可用的时间与全运行时间的比率进行表示；可维修性是指在规定的条件下使用规定的程序和资源进行维修时，在规定的维修时间区间内，能完成指定的实际维修工作的能力。通常包括预防性维修和修复性维修，用恢复到正常状态平均所需的时间进行衡量；安全性是指防止危害产生不容许的风险和符合"故障-安全"原则等性能。安全完整性是指在所有规定的条件下，系统于给定时间内满意地实现要求安全功能的可能性，用安全完整性等级(Safety Integrity Level, SIL)进行衡量。

国际电工委员会(International Electrotechnical Commission, IEC)61508 标准对安全计算机进行了规定，欧洲铁路标准(European Norm, EN)50129 是在 IEC 61508 的基础上对高速列车安全计算机的标准进行细化。

3.2　安全计算机

安全计算机作为高速列车运行控制系统的核心部分，在系统中的可靠性和安全性方面具有重要作用，一旦不能正常工作，将有可能输出非安全的控制信号，从而造成重大的人员伤亡和财产损失。安全计算机以完成逻辑和数学运算为主，不同于一般的计算机，其硬件结构和软件都需要特殊设计，特别是软件结构，在源代码管理层和应用层都需要进一步研究，才能满足系统的高可靠性、高可用性和安全性等方面的要求。由于通用电子元器件不具备故障状态的不对称性，通常计算机也并不具备故障状态的不对称性，即不符合“故障-安全”原则。因此，作为系统核心的安全计算机必须采取特殊设计方法，使其符合“故障-安全”原则，才能保障高速列车运行控制系统的高可靠性和高安全性。

3.2.1　基本需求

安全计算机是符合“故障-安全”原则的计算机，由主机和输入输出接口等部分组成。根据高速列车运行控制系统的特点，安全计算机的基本需求包含系统安全性要求、实时性要求和可用性要求。

1）系统安全性要求

高速列车运行控制系统中使用的安全计算机与高速列车控制密切相关，必须采用容错方法提高其可靠性和安全性。一旦计算机不能正常工作，有可能输出非安全的控制信号，因此要求安全计算机不仅是高可靠和高可用的容错系统，同时也是符合“故障-安全”原则的系统。地面系统和车载系统的安全计算机都应符合 EN 50129 标准，达到安全完整性等级 4 级(Security Integrity Level 4，SIL 4)的要求。

2）系统实时性要求

高速列车运行控制系统属于实时控制系统，其实时控制能力主要体现在系统对列车的控制周期上。根据上述标准，高速列车运行控制系统中车载系统和地面系统均使用安全计算机，其中地面系统需实时掌握列车的状态信息，并及时向列车发出控制指令。控制指令对实时性要求很高，过时的控制指令不但失去了应有的作用，甚至还会带来危害。

3）系统可用性要求

高速列车运行控制系统的地面系统工作方式属于 7×24h 不停机类型，即使没有列车在线路上运行，一旦地面系统出现局部故障也不能停止工作。这就要求地面系统必须考虑高可靠性和高可用性设计，同时兼顾可维修性。对系统进行维修与替换时要求对正在执行的功能不能有任何影响，维修或替换的部件可以无需人工干预自动进入工作状态。

3.2.2 容错计算机

容错技术是确保安全计算机的高可靠性和高可用性，以及符合“故障-安全”原则的重要方法。

3.2.2.1 容错

故障是指由于部件的物理失效、环境应力的作用、操作错误或不正确的设计，引起系统的硬件或软件的错误状态。容错也称为容忍故障，是指出现一个或者几个软硬件方面的故障时，计算机系统能够检测出故障的存在并采取措施消除其影响或隔离故障，即正常工作不会因系统中的故障而中止或被影响，执行结果不包含因故障引起的差错，或者在完成规定任务的情况下降级运行。容错主要包括故障检测、故障诊断、故障恢复、冗余及其管理等。

容错计算机系统是指在故障情况下仍能继续正确完成指定任务的计算机系统，即故障未改变或中止程序及其数据，运算的结果不包含由故障所带来的差错，程序执行时间不超过某一规定的限界，且可利用的存储容量保持在规定的最小值内等。

设计与分析容错计算机系统的各种技术称为容错技术，与避错技术相互补充，从系统结构出发来提高系统的可靠性，从而构成高可信度的安全苛求系统。

3.2.2.2 容错计算机的结构

“三取二”结构和“二取二”结构是高速列车运行控制系统普遍使用的安全计算机平台结构。根据 IEC 61508 标准，使用马尔可夫模型可以计算检验安全计算机结构的可靠性、可用性和安全性数据。

1) “三取二”结构原理

“三取二”结构又称三模冗余结构，三个模块同时执行相同操作，以多数表决原则作为系统的输出。高速列车运行控制系统采用“三取二”结构和故障-安全输出控制电路，可以保障其输出符合“故障-安全”特性，如图 3-1 所示。

来自传感器的输入信号通常有数字量、模拟量和脉冲量，将输入信号直接送入三个通道的信号调整和隔离电路，然后分别传送给三个运算处理单元进行处理。

数字量采用“三取二”表决器的输出方式，运算处理单元输出的自诊断看门狗信号，分别通过动-静信号变换电路变换后，进行“三取二”表决，其输出控制数字量输出表决器的电源供给来保证符合“故障-安全”原则。

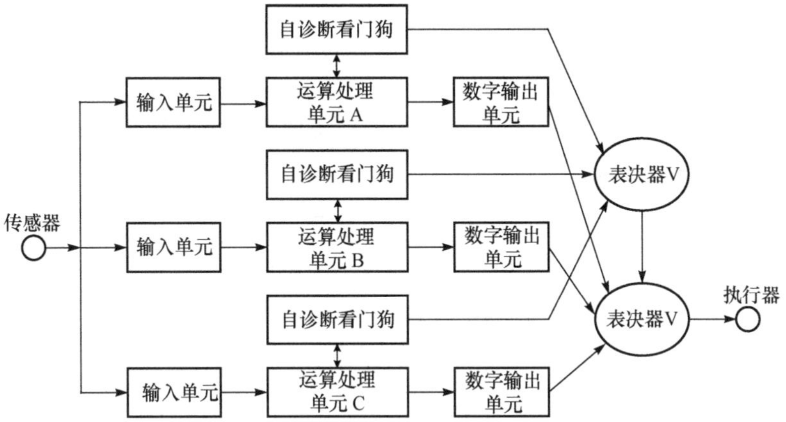

图 3-1　“三取二”结构示意图

运算处理单元之间必须保持同步，才能完成“三取二”容错处理功能。常见的同步主要有时钟级同步和任务级同步两种。

时钟级同步方式需要系统的 CPU 时钟、控制信号和复位信号同步，适用于紧耦合冗余结构。优点是不占用软件资源；缺点是硬件复杂度增大，抑制共模错误的能力不强。

任务级同步方式不要求三个通道的运算处理单元绝对同步，允许适当存在同步偏差，适用于松散耦合冗余结构。其优点是抑制共模错误的能力强。

考虑软件的可靠性，可采用软件设置任务工作周期和硬件设置三重冗余时钟基准进行同步。多个工作周期通过三重冗余时钟基准校正进行同步，类似于通信的帧同步技术，如图 3-2 所示。处理器的时钟频率较高，能够确保运算处理单元工作周期的准确性。

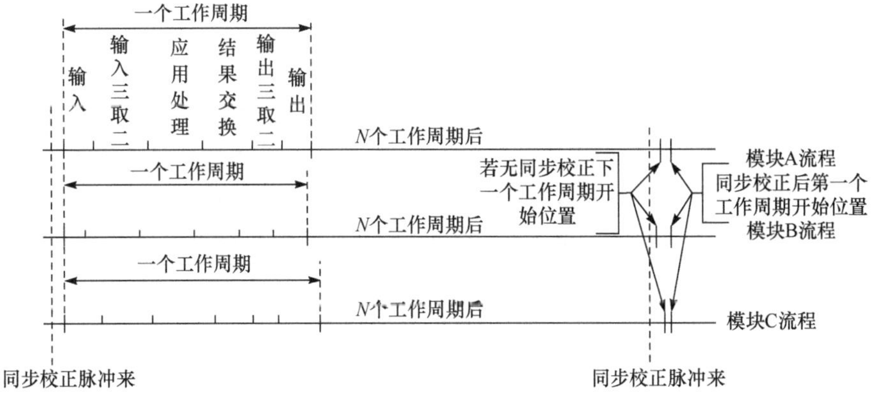

图 3-2　“三取二”结构的同步示意图

运算处理单元之间的同步不但依靠于同步校正时钟，也依靠于通信，如图 3-3 所示的三个处理单元采用广播方式的通信总线结构。每个通道设置两收一发三组系统通信控制器，完成三个通道之间的状态和输出数据的交换。这样既提高了系统的通信吞吐能力，又符合“三取二”结构的三条独立系统通信总线的要求，提高了系统通信总线的可靠性。

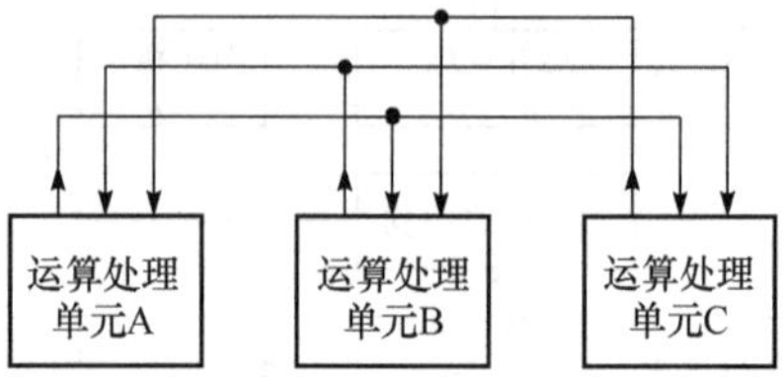

图 3-3 广播方式的系统通信总线结构

对于数字量可采用“三取二”表决方式输出，对于模拟量输出、全双工通信输出或半双工通信而言，通常采用图 3-4 所示的模拟量输出通信方式。每个通道设置通信单元负责外部通信功能。考虑可靠性的要求，设置两组外部通信总线。每一组外部通信总线连接一块记录及外部通信单元，每个记录及外部通信单元接收来自不同运算处理单元的三组数据。

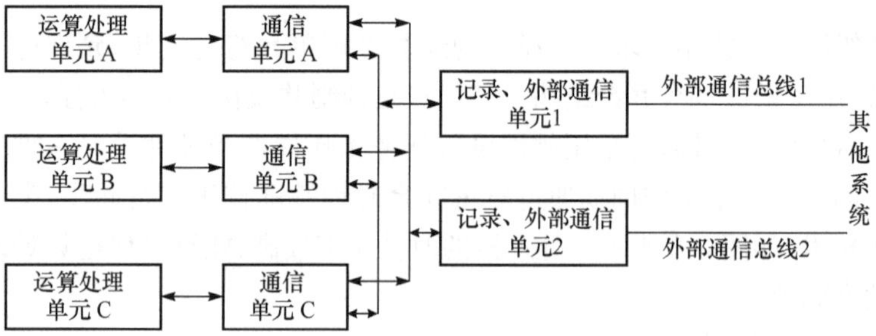

图 3-4 “三取二”结构的模拟量输出通信结构

如上所述的“三取二”结构，由三个独立的通道组成，包括五个独立的处理模块单元(三个通道的运算处理单元和两个记录、外部通信单元)，是分布式计算机系统架构。五个处理模块单元通过总线与外部连接，处于不同的物理位置，从根本上避免了由于局部故障引起整个系统的全面崩溃，并且实现了容错和符合“故障-安全”原则。

图 3-5 是“三取二”安全计算机平台的分层结构，采用了空间分集(松散耦合任务同步)和时间分集(时间触发软件调度)机制。

2) “二取二”结构

“二取二”结构中两个模块执行相同操作，只有当这两个模块的处理结果完全

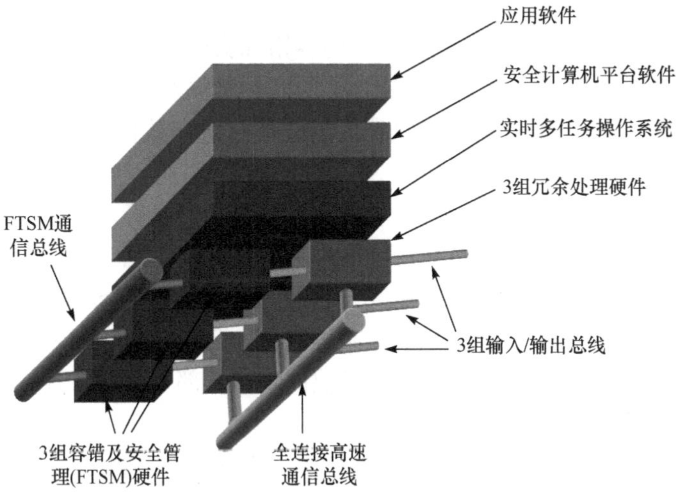

图 3-5　“三取二”结构安全计算机平台分层结构

相同时才进行输出，如图 3-6 所示。在实际应用中，为提供系统的可用性，通常在系统设计两个“二取二”结构，称为“二乘二取二”结构。

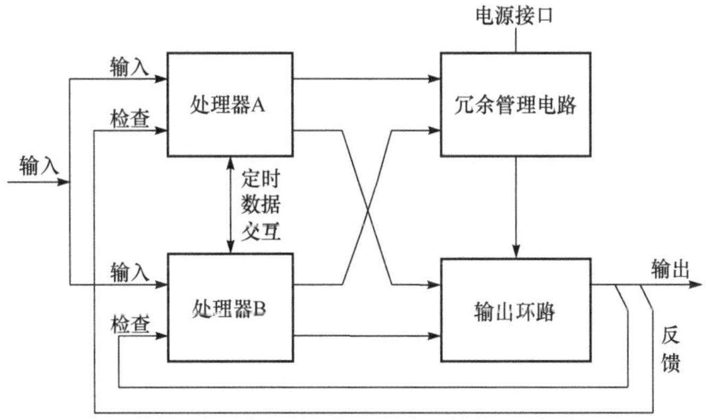

图 3-6　“二取二”结构

(1)“二取二”的结构特点。

该结构符合 EN 50129 标准定义的组合“故障-安全”原则，双机之间的冗余管理电路一般采用故障安全比较器和故障安全电路或元件，故符合 EN 50129 标准定义的“故障-安全”原则。

“二取二”结构中的双机采取紧耦合冗余结构时工作在时钟级同步方式，采用松散耦合冗余结构时工作在任务级同步方式。

工作在时钟级同步方式的两个处理器既可使用同一时钟，也可使用反相的两个时钟。通过比较地址总线和数据总线上的信息，实现二取一，通常采用完全自校验比较器进行数据比较。硬件完成系统的容错和安全管理功能，控制软件与单机系统一致。总线复用器完成 I/O 控制功能。时钟级同步有两个技术难点，一是总线复用器逻辑门时延的影响，二是双处理器地址总线和数据总线的数据比较须具备故障安全特性。

工作在任务级同步方式的系统，软件完成容错和安全管理功能，同时将应用程序分成若干任务，每个任务结束后两个处理器交换同步信息，并通过状态数据和输出数据比较来实现二取一，通常采用完全自校验比较器进行数据比较。系统控制器主要完成双处理器模块同步、I/O 控制等功能。任务级同步的技术难点是系统控制器的逻辑设计，需要兼顾双处理器模块同步和外部 I/O 总线连接转换。

(2) “二乘二取二”结构。

“二乘二取二”结构的安全计算机如图 3-7 所示，该结构为双层结构。第一层包括 4 个处理单元，每个处理单元由 1 个 CPU 模块和 4 个以太网卡接口组成。第二层包括 2 个 I/O 单元，每个 I/O 单元由 1 个 CPU 模块和 4 个以太网卡接口组成。第一层设置两组完全相同的基于硬件设计的冗余及安全管理单元，每一组冗余及安全管理单元分别与对应的“二取二”系统通信，受控于“二取二”系统，输出切换控制信号控制对应的“二取二”系统电源或控制以太网输出；第二层冗余及安全管理单元受控于第一层冗余及安全管理单元。

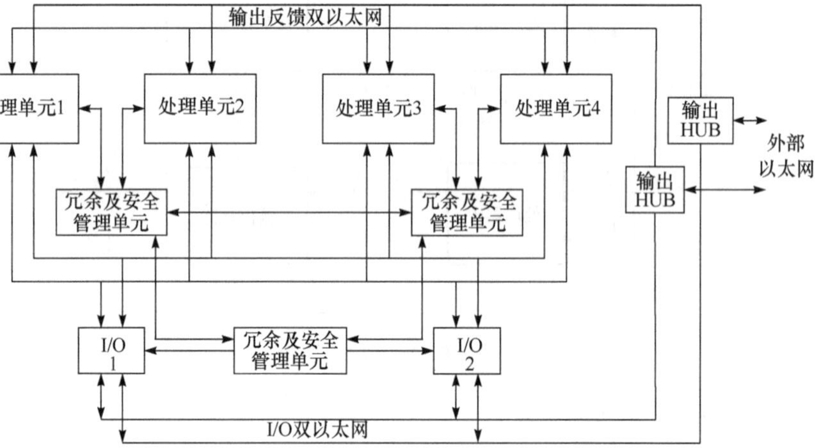

图 3-7 “二乘二取二”结构的安全计算机

冗余及安全管理单元采用纯硬件设计，基于完全自校验理论，其功能包括：

① 接收“二取二”系统输出的软件流程特征码和软件执行动态信号；

② 输出切换控制信号控制对应的“二取二”系统电源或控制以太网输出；

③ 实现上电互锁逻辑(依靠两组冗余及安全管理单元之间的通信实现)。

“二乘二取二”系统切换有以下原则，在同步误差容限内两个软件流程特征码不能相同，同步时间超过同步误差容限，任何一个软件执行动态信号停止，另一个“二取二”系统正常工作，否则安全关断。

两个通道之间可以是热备工作和带动态监测的二取一工作的关系，相对而言两个通道热备比较常见，但两个通道处于带动态监测的二取一工作关系时能够提高系统的安全完整性等级。

(3) 双机同步算法。

采用商用通用产品(Commercial-Off-The-Shelf，COTS)来实现安全计算机是目前通行的做法。当采用 COTS 硬件工业控制板卡或工业控制计算机作为“二取二”结构双机的方案时，采用基于任务级同步的松散耦合冗余结构。以一个独立的具有一定逻辑任务的一次运行作为同步的基础，在任务中设立一个或多个比较和表决点，对其中间结果和最后输出进行一致性判断。由于各模块无时钟同步，任务的执行是松散的，因而抑制共模错误的能力强。但缺点是容错开销较大。

(4) “二乘二取二”结构的容错及安全管理。

图 3-7 所示的“二乘二取二”结构的安全计算机中设置了两级冗余及安全管理单元。第一级分别位于不同的“二取二”子系统层，第二级位于 I/O 控制器层。

第一级冗余及安全管理单元，接收对应的“二取二”子系统输出的两组 I/O 控制器选择码、软件流程特征码和软件执行动态信号，输出“二乘二取二”结构的通道使能选择、I/O 控制器使能选择和 I/O 控制器电源控制等信号。实现通道使能选择的上电互锁逻辑。上电初始，通道使能选择、I/O 控制器使能选择全部处于关断状态，I/O 控制器电源控制处于闭合状态。

待两个通道的“二取二”子系统上电自检完毕，都处于正常状态后，第一级冗余及安全管理单元通过上电互锁逻辑任意选择一个通道的“二取二”子系统为主，另一个通道的“二取二”子系统则为从。

如果上电时两个通道的“二取二”子系统有一个自检失败，则以自检正确的通道选择为主，并给出自检失败通道指示。若全部自检失败，则不论 I/O 控制器上电自检如何，I/O 控制器电源关断，安全计算机处于安全状态。

第二级冗余及安全管理单元，接收对应的“二取二”子系统输出的两组 I/O 控制器选择码、软件流程特征码和软件执行动态信号，输出“二乘二取二”结构的通道使能选择、I/O 控制器使能选择和 I/O 控制器电源控制等信号。第二级冗余及安全管理单元应完全处于被动。上电时向第一级冗余及安全管理单元报告 I/O 控制器上电自检状态，正常工作后报告工作自检状态，供第一级冗余及安全管理单元选择某两个 I/O 控制器为主，负责输出，另一个 I/O 控制器为从。

如果上电时 I/O 控制器有一个自检失败，则自检正确的通道选择为主，并给出自检失败通道指示。若全部自检失败，则 I/O 控制器电源关断，安全计算机处于安全状态。

正常工作后，如果发现主 I/O 控制器通信输出错误，主“二取二”子系统能够将此时的 I/O 控制器切换为主 I/O 控制器，这种切换为软件切换，如果通信输出错误的 I/O 控制器软件切除不掉，则切除该 I/O 控制器电源。

“二乘二取二”系统切换原则：

① 在同步误差容限内两个软件流程特征码不同；

② “二取二”双机数据比较若干次不一致；

③ 同步时间超过同步误差容限；

④ 任一个软件执行动态信号停止；

⑤ 另一个“二取二”系统正常，否则安全关断。

I/O 控制器切换原则：

① I/O 控制器工作自检失败；

② I/O 控制器软件执行动态信号停止；

③ 主“二取二”子系统一致判断 I/O 控制器输出错误；

④ I/O 控制器切换首先是软件通信输出使能切换；

⑤ 如果通信输出错误的 I/O 控制器软件切除失效，则切除该 I/O 控制器电源。

两级冗余及安全管理单元都采用纯硬件设计，基于完全自校验理论和强“故障-安全”原则。一般的双机故障安全输出电路可采用如图 3-8 所示的结构。

如果直接利用 $O_1=F_e\cdot S_1\cdot S_1^*$ 实现逻辑功能，由于使用两个与门，容易发生同样的故障而导致危险失效的可能性增大，而利用 $O_1=\overline{\overline{F_e\cdot S_1}+\overline{S_1^*}}$ 逻辑功能则能避免这种错误。但是如果图中的与门发生输入固“1”或者或门发生输入固“0”，仍然会导致危险失效。

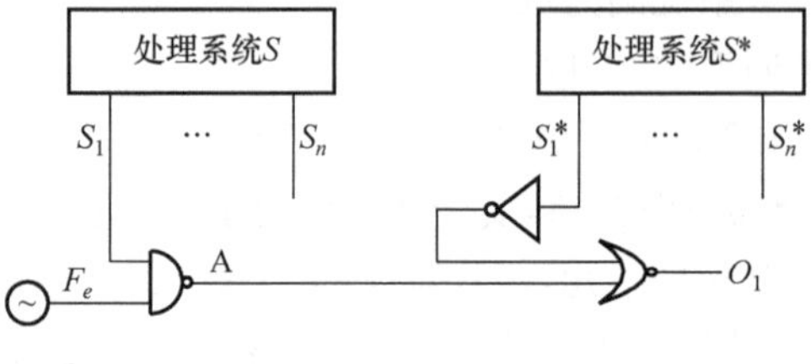

图 3-8　一般的双机故障安全输出电路

强故障安全比较器的原理电路可采用图 3-9 所示的结构，使用 $\overline{O_1}=\overline{\overline{\overline{F_e}+\overline{S_1}}\cdot S_1^*}$ 通道对 $O_1=\overline{\overline{F_e\cdot S_1}+\overline{S_1^*}}$ 通道进行逻辑实现过程的冗余比对，两对符合自校验条件的逻辑信号作为安全关断电路的校验信号送入双通道检查器：$\overline{F_e\cdot S_1}$、$\overline{\overline{F_e}+\overline{S_1}}$ 和 O_1、$\overline{O_1}$。如果关断电路出现问题，两对信号都会反应，即只要有

一对信号为(1,1)或(0,0)则 g_1、g_2 一定会出现(1,1)或(0,0)。

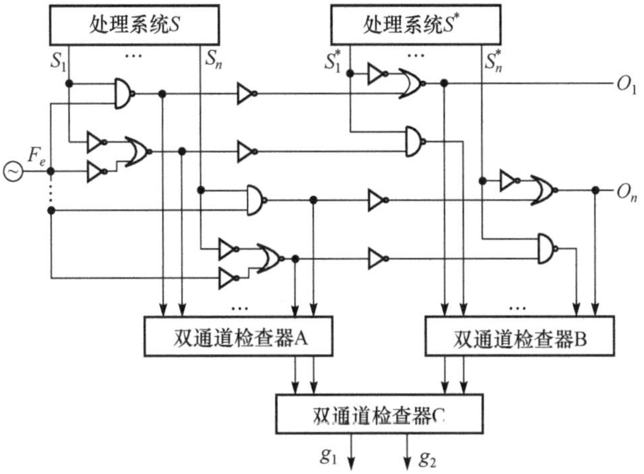

图 3-9　强故障安全比较器

图 3-10 所示的电路由于使用了交叉级联的关断电路，相当于串联电路，故关断电路的安全性更高。图 3-11 是一种实用的"二乘二取二"安全计算机平台的分层结构，采用空间分集(松散耦合任务同步)和时间分集(时间触发软件调度)机制。

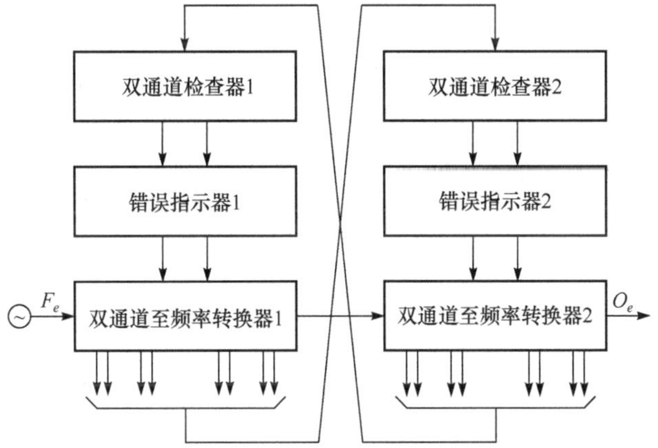

图 3-10　交叉级联关断电路

3.2.3　软硬件安全设计

容错技术的基本出发点就是承认故障不可避免的事实，进而考虑清除故障影响的措施。采取的主要手段就是投入更多的超常设计和资源，即通过增加资源来提高可靠性。外加资源的方式包括硬件冗余、软件冗余、时间冗余和信息冗余。容

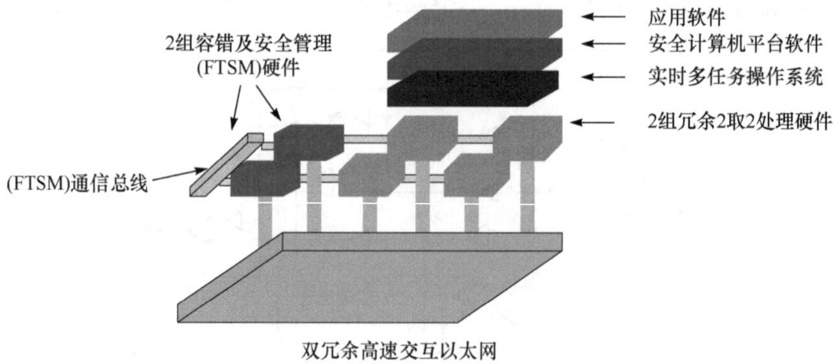

图 3-11　“二乘二取二”结构地面安全计算机平台的分层结构

错技术的实质就是资源冗余。通过冗余资源来克服故障的影响，消除错误，使得任务在故障条件下仍能完成。

根据系统的硬件结构形式，硬件冗余包括系统级冗余、子系统冗余、电路级冗余和元器件级冗余。根据工作方式来分，包括静态冗余、动态冗余和混合冗余等。

为了克服硬件故障对系统的影响，一个典型的冗余系统可能会采用以下十种方式处理故障事件。

(1) 故障限制：当故障出现时，希望限制其影响范围，也就是把故障效应的传播限制在某一个区域内，从而防止影响其他区域。

(2) 故障检测：尽快发现故障，缩短故障潜伏期。故障检测技术主要有脱机检测和联机检测。脱机检测时，系统不能进行有用的工作；联机检测提供了实时检测能力，检测与正常的工作同时执行。

(3) 故障屏蔽：故障屏蔽技术把失效效应掩盖起来，即掩盖故障对输出的影响，使得系统避免产生错误输出。

(4) 重试：在许多场合，对一个操作的第二次试验可能是成功的，对非物理破坏的瞬间故障和干扰是一种有效的方法。

(5) 故障诊断：当故障检测技术未能提供有关故障位置或性质时，就需要进行故障诊断来确定故障的位置。

(6) 重组：当检测到永久性故障时，将失效器件隔离或者使用冗余系统，使系统能力保持不变。

(7) 恢复：通过检测和重组消除错误效应。恢复技术通过后备数据和记录信息，使系统从故障检测前处理过程的某一点重新开始操作。

(8) 重启动：当被错误破坏的信息太多，或者系统不具备恢复功能时，需要通过重启系统使系统正常工作。重启动包括“热”重启、“温”重启和“冷”重启三种方式。

(9) 修复：把诊断为故障的器件换下来，可联机进行，也可脱机进行。

(10) 重构：对故障元件进行物理替换之后，把修复的模块重新加入到该系统中去。对于联机修复，实现重构的过程不会中断系统的工作。

3.2.3.1　硬件冗余

随着大规模、超大规模集成电路的发展，硬件的价格急剧下降、功能更加丰富，为硬件冗余技术提供了充分的物质基础，使硬件冗余技术日趋成熟，应用愈加广泛。硬件冗余技术主要包括静态冗余、动态冗余和混合冗余等。

1) 静态冗余

静态冗余又称屏蔽冗余，这种冗余技术不改变电路或系统的结构，而是通过冗余资源来隔离、掩盖或校正故障的影响，使故障不能在电路或系统输出中表现出差错。静态冗余主要包括：三模冗余(Triple-Modular Redundancy，TMR)、N 模冗余(N-Modular Redundancy，NMR)等。

(1) 三模冗余。

三模冗余系统是最常用的一种容错设计技术，“三模”是指系统中设置相同的三个模块，它们同时执行相同的任务，然后表决器对三个执行结果进行表决，表决器以多数表决原则作为系统的正确输出，即基于“少数服从多数”的纠错原理，通常为“三取二”。

图 3-12 是一个 TMR 系统的工作原理图，图中的 M_1、M_2、M_3 是三个相同工作模块，V 是一个硬件表决器。

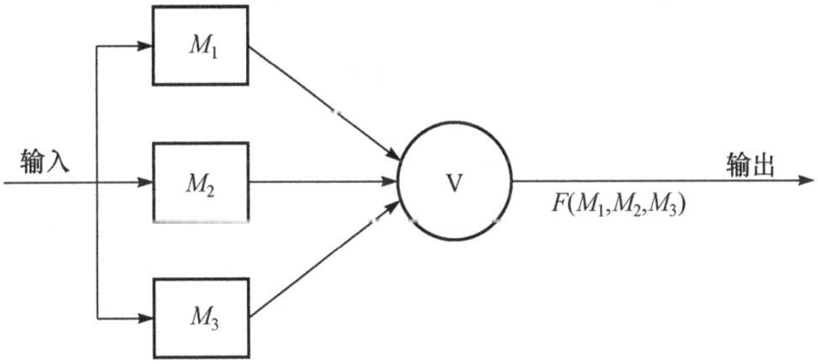

图 3-12　TMR 系统原理图

正常情况下，三个模块同步工作，给出三个相同的输出结果，V 将最终输出一个结果作为三个模块的正确输出。如果任一模块出错，其输出不同于其他两个模块，V 则仍然输出正确结果。只有两个模块同时出错(错成相同状态)，V 输出才可能错误输出，但这种情况出现的概率非常小。对于这种系统应考虑错误累积的情况：即一个模块出错，系统未能发现，第二个模块过一段时间也出错，这时表决器 V 输出将是错误的，或系统不能正常工作。这说明：如果一个模块出现永久性故障而未得到及时修复，三模块表决系统变成非表决系统，另外两个模块从信息流来看虽然是并联的，但是从可靠性来看，二者却是串联的。只要系统具有完善的自检功能，三个模块的永久故障就能及时发现。

TMR 系统的逻辑表达式为 $F=M_1M_2+M_2M_3+M_1M_3$，依据该表达式就能设计出表决器的逻辑电路。

$$R_{TMR}(t)=R_V(t)[3R^2(t)-2R^3(t)] \tag{3-1}$$

若 $R(t)=e^{-\lambda t}$，$R_V(t)=e^{-\lambda_v t}$，则有

$$R_{TMR}(t)=e^{-\lambda_v t}(3e^{-2\lambda t}-2e^{-3\lambda t}) \tag{3-2}$$

在忽略表决电路故障时，其失效率 $\lambda_v \approx 0$，则

$$R_{TMR}(t)\approx 3e^{-2\lambda t}-2e^{-3\lambda t} \tag{3-3}$$

当 $R(t)>0.5$ 时，三模冗余系统的可靠性高于单系统的可靠性。

三模冗余不仅有较高的可靠性，而且有很高的安全性。像一般计算机这种非“故障-安全”的设备，设备故障（包括软件故障和硬件故障）可能错误输出。而“三取二”冗余结构只要不出现两个性质完全相同的错误，就能保证系统正确。而出现两种同样性质错误的概率通常是非常小的。对于安全性输出通过“故障-安全”电路和“故障-安全”比较器可以保证系统的“故障-安全”性。

三模冗余结构是一个高可靠、高安全性冗余结构，在轨道交通信号系统中被广泛使用。三模冗余结构的具体实现方法有两种：一是部件级三模冗余结构，如图 3-13 所示；二是系统级三模冗余结构，如图 3-14 所示。

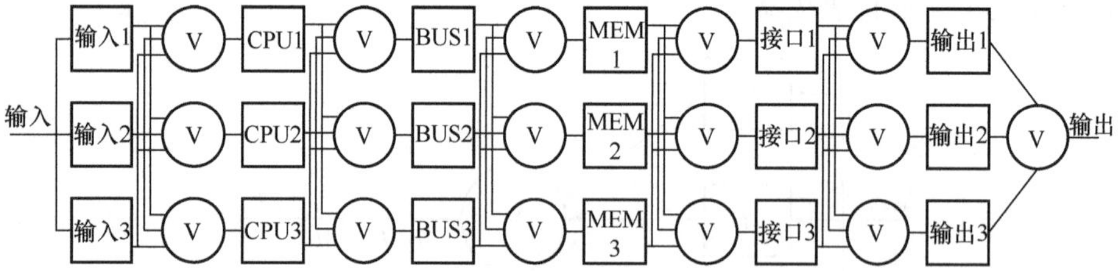

图 3-13　部件级三模冗余结构

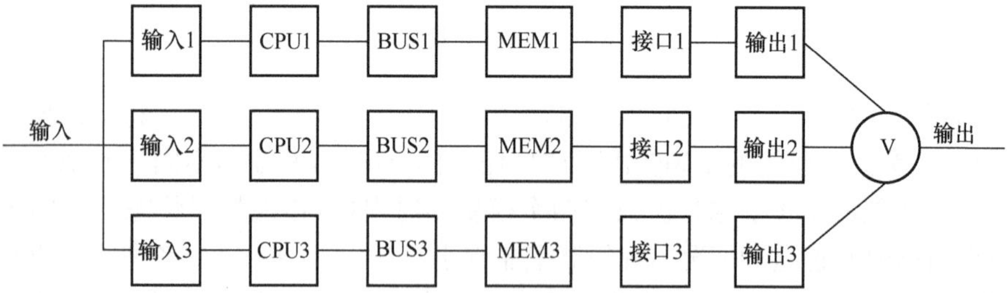

图 3-14　系统级三模冗余结构

从功能上讲，任何一个计算机控制系统可以分成输入、中心处理机和输出三个部分。而中心处理机又可分成 CPU、总线、内存和接口四个部分。从功能的角度看，输入、CPU、总线、内存、接口和输出可看成是一个串联系统。

部件级的三模冗余系统可以看成是分段表决系统。而部件级的三模冗余结构的可靠性高于系统级的三模冗余结构。部件级的三模冗余结构中，两个不同的部件同时出现故障，不会导致整个系统全部瘫痪，而系统级的三模冗余结构会因两个不同部件同时出现故障而导致系统失效，例如，图 3-14 中的输入 1 和内存 2 (MEM2)同时失效，就会导致整个系统全部瘫痪。

(2) N 模冗余。

N 模冗余(NMR)系统是由 N 个($N=2n+1$，为奇数)相同的子系统和一个表决器组成。表决器把 N 个子系统中占多数相同结果的输出作为 NMR 系统的输出，如图 3-15 所示。

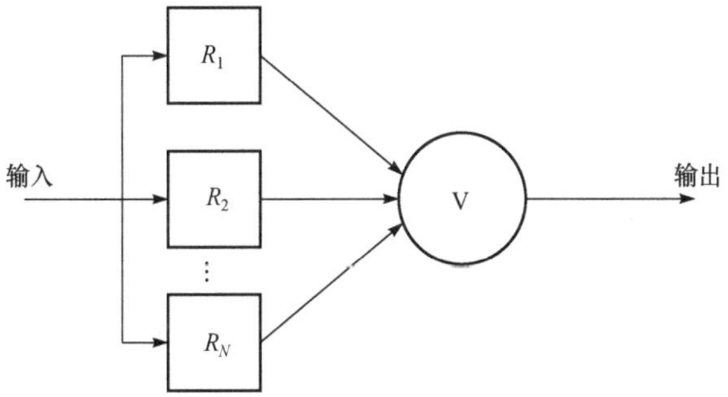

图 3-15　NMR 系统原理框图

在 NMR 系统中，表决系统采用“多数表决”原理屏蔽故障的影响，最多可容忍 n 个模块同时失效。只要有 $n+1$ 个或 $n+1$ 个以上的子系统能正常工作，NMR 系统就能输出正确的结果。假设表决器是完全可靠的，每个子系统的可靠性为 R_0，则 NMR 系统的失效率为

$$F_{\text{NMR}} = \sum_{i=n+1}^{m} C_m^i R_0^i (1 - R_0)^{m-i} \tag{3-4}$$

2) 动态冗余

动态冗余由 $s+1$ 个功能模块 M、故障检测器和切换开关组成，原理结构框图如图 3-16 所示。图中 M_1 处于工作状态，而其余 s 个模块($M_2, M_3, \cdots, M_{s+1}$)处于待命接替状态。通常将处于工作状态的模块称为工作模块，其他称为备用模块。运行中，当检测到工作模块发生故障后，立即通过切换开关切除故障模块，并选用一个备用模块作为工作模块。如果接替工作的模块接续后又发生故障，则再将其切除，用另一个备用模块来代替。如此反复，直到 s 个备用模块全部用完为止。

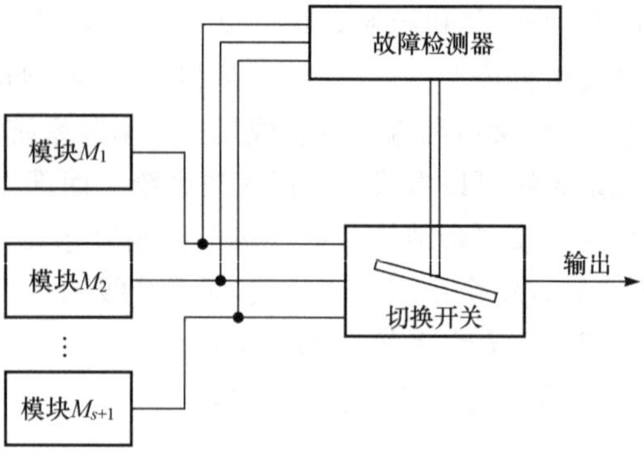

图 3-16　动态冗余原理结构

这种切除工作方式虽然影响到系统工作的连续性,但在某些可靠性要求特别高而工作连续性要求不高的场合是比较适宜的。而用高速切换开关可以将切换过程影响降低到很小的程度。

3) 混合冗余

由前面的分析可知,NMR 系统能在较短的任务时间内具有较高的可靠性。而待命储备系统则能在储备模块足够大时具有较长的系统寿命。如果将这两种系统巧妙地组合起来,形成一种新的冗余结构,使得 NMR 模块中有一个失效时,该模块由一个备用模块取代,从而使基本的 NMR 系统继续运行,则整个系统必然既具有较高的可靠度,又有较长的寿命,这种结构叫做混合冗余系统。

混合冗余结构系统 $H(N,S)$的原理框图如图 3-17 所示。H 指混合冗余结构,N 指核心的 N 个工作模块,S 指备用模块数。

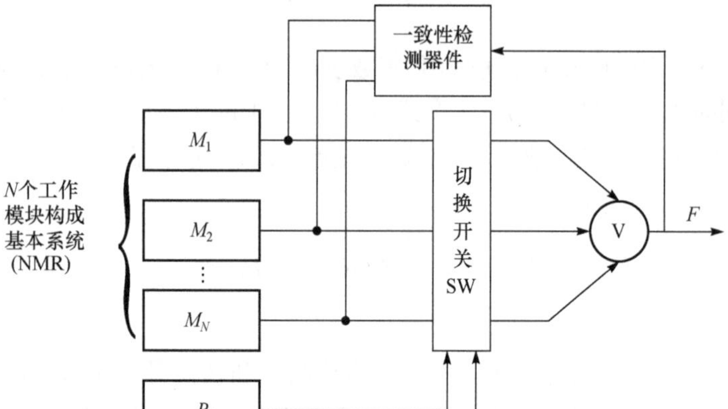

图 3-17　混合冗余结构系统 $H(N,S)$的原理框图

该系统由 $M_1, M_2, \cdots, M_N$ 个正常的工作模块组成 NMR 基本系统，R_1，$R_2, \cdots, R_S$ 组成 S 个储备模块。$M_1, M_2, \cdots, M_N$ 经多数表决器 V 表决后作为系统的输出，同时工作模块的输出与系统输出作一致性比较，以监测任一模块是否有故障。如果检出其中有一个工作模块有故障，则可控制切换开关电路切断故障模块，同时接通一个备用模块，使得 NMR 基本系统能继续维持运行。如果接入 NMR 基本系统的备用模块是一个失效模块，此时不一致性继续存在，切换开关电路 SW 就会用另一个备用模块来取代它。很显然，如果储备量 S 足够大，且切换又能成功，则 NMR 系统的寿命几乎可以无限期地延长下去。

3.2.3.2 软件冗余

计算机系统是由硬件和软件组成的一个有机的整体。因此，改善计算机系统的可靠性，除了必须提高硬件的可靠性外，还必须提高软件的可靠性。对于高速列车运行控制系统来讲，软件已经成为系统的主体，对其软件的可靠性和安全性应予以更多的关注，提高软件可靠性也需要采用避错和容错技术。

硬件系统的故障主要来自生产和使用阶段，可通过相同部件的累积设置来实现容错；软件故障主要来自说明、设计和实现阶段，而且软件的许多缺陷在系统运行过程中才能暴露出来。实现软件容错的基本方法，是将若干个根据同一需求说明编写的不同程序(即多版本程序)，在不同空间同时运行，然后在每一个设置点通过表决或接收测试进行表决。常见的软件容错方法有基于静态冗余的 N 版本编程方法和基于动态冗余的恢复块方法。

1) 软件的差异性设计

软件容错的基本思想是软件设计版本的独立性和差异性，从而抑制软件的共性故障。软件的共性越小，发生相同故障的概率也就越小，容错性能就越强。

软件的差异性是指同一需求说明的软件功能由不同的研发设计小组完成，而且要求各小组空间独立，并禁止小组之间的讨论和沟通；此外，各小组采取不同的设计方法、编程语言、算法、开发工具和编译器实现软件设计的多样性。高速铁路列车运行控制系统对软件的可靠性要求很高，软件的差异性设计可有效提高软件的容错能力和软件的可靠性，对提高整个系统的可靠性起到非常重要的作用。

2) 软件容错的基本结构

软件容错的基本结构有多版本编程(N Version Programming，NVP)结构和恢复块(Recovery Block，RB)结构两种。

(1) NVP 结构。

NVP 结构的基本设计思想是用多个功能相同、编程方法不同的程序同时执行一项运算，表决器对运算结果进行多数表决，是一种静态冗余方法。采用不同的编程技术，如设计方法、开发工具和编程语言等，实现多版本程序间的差异性，从而有效避免因软件共性故障所造成的系统错误，这是实现 NVP 结构的关键。NVP 结构如图 3-18 所示。

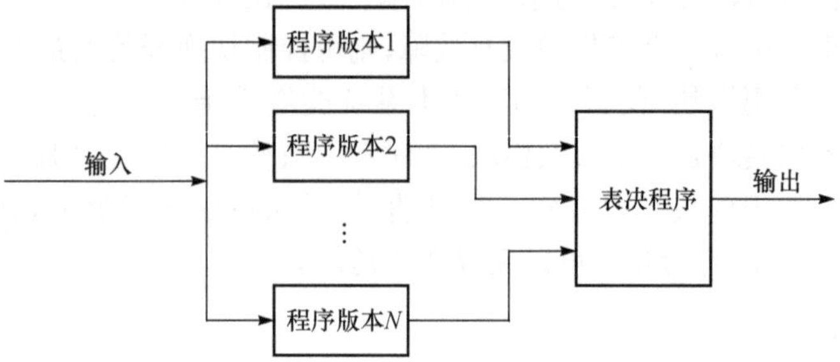

图 3-18　NVP 结构

(2) RB 结构。

RB 结构中也有多个版本的程序，其中处于工作状态的称为主程序块，处于待命状态的称为备用程序块，是一种动态冗余方法。主程序块和备用程序块具有相同功能，但采用不同的编程方法。采用 RB 结构的系统，主程序块首先工作，然后对其结果进行测试，如果测试通过，则将结果输出给后续程序，否则启动第一个备用程序块，依次类推，直到所有备用程序块测试完毕。RB 结构如图 3-19所示。

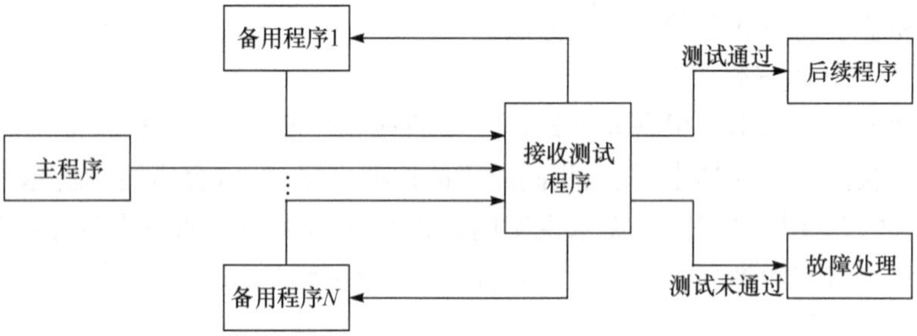

图 3-19　RB 结构

软件容错结构除了 NVB 和 RB 这两个基本结构外，还派生出其他结构，如 NVPP(多版本阶段程序设计)结构。NVPP 结构的基本思想是将完成一个功能的程序划分成多个阶段，每个阶段运行的程序都是不同版本，运行一个阶段后，对阶段结果进行多数表决，表决成功，则结束运行，否则继续下个阶段版本的运行，直到得出正确的结果。

3) 软件的避错设计方法

为提高软件的正确性可以采用软件避错设计方法。软件避错设计方法有自顶向下逐步细化方法、模块化方法和结构化方法等。

（1）自顶向下逐步细化方法。

首先将一个复杂问题分解成多个模块的层次结构，然后将每一个模块的功能进一步细化为一系列具体的处理步骤。每一层由若干模块构成，上层模块是建立于下层模块之上，是下层模块功能的扩展；反之，下层模块是上层模块功能的细化和分解。层次结构极大地减少了系统的复杂性，并可减少软件故障的引入。软件设计的各个阶段都可采用自顶向下逐步细化方法。

（2）模块化方法。

模块是数据说明、可执行语句等程序对象的集合，是程序层次结构中的基本组成部分。模块化程序设计就是把程序划分成若干模块，每个模块完成一个子功能，然后把模块集成起来组成一个整体，可以完成指定的功能。

模块化程序设计按"模块独立性"原则正确划分程序模块，使每个模块完成一个相对独立的特定子功能，并且与其他模块间的关系简单。

（3）结构化方法。

自顶向下逐步细化方法将系统程序划分成若干模块，结构化方法则是将每个模块程序设计单入口和单出口的控制结构。

4）软件错误检测技术

软件错误检测技术是构成容错软件的重要支柱，有如下四种通用方法。

（1）双版本程序设计。

根据 N 版本程序设计方法编制两个功能相同、版本差异的程序，在管理程序的统一协调下运行双版本程序，然后比较两个运行结果，判断是否存在故障。

（2）功能校验。

包括正向功能校验和逆向功能校验。正向功能校验是对一个处理过程，即模块程序，提供一组输入，然后验证输出的合理性；当输入与输出之间的关系是一一对应时，可采用逆向功能校验，用系统的输出反推出对应的输入，然后把推理结果与实际输入进行比较，从而判断是否出错。

（3）控制顺序校验。

引起程序顺序错误执行的软件故障称为控制顺序故障。将一个复杂的系统程序划分成若干个模块程序后，就需要按照预定的设计顺序运行每个模块程序，实现系统复杂功能，模块程序的执行顺序正确性决定了系统输出的正确性，对规定执行顺序的任何偏离都可能会产生错误输出。控制顺序校验方法有允许转移校验、接力校验、监督定时器与接力校验组合的校验等。

(4) 数据校验。

数据校验包括数据值的完整性和数据值的属性等校验内容。

3.2.4 安全输入输出接口

3.2.4.1 安全输入接口

由于信息输入易受干扰，尤其是瞬态噪声的影响，通常可用下述技术手段减少或消除这种影响。

(1) 多次读入。适用于开关量输入信号。数字输入单元直接连接着外部的输入设备，如继电器和开关器件等。为消除外部干扰，硬件上采用光电耦合器和设置滤波电路等，软件上采用多次读入法，即在输入信号采集阶段，CPU 以一定的时间间隔连续多次读入相同的输入信号，经过多数判决后才确认该输入为有效信号。

(2) 数字量信号鉴别。对接收数字量信号的输入接口按规定时间间隔进行多次采样，并进行比较，比较结果一致时，判为真输入，否则为伪输入。

(3) 数字量输入封锁。用于排除某些机械运动产生的干扰。在容易产生干扰信号的时间内，或者在容易产生干扰的机械动作时，停止采集输入信号。当易产生干扰信号的时间已过，或易产生干扰的机械动作完毕后，再恢复采集。

(4) 光电隔离技术。光电隔离实现系统内部电源与外部电源的隔离，可有效抑制接点输入电路的电磁干扰。

(5) 编码输入或过程输入技术。有两类具体的实现方法：一是输入接口采用多重模块结构，并使用软件进行校验的空间冗余法；二是采用诊断技术检查输入值的时间冗余法。

常用的安全输入接口技术有以下三种。

1) 编码方式的安全输入接口

以高速铁路列车运行控制系统中的轨道电路的轨道继电器 GJ 状态输入为例，采用编码方式的安全输入接口的结构如图 3-20 所示。图中采用 4 位编码表示一个输入，将轨道电路的空间状态(危险侧)用 GJ 的吸起来表示，对应的编码为 1111；轨道电路的占用状态(安全侧)用 GJ 的落下来表示，对应的编码为 0000。计算机对读入的编码进行“与”运算，如果结果为 1，则认为轨道电路为空闲状态；如果结果为 0，则判定轨道电路为占用状态或者输入接口有故障。从理论上讲，码位越多则安全性越高，然而可靠性和经济性也越低。

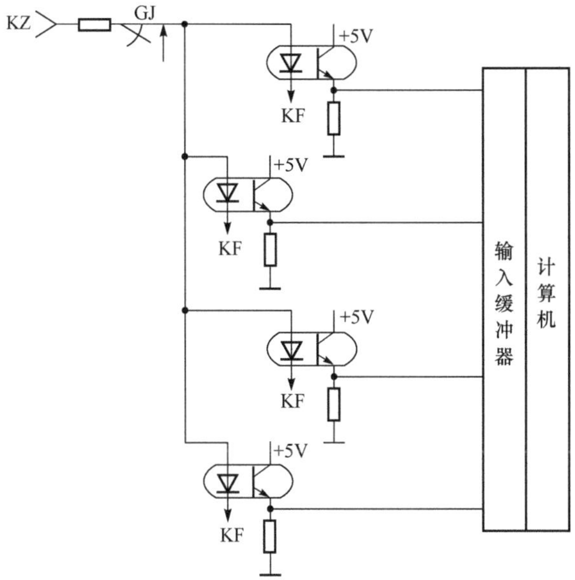

图 3-20　编码方式故障安全输入接口

2）采用诊断技术检查输入值的时间冗余法

图 3-21 给出了这种方法的两个电路。图 3-21(a)用了两个光电耦合器 G_1 和 G_2，G_1 的输出级和 G_2 的输入级并联，并由输入信号 GJ 接点控制其电源的通断。G_1 的输入级和 G_2 的输出级共用计算机 5V 电源，且 G_1 的输入级由计算机的输出进行控制。若计算机按 1010…输出控制信号，当 GJ 接点闭合时，则计算机就会从输入接口电路接收一个与控制信号反相的信号 0101…。当 GJ 接点断开或 G_1、G_2 发生故障时，计算机的输入接口只能收到稳态信号，输入信号采集过程符合“故障-安全”原则。图 3-21(b)的工作原理与图 3-21(a)相同，差别是 G_1 的输出级与 G_2 的输入级采用串联方式。

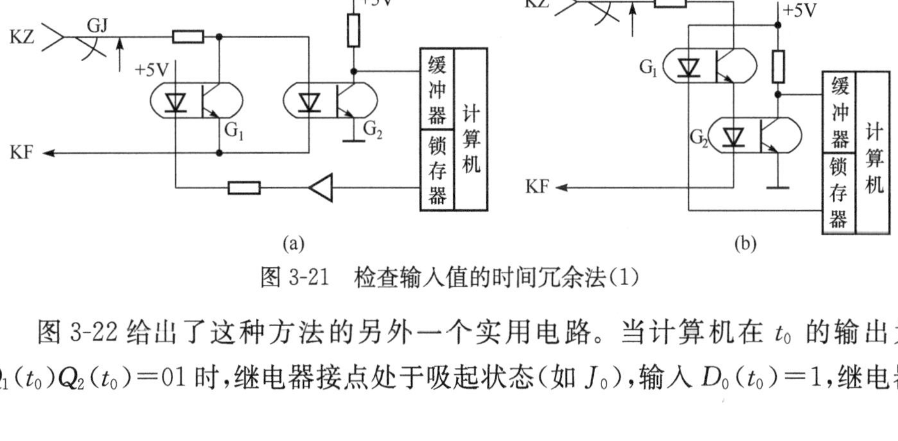

图 3-21　检查输入值的时间冗余法(1)

图 3-22 给出了这种方法的另外一个实用电路。当计算机在 t_0 的输出为 $Q_1(t_0)Q_2(t_0)=01$ 时，继电器接点处于吸起状态(如 J_0)，输入 $D_0(t_0)=1$，继电器

接点处于落下状态(如 J_7),输入 $D_7(t_0)=0$。

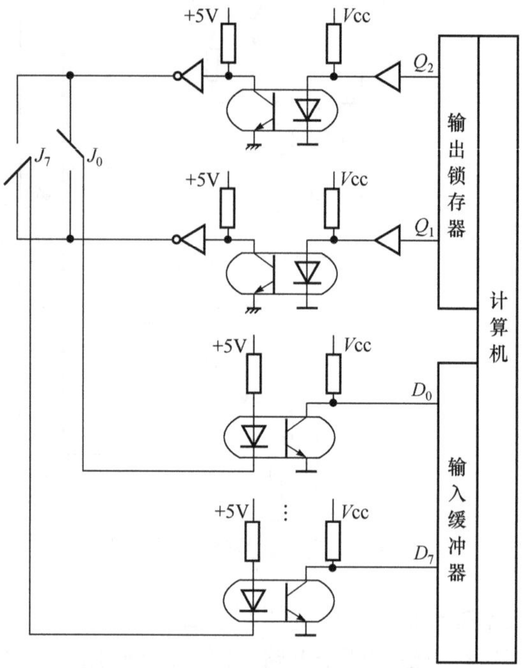

图 3-22　检查输入值的时间冗余法(2)

当计算机在 $t_1(>t_0)$的输出为 $Q_1(t_1)Q_2(t_1)=10$ 时,继电器接点处于吸起状态(如 J_0),输入 $D_0(t_1)=0$;继电器接点处于落下状态(如 J_7),输入 $D_0(t_1)=1$。在输入接口电路故障时,计算机输入接口只能收到稳态信号。

3) 采用多重模块结构并使用软件进行校验的空间冗余法

采用多重模块结构并使用软件进行校验的空间冗余法的输入接口电路如图 3-23 所示。一个继电器接点输入接口是由三个模块组成的,每个模块包括光电隔离、锁存器和缓冲器等部件,每一个模块的输出分配到三个计算机的总线上。每个计算机分三次读取数据,用软件检查三个数据的一致性。

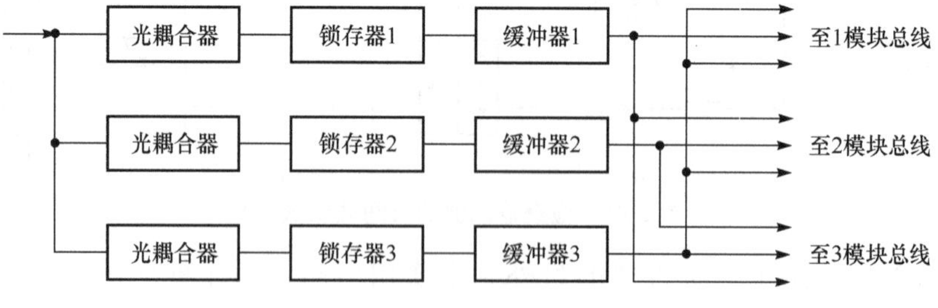

图 3-23　空间冗余法故障安全输入接口

3.2.4.2　安全输出接口

1）动态输出

目前，在以计算机为主体的高速铁路运行控制系统中，计算机输出的控制命令通常是用信号继电器来执行。从计算机到信号继电器间需采用代码→动/静态和动/静态→电平两级变换电路，使其输出足够的驱动功率，并满足“故障-安全”的原则。

代码→动/静态变换电路是计算机输出控制信号所必须经历的过程。这种变换可分成软件和硬件变换两种类型。软件变换是根据逻辑运算结果(代码形式)需要输出危险侧控制信号时，借助软件的执行，使计算机不断输出脉冲串。这种方式节省了硬件，但占用了机时。硬件变换可以采用振荡式故障安全逻辑元件来实现，也可以采用移位寄存器来实现。后者的基本原理是将危险侧代码先并行输送到移位寄存器中，再由控制时钟推动移位寄存器，使其输出串行脉冲序列。

动/静态→电平变换电路是一种只有当输入为脉冲序列时其输出才为高电平，而在输入为稳态电平或电路发生故障时均为低电平的输出电路。所以称这类电路是动态鉴别电路，又称故障安全驱动电路。图 3-24 给出了两种动/静态→电平变换电路。

其中图 3-24(a)是输出脉冲经由放大器、脉冲变压器和整流器，在 B 点形成直流电平。根据需要可连接一个安全型继电器作为控制输出。本电路中，放大器本身必须设计成不会因元器件性能改变和失效而产生自激振荡，脉冲变压器的主次线圈之间绝缘良好。

图 3-24(b)是一个不用变压器而必须采用安全型偏极继电器的鉴别电路。其工作原理是由输出脉冲驱动晶体管 B_1 和 B_2 交替地导通和截止。当 B_1 导通、B_2 截止时，电容 C_1 经由 B_1 和 D_1 充电。当 B_1 截止、B_2 导通时，电容 C_1 经由 B_2、偏极继电器 J 和 D_2 放电。根据输入脉冲的频率和占空比，适当选择 R 和 C_1，继电器 J 就能由 C_1 的放电电流励磁吸起。C_2 是使 J 缓放的。

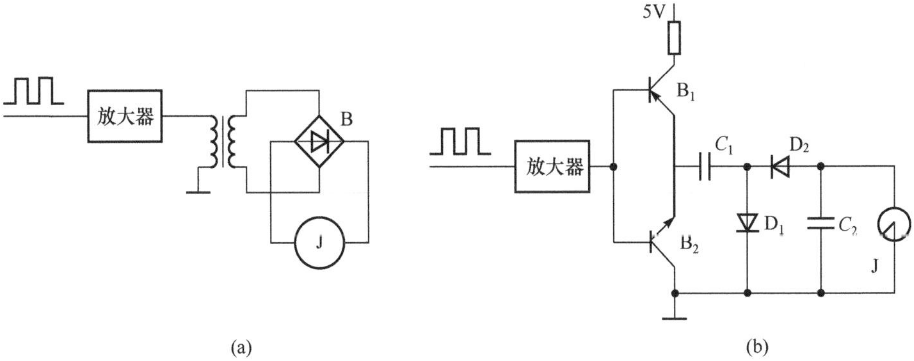

图 3-24　动/静态→电平变换电路

为了防止 B_1、C_1 和 D_2 都被击穿而使继电器 J 错误励磁，J 必须采用偏极性继电器以鉴别电流方向。当 B_1 断路，或 B_2 短路，或 D_1 断路，或 C_1 击穿，都不能构成 C_1 的充电回路；当 B_1 短路，或 B_2 断路，或 D_1 短路，C_1 都不能向 J 放电。所有故障的结果，都不会使继电器 J 保持吸起或不能吸起，因而符合"故障-安全"原则。

此外，输出电路和计算机之间也需要经过光电耦合器进行隔离，以便有效地抑制输出电路的电磁干扰。

2）故障安全型输出

当系统的故障安全比较器不能检测输出电路的故障时，可对直接控制信号设备的输出电路采用故障安全型输出电路，如图 3-25 所示，由电平变换电路、故障安全逻辑单元和故障安全继电器驱动电路组成。

为了提高故障安全输出电路的可靠性，采用了三个模块输出(模块 1 DO、模块 2 DO、模块 3 DO)的多数判决逻辑。该电路有三个故障安全逻辑单元 A，分别对两个模块的输出实现"与"操作，用于检查两个模块的输出是否同时为"1"。然后把三个 A 单元的输出构成"或"操作，实现多数判决。在三个模块的输出中，只有在两个模块的输出同时为"1"时，才产生"1"的外部输出信号。除此以外的情况，外部输出均为"0"。系统是按外部输出信号为"0"作为安全侧设计的。

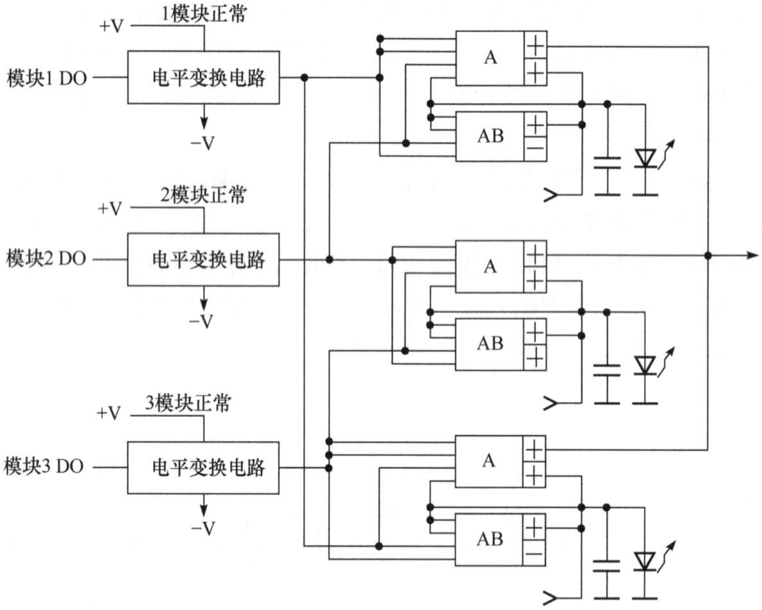

图 3-25　日本国铁 SMILE 系统输出电路

在比较器判定为哪一个模块发生故障时，或监督定时器发生溢出时，用继电器接点切断该模块的电平变换电路的电源。使该模块的输出转变为"0"，将系统自动地转换到双模运行。

虽然用 A 单元对每两个模块的一致性进行监督，但是若发生了不一致，却没有得到及时地解决，就会有由双模运行变为系统停机的危险。所以输出电路要具有检出不一致的功能，以便在其停机以前能够及时进行维护工作。为此增加了 AB 单元。当 A 单元和 AB 单元都没有一致输出时，断开发光二极管的供电电源，让发光二极管熄灭。为了提高可维修性，需要使这个状态保持到维护人员知道为止。为了满足这一要求，把使发光二极管亮灯的输出通过保险环反馈到 AB 单元的输入端。在发生不一致时，由于对 AB 单元的反馈输入条件为“0”，就是以后两个模块的输出值一致也不会输出“1”，从而使不一致的状态被记录下来。

高速列车运行控制系统中使用的安全计算机，采用了本章所述的容错设计和安全设计方法，有些方法是单独使用，有些是综合运用。安全计算机软硬件可靠性和安全性设计构成其安全内核平台。对安全计算机内核平台的深入理解，本节所述的方法是必备基础。

3.3　RAMS 设计

高速列车运行控制系统的 RAMS 特性是系统必须具备的重要特征之一，RAMS 设计是高速列车运行控制系统设计中的关键环节。系统的 RAMS 特性体现在系统的整个生命周期内，可以通过已有的工程概念、方法、工具和技术结合应用来实现。系统的 RAMS 可以用系统、子系统或组成系统的部件的有关定性和定量指标来表示。本节重点阐述 RAMS 有关概念和方法以及在高速列车运行控制系统中的应用。

3.3.1　RAMS 各要素之间的关系

RAMS 包括了四个要素，即可靠性、可用性、可维修性和安全性。此四个要素中，满足了可靠性和可维修性所有要求，并控制正在进行的、长期的维修和操作活动及系统环境才能达到运行期间的安全性和可用性目标；而安全性和可用性也相互关联，正确处理好安全性要求和可用性要求之间的冲突和关系，才能获得可信的系统。RAMS 的四个要素（可靠性、可用性、可维修性和安全性）的相互关系如图 3-26 所示。

可靠性包含三方面内容：一是指定应用中所有可能的产品失效模式与周围环境；二是每个失效发生的概率，或者每个失效出现的几率；三是失效对系统性能的影响及评估。

可维修性的内容包括：执行计划维修的时间，故障检测、识别及定位的时间，失

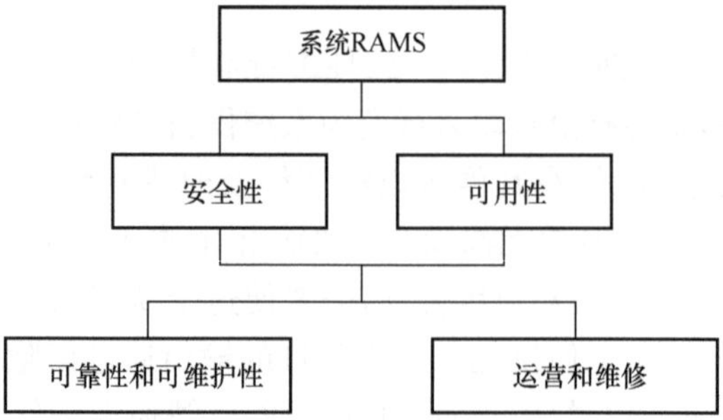

图 3-26 RAMS 各要素间的相互关系

效系统的修复时间(计划之外的维修)。运营和维修包括涉及系统生命周期内相关的全部可能的工作模式和必要维修,及人为因素等问题。

安全性的内容包括:在所有运行、维护和环境模式下系统中所有可能的危害,每个危害的特征,以危害后果的严重性表示;安全相关的失效模式及其发生的概率和系统的安全相关部件的可维修性等。

只有综合考虑了系统中 RAMS 各要素的相互作用,并获得了系统优化的 RAMS 组合,才能实现一个可靠的高速列车运行控制系统。

3.3.2 影响系统 RAMS 的因素

影响高速列车运行控制系统 RAMS 特性的因素来自三个方面:一是来源于在系统生命周期中任何阶段系统内部的失效,即系统环境;二是运营过程中强加给系统的失效,即运营环境;三是在系统维修工作中强加给系统的失效,即维修环境。

这些因素可分成两大类:一是特定因素;二是人为因素。特定因素与系统运营、环境、应用条件、工作条件和系统失效模式影响等方面有关;人为因素与人机间系统功能的分配、系统内对人的行为的影响、系统中人与系统接口的影响、系统设计与开发中人员的行为等有关。

对于所考核的系统 RAMS 性能而言,每一影响因素的潜在影响需在适合于考核系统的安全完整性等级上进行评估,包括在生命周期的每一阶段内各个因素影响的评估。评估时需考虑影响因素的相互作用,对于人为因素来说,评估需考虑相关因素间的作用。为提高系统的可靠性,需要确定影响系统 RAMS 性能的具体因素,即确定系统环境、运营环境和维修环境的因素,估计其影响,并且在系统的全生命周期过程内应用适当的方法来控制其影响,使系统性能得到优化。影响系统 RAMS 性能的一些普遍因素及相互作用如图 3-27 所示。

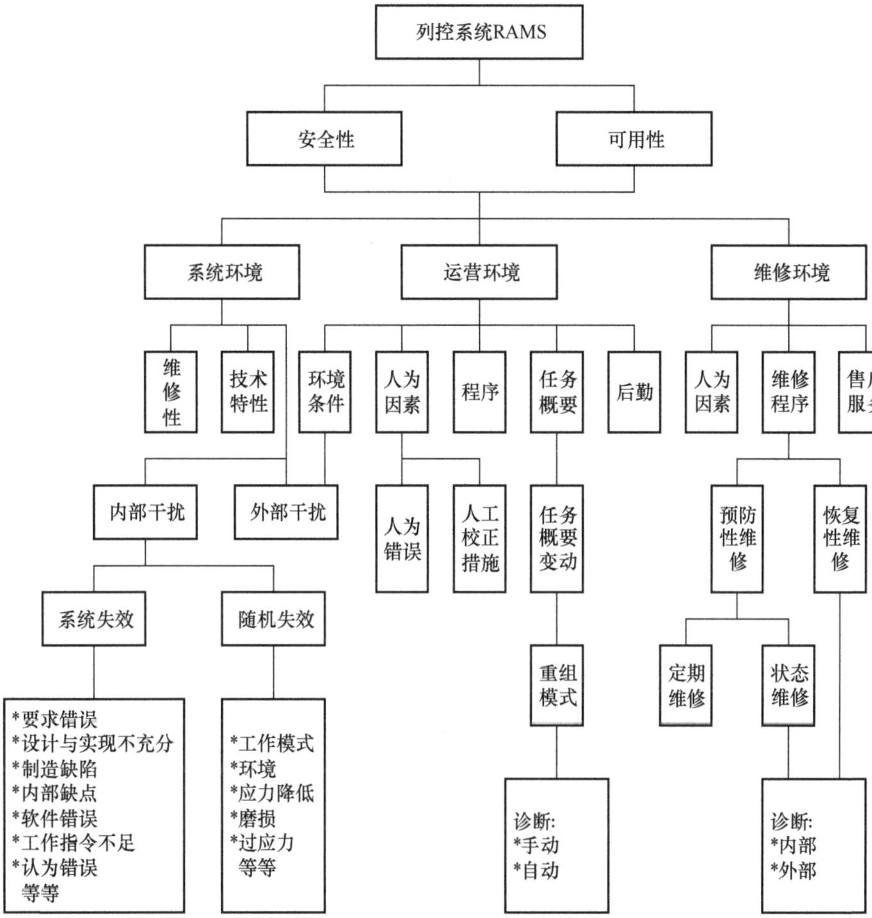

图 3-27　影响系统 RAMS 性能的因素

3.3.3　高速列车运行控制系统 RAMS 的管理

为了达到系统规定的 RAMS 要求，必须针对前面的 RAMS 影响因素，在整个系统的生命周期内有效控制 RAMS 的影响因素，即在系统设计和实现阶段考虑系统的随机故障和系统故障。这就涉及 RAMS 的管理问题。

RAMS 的管理是一个过程控制，以系统生命周期为基础，控制影响 RAMS 的因素，主要包括 RAMS 需求的定义、影响 RAMS 的评估与控制、RAMS 任务的计划与实施、与 RAMS 需求一致性的实现和生命周期内一直进行的一致性监控等。

获得系统 RAMS 需求的方法关系到整个系统生命周期内对 RAMS 影响因素的控制。在系统的实现和维护中，要求制定机制和程序来防止误差源引入，实现有效控制，防御措施需要考虑随机失效和系统失效。采用预防措施来获得 RAMS 需求，可使得生命周期阶段由错误所引起的损伤概率最小，包括降低损伤发生概率的预防措施和降低损伤后果严重性的预防措施。

为便于在整个生命周期进行 RAMS 的管理，欧洲标准(European Norm，EN) 50126 将系统全生命周期划分成 14 个阶段，包括：系统概念、系统定义和应用条件、风险分析、系统需求、系统需求分配、设计和实现、制造、安装、系统确认(包括安全验收和调试)、系统验收、运行和维护、性能监控、修改或升级和系统退役，并针对每个阶段，给出需要完成的 RAMS 设计任务，同时给出相关的具体文档和要求。系统的生命周期是指一个系统从初始概念到系统退役的整个过程的各个阶段及各阶段完成的任务。表 3-1 给出了系统生命周期各个阶段的 RAMS 设计任务。

表 3-1 系统全生命周期内的 RAMS 任务

序号	生命周期阶段	一般任务	RAM 任务	安全任务
1	系统概念	◆ 确定轨道交通项目的用途和范围 ◆ 定义轨道交通项目概念 ◆ 进行财务分析和可行性研究 ◆ 设立管理机构	◆ 复核先前达到的 RAM 业绩 ◆ 考虑项目的 RAM 含义	◆ 复核先前达到的安全业绩 ◆ 考虑项目的安全含义 ◆ 复核安全规章和安全目标
2	系统定义和应用条件	◆ 确定系统任务概要 ◆ 拟定系统描述 ◆ 确定运营和维护策略 ◆ 确定运营环境 ◆ 确定维修环境 ◆ 确定现有基础设备约束的影响	◆ 评价 RAM 过去的经验数据 ◆ 进行初步 RAM 分析 ◆ 制定 RAM 方针 ◆ 确定长期运营和维修环境 ◆ 确定现有基础设施约束对 RAM 的影响	◆ 评价安全性过去的经验数据 ◆ 进行初步危害分析 ◆ 建立安全计划 ◆ 定义风险容许判据 ◆ 确定现有基础设施约束对安全性的影响
3	风险分析	◆ 开展项目相关的风险分析		◆ 完成系统危害分析和安全风险分析 ◆ 建立危害记录 ◆ 完成风险评估
4	系统需求	◆ 开展需求分析 ◆ 指定系统(所有的要求) ◆ 指定环境 ◆ 定义系统论证和验收准则(所有的要求) ◆ 建立确认计划 ◆ 确定管理、质量和组织需求 ◆ 实施变更控制程序	◆ 规定(全面的)系统 RAM 要求 ◆ 规定(全面的) RAM 验收准则 ◆ 规定系统功能结构 ◆ 建立 RAM 规划 ◆ 建立 RAM 管理	◆ 指定系统(全面的)安全要求 ◆ 定义安全(全面的)验收准则 ◆ 定义安全相关的功能要求 ◆ 建立安全管理

续表

序号	生命周期阶段	一般任务	RAM 任务	安全任务
5	系统需求分配	◆ 系统需求分配： —明确子系统和部件要求 —规定子系统和部件验收准则	◆ 系统 RAM 要求分配 —指定子系统和部件 RAM 要求 —规定子系统或部件 RAM 验收准则	◆ 系统安全目标和要求的分配 —指定子系统或部件安全要求 —规定子系统和部件安全验收准则 ◆ 修改系统安全计划
6	设计和实现	◆ 完成计划编制 ◆ 完成设计和开发 ◆ 完成设计分析和测试 ◆ 完成设计验证 ◆ 完成实施和确认 ◆ 进行后勤保障资源设计	◆ 通过复核、分析、测试和数据评估来实施 RAM 规划，包括： —可靠性和可用性 —维修和可维修性 —最佳维护方针 —后勤保障 ◆ 开展程序控制，包括： —RAM 规划管理 —分包商和供应商的控制	◆ 通过复核、分析、测试和数据评估来实施安全计划，涉及： —危害日志 —危害分析和风险评估 ◆ 论证安全相关的设计决策 ◆ 开展计划控制，包括： —安全管理 —分包商和供应商的控制 ◆ 准备一般产品的安全例证 ◆ 准备一般应用的安全例证（如合适）
7	制造	◆ 完成产品计划编制 ◆ 制造 ◆ 零部件的制造和测试 ◆ 准备文件 ◆ 建立培训方案	◆ 完成环境应力筛选 ◆ 进行 RAM 改进测试 ◆ 着手运行失效报告分析和纠正实施系统（FRACAS）	◆ 通过复核、分析、测试和数据评审来实施安全计划 ◆ 建立危害日志
8	安装	◆ 组装系统 ◆ 安装系统	◆ 开始维修人员培训 ◆ 建立备件和工具供应方案	◆ 确定安装程序 ◆ 实施安装程序
9	系统确认（包括安全验收和调试）	◆ 调试 ◆ 进行运营前的试运行 ◆ 进行培训	◆ 完成 RAM 论证	◆ 建立调试程序 ◆ 实施调试程序 ◆ 准备应用特定的安全例证

续表

序号	生命周期阶段	一般任务	RAM 任务	安全任务
10	系统验收	◆ 以验收准则为基础实施验收程序 ◆ 汇集验收证据 ◆ 投入运行 ◆ 继续试运行工作(如果适合)	◆ 评估 RAM 论证	◆ 评估特定应用的安全例证
11	运行和维护	◆ 系统长期运营 ◆ 持续维护 ◆ 持续培训	◆ 备件和工具的持续采购 ◆ 以可靠性为中心的持续维护和后勤保障	◆ 以安全为中心的持续维护 ◆ 持续进行安全性能监控和危害日志维护
12	性能监控	◆ 收集运营性能统计 ◆ 获取、分析和评审数据	◆ 收集、分析、评估和使用性能 ◆ 及 RAM 统计	◆ 收集、分析、评估和使用性能及安全统计
13	修改或升级	◆ 实施修改请求程序 ◆ 实施修改与更新程序	◆ 修改或升级后的 RAM 含义变更	◆ 修改或升级后的安全含义变更
14	系统退役	◆ 编制停用和报废处置计划 ◆ 执行停用 ◆ 进行处置		◆ 建立安全计划 ◆ 进行危害分析和风险评估 ◆ 实施安全计划

3.3.4 若干安全标准

在对高速铁路列车运行控制系统进行安全评估时，需要遵循相关的安全标准。安全标准有国际标准、欧洲标准和日本标准。IEC 61508 是国际电工委员会(International Electrotechnical Commission，IEC)制定的国际标准，针对所有行业，EN 系列(主要是 EN 50126、EN 50128、EN 50129 和 EN 50159)是欧洲电工标准化委员会(European Committee for Electrotechnical Standardization，CENELEC(法文缩写))基于 IEC 61508 标准，附加列车安全控制系统的技术条件制定的一些安全相关系统开发和评估的参考标准；日本铁道综合技术研究所也以 IEC 61508 为基础，吸收日本计算机控制的铁道信号系统的经验制定了“列车安全控制系统的安全性技术指南”(JIS 84.01 安全性技术指南)。

EN 系列标准的名称如下：

(1) EN 50126 高速铁路应用：可信性、可靠性、可用性、可维护性和安全性(RAMS)规范和说明；

(2) EN 50129 高速铁路应用：信号领域的安全相关电子系统；

(3) EN 50128 高速铁路应用:高速铁路控制和防护系统的软件;

(4) EN 50159-1/2 高速铁路应用:信息传输安全(封闭/开放系统)。

图 3-28 和图 3-29 分别描述了 EN 系列与 IEC 61508 的关系和 EN 系列标准之间的关系。

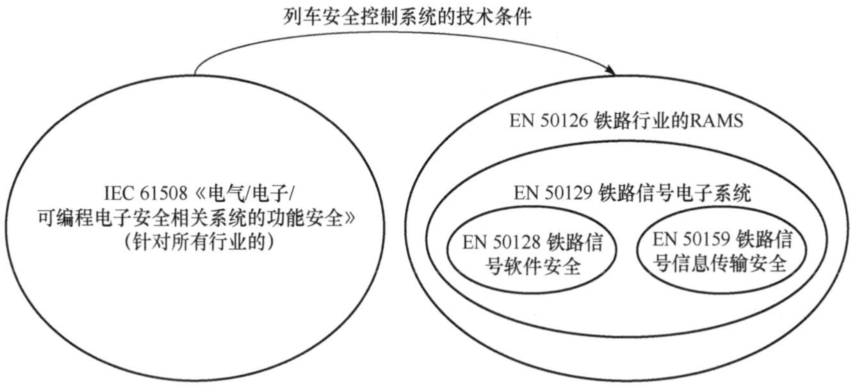

图 3-28 CENELEC 标准

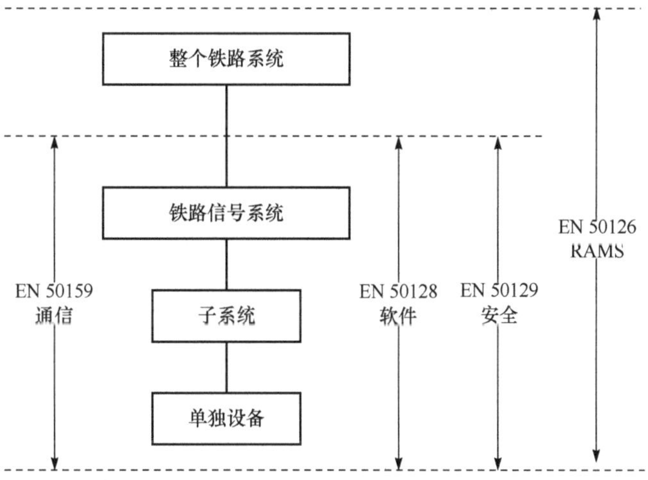

图 3-29 CENELEC 高速铁路安全标准关系图

3.4 车-地通信

车-地通信实现高速列车运行控制系统车载系统与地面系统之间的双向信息交互,是保证高速列车运行控制系统车载系统与地面系统构成一个有机整体、实现高速列车运行控制系统闭环控制的重要技术手段。在高速铁路中,车-地通信系统不仅要保证高速列车运行控制系统车载系统与地面系统之间大容量的双向信息传输要求，而且确保在高速条件下的可靠性、实时性和安全性。目前高速铁路中，实现车-地通信的手段有 GSM-R 无线通信和 38G 无线通信。

3.4.1 GSM-R 无线通信

为适应高速铁路特色业务（功能寻址、基于接入矩阵的呼叫限制和基于位置的寻址）和列车移动体高速运行的需求，在成熟的 GSM 技术和装备的基础上，高速铁路数字移动通信系统（Global System for Mobile Communications-for Railway，GSM-R）对 GSM 系统的网络结构和业务进行了扩展和改进，并增加了调度通信功能（语音组呼、语音广播、增强多优先级与强拆）。GSM-R 系统可提供电路域业务和分组域业务，其中电路域可用来传输高速列车运行控制系统安全数据与调度通信数据等，分组域可用来传输调度命令和车次号等非安全数据。

3.4.1.1 GSM-R 网络结构

GSM-R 网络由基站子系统、网络交换子系统和操作与维护子系统三个子系统组成，如图 3-30 所示。

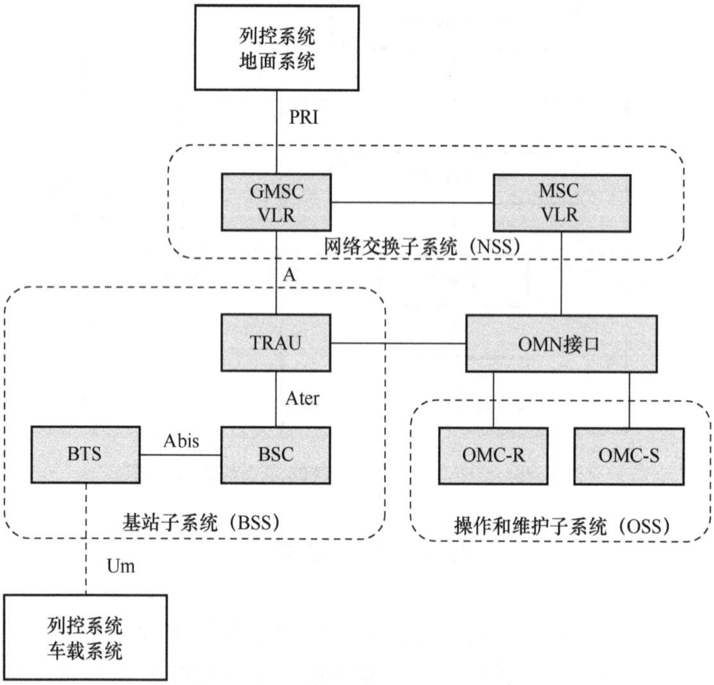

图 3-30　GSM-R 网络结构的主要组成部分

在高速列车运行控制系统的运用中，高速列车运行控制系统车载系统（相对于移动台）是接入 GSM-R 网络的用户设备。

网络交换子系统（NSS）的核心是移动交换中心，负责端到端的呼叫、用户数据管理、移动性管理和与固定网络的连接。

基站子系统（BSS）由基站控制器（BSC）、编码速率适配单元（TRAU）和基站收发信机（BTS）组成。BTS 主要负责与高速列车运行控制系统车载系统中的移动台（MS）进行通信，并对空中接口进行管理；BSC 用来管理 BTS 与移动交换中心（MSC）之间的信息流。

操作与维护子系统（OSS）的核心是操作维护中心（OMC），为 GSM-R 网络提供用户和设备管理、网络维护功能。OMC-R 负责管理 BSS，OMC-S 负责管理 NSS。

组成 GSM-R 网络的各个子系统之间、BSS 与移动台之间、与固定网络之间的互联都提供了标准的接口。高速列车运行控制系统车载系统通过 Um 接口接入到 GSM-R 网络、高速列车运行控制系统地面系统通过 PRI 接口与 BSS 连接、NSS 与 BSS 之间通过 A 接口连接；在 BSS 内部，BTS 与 BSC 之间通过 Abis 接口连接、TRAU 与 BSC 通过 Ater 接口连接。BSS 通过 TRAU 实现 GSM-R 编码速率与标准 ISDN 速率的转换。GSM-R 网络的信令系统采用 No. 7 信令网传送呼叫控制信息和其他信令信息。

3.4.1.2　GSM-R 系统功能

GSM-R 网络提供基本业务和补充业务。基本业务包括呼叫处理、用户身份的鉴权、紧急呼叫、语音组呼和语音广播、短消息业务和信令信息的加密。位置登记、切换和呼叫重新建立等功能用于支持蜂窝系统的操作。呼叫处理的排队、安全功能以及不连续发送和接收（DTX/DTR）等功能用于网络管理。GSM-R 的业务如图 3-31 所示。

3.4.1.3　高速列车运行控制系统对 GSM-R 的需求

1）列控数据传输对 GSM-R 业务的要求

（1）基本承载业务。

高速列车运行控制系统车载系统和地面系统之间的列控数据传输需要 GSM-R 网络提供满足电路交换模式的数据传输、非限制数字信息（UDI）、全速率无线信道、非语音/数据交替和异步透明传输模式等。

（2）补充业务。

为了保证列控数据链路的可靠性，GSM-R 提供了主叫线识别显示、增强多优先级与强拆的补充业务。

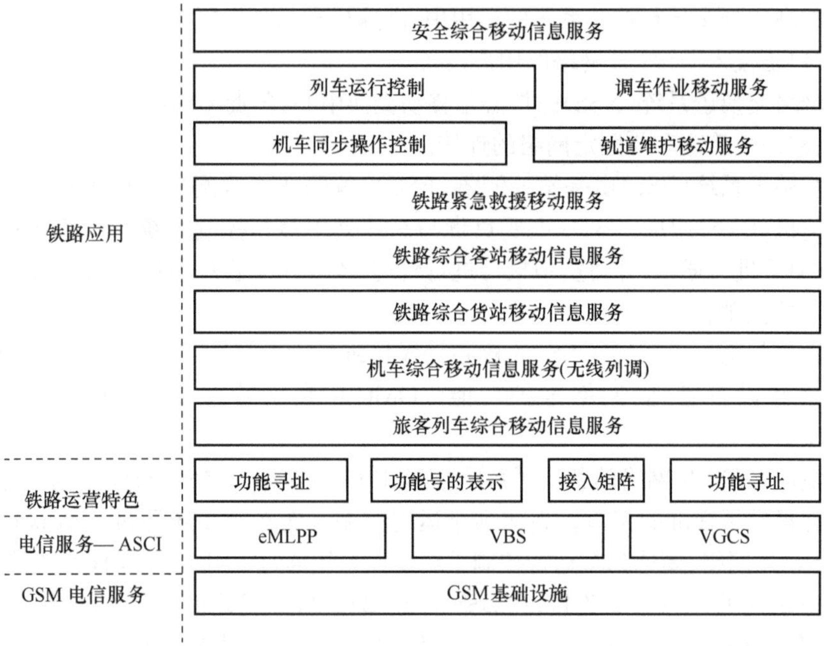

图 3-31　GSM-R 的业务

通过主叫线识别显示，GSM-R 接入服务器能够识别高速列车运行控制系统车载台的用户号码，防止非法用户。在 GSM-R 网络中，高速列车运行控制系统车载台为高优先级。在小区或切换目标小区网络资源紧张的情况下，增强多优先级与强拆业务能够强拆低优先级呼叫，保证高速列车运行控制系统车载台呼叫的持续性。

2) 列控数据传输对 GSM-R 网络服务质量的要求

GSM-R 网络应支持列车高速运行时高速列车运行控制系统车载系统与地面系统之间双向透明数据通信。因此，列控数据传输对网络服务质量（QoS）提出了较高的要求，如表 3-2 所示。

表 3-2　高速列车运行控制系统对 GSM-R 的 QoS 要求

QoS 参数	数值
GSM-R 网络注册时延	≤30s(95%)，≤35s(99%)
移动用户主叫的连接建立时延	<8.5s(95%)，≤10s(100%)
移动台主叫的连接建立失败概率	10^{-2}/h
30 字节用户数据帧传送时延	≤0.5s(99%)
链路断开(失效)概率	≤10^{-2}/h
传输干扰时间	<0.8s(95%)，<1s(99%)
传输无差错时间(恢复时间)	>20s(95%)，>7s(99%)

(1) 连接建立时延。

连接建立时延定义为连接建立请求与请求端显示成功连接之间的时间。对于高速列车运行控制系统车载台发起的呼叫，时延是指发出 ATD 命令至连接成功的时间。针对高速铁路，GSM-R 网络设计和高速列车运行控制系统设计都应允许车载台连续呼叫的建立尝试至少三次。

(2) 30 字节用户数据帧传送时延。

30 字节用户数据帧传送时延是指用户数据块传送请求至 30 字节用户数据块成功传送之间的时间，即从发送端传送用户数据块的第一个比特到接收端收到同一个用户数据块的最后一个比特的时间。

当采用每个字节为 10bit 的异步传输方式时，30 字节用户数据块的端到端传输时延值为小于 0.5s(99%)。

(3) 链路断开(失效)概率和传输干扰时间。

链路断开(失效)概率定义为每累计连接时间内意外断开的次数。链路断开(失效)概率的值应该为$\leqslant 10^{-2}$/h，即累积 100 小时内，意外断开的次数要小于等于 1 次。

如果接收端收到的字节数据与发送端发送的字节数据不同，则发生了传输干扰，整个数据块的传输时间作为一次传输干扰处理。对于传输速率为 9.6kb/s 的电路，30 字节数据的传输时间是$(30\times10)/9600=31.25$ms。传输干扰率与传输干扰时间和传输恢复时间有关。

(4) GSM-R 网络注册时延。

GSM-R 网络注册时延定义为从注册请求至显示注册成功所需的时间，GSM-R 网络注册时延应满足$\leqslant$30s(95%)、$\leqslant$35s(99%)，当注册时间大于 40s 时，认为注册失败。

3) 列控数据传输对 GSM-R 网络结构和数据配置的要求

GSM-R 网络的配置需支持高速铁路列车运行控制系统的应用条件，包括隧道、桥梁、车站和枢纽等各种应用场合，确保列车与地面之间的双向、透明数据通信。

(1) 列控地面系统与移动交换中心 MSC 的连接。

列控地面系统，如 RBC，与其管辖范围相应的 MSC 相连。RBC 与 MSC 之间的连接方式综合考虑 RBC 设置地点、管辖区域、MSC 设置地点和管辖区域等因素，合理选择，尽可能提高系统的可靠性。

RBC 与 MSC 之间采用 ISDN PRI(2Mbit/s)数字接口，信令规程采用 DSS1 信令方式，MSC 至 RBC 的 PRI 接口根据 RBC 系统需求进行配置。由于列控数据传输对安全性和可靠性的特殊要求，RBC 系统应考虑 MSC 与 RBC ISDN 接入服务器之间的 PRI 接口数量，除考虑话务量要求外，必须冗余配置。

（2）无线覆盖要求。

GSM-R 网络无线覆盖指标应满足在 95％统计概率下，对于 8w 的车载无线电台，在增益为 0dBi 的车顶天线处（距轨面 4m）所需的最小接收电平不低于－92dBm，该电平值考虑了最大 3dB 车载无线电台馈线损耗和 3dB 设备老化裕量。

GSM-R 网络设计时可考虑其他设计裕量，以对抗各种不可见因素，例如快速衰落、气候影响和工程影响等。

GSM-R 网络覆盖高速列车运行控制系统应用的全部区域，包括等级转换所需要的区域。

3.4.1.4 GSM-R 组网

1）线状覆盖

在高速铁路中，GSM-R 采用线状覆盖的方式，如图 3-32 所示。线状覆盖使用的蜂窝基本原理与 GSM 的面状覆盖类似，但在小区频率组的分配和重叠区等方案有不同之处。

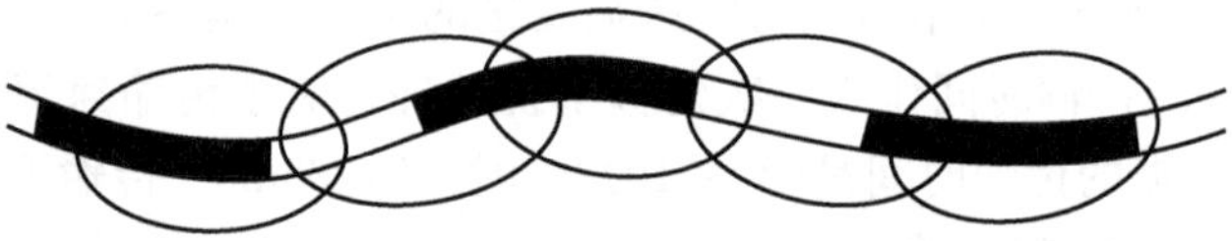

图 3-32 高速铁路沿线的覆盖示意

2）频率的分配

在线状覆盖中，一般以圆形小区为模型进行分析和设计，如图 3-33 所示。沿着覆盖区域的分布按照 n 个小区为一组的间隔进行频率复用，n 的取值要考虑到频率利用率、同频干扰和建网成本，一般可以取为 2、3、4。

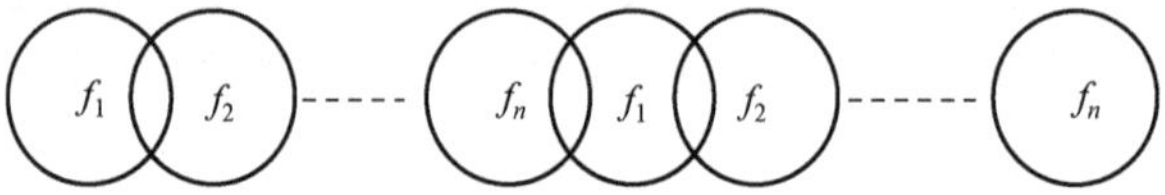

图 3-33 线状覆盖的频率复用

3）重叠区的确定

高速铁路沿线 GSM-R 无线信号的场强变化复杂，高速铁路列车运行控制系统的车载无线电台往往处于高速移动状态，要准确确定相邻小区的覆盖边界较为困难，通常从场强的平均变化来理解相邻小区的覆盖区域。科学、合理设计相邻小区重叠区域的大小，保证相邻小区间有一定的重叠范围，尽可能不出现弱场区，但也不能发生同频干扰现象，造成越区切换时间太长。

4）平衡设计

在高速铁路线性区域，GSM-R 小区两侧的无线电场强是线性覆盖和对称的，高速移动环境中 GSM-R 小区的数目要尽量最小，中继效率尽量最大，所以基站的发射功率就需要较大。但是基站的发射功率太高可能会带来上下行链路的信号能量不平衡，从而造成上行链路会因为噪声太大而无法使用。平衡设计能保证基站上下行链路具有相同大小的信号强度，使得高速列车运行控制系统的车载台在任意小区都有较好的接收质量。平衡设计的关键是每个基站设置两个发射天线和两个接收天线，组成四面天线群系统，分别指向高速铁路的两边，上下行链路的无线信号从小区沿着高速铁路向两个方向辐射，两个接收天线按同样的方式朝向高速铁路的两个方向。

5）冗余组网技术

GSM-R 的基本组网方式分为单层无冗余结构、单层交织站址结构、双层同站址结构和双层交织站址结构，如图 3-34 所示。

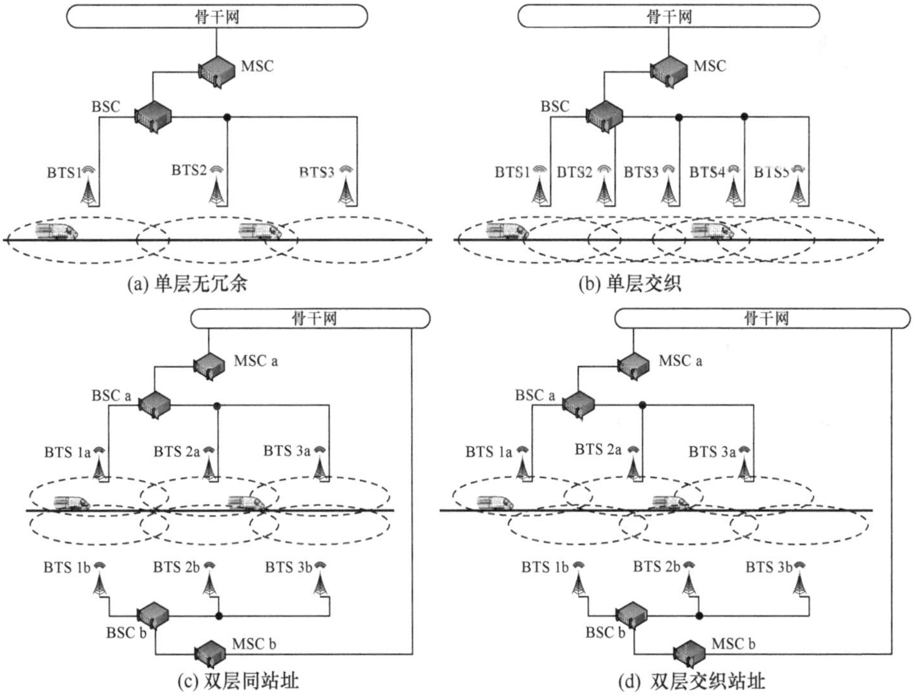

图 3-34　GSM-R 的组网方式

图 3-34(a)的单层无冗余网络，一个基站（BTS）覆盖一个小区。该网络成本低，无线参数容易设置，但是若某基站故障，则其服务区域将无法提供业务；

图 3-34(b)的单层交织网络扩大了相邻基站的覆盖重叠区域，采用密集的基站提供深度冗余覆盖，可以避免无线子系统的单点故障，该网络切换频率增加，频率利用率较低；图 3-34(c)是同站址双层网络结构，两套独立基站并列设在同一站点，同时覆盖相同的地理区域，形成高速铁路沿线的双层无线网络覆盖，每层基站分别由各自的基站控制器进行控制；图 3-34(d)是交织站址双层网络结构，其中冗余基站位于两个连续基站之间，增强了对原基站的无线覆盖。

几种组网方式相比各有优势：单层无冗余与同站址组网参数设置简单，所需的站点数目少；同站址组网中两个基站可共用铁塔、电源及传输等设备，建设成本低，但容灾能力逊于交织站址。由于同一站点的两个基站安装在同一个机器之间，同址基站的机房、电源和铁塔等配套设施共用，如果某地发生灾害，同一站点的两个基站都会损坏，造成某一路段内失去网络的覆盖，影响列车的通信安全和正常运行。交织站址组网突出的优势在于如果某地发生灾害，只有其中一个基站受到破坏，另一个基站服务不受影响，但是具有小区规划复杂、基站站址和安装成本增加等问题，并且一层基站位于另一层的两个连续基站之间，车载无线电台到达某一层两个基站之间的区域时，这两个基站的无线信号均弱，而另一层基站的无线信号则强，车载无线电台可能切换到另一层，发生基站控制器之间的切换，通信中断风险较大。

3.4.1.5 多普勒频移效应的校正

对高速铁路无线通信系统而言，列车高速运行时无线信号所产生的多普勒效应不可忽视。列车运行速度越高，多普勒效应就越大。当车载无线电台移向基站时，频率就会变高，当车载无线电台远离基站时，频率就会变低，最终会引起接收端的信号频率发生变化。高速铁路的列车运行速度高达 300km/h，高速铁路无线覆盖分析必须对多普勒频移效应校正技术进行研究。

1) 加强网络规划设计工作

在进行高速铁路覆盖设计时，研究高速铁路线路发展规划，通常以最大穿透损耗的车型作为覆盖优化的目标。合理选择基站站址，避免产生越区覆盖，在保证覆盖距离的情况下，GSM-R 基站尽可能与高速铁路保持一定距离，以克服多普勒效应。

当基站远离高速铁路两边时，可以采用宽波瓣天线，扩大覆盖范围，同时要抑制覆盖边缘天线增益的快速下降，严格控制切换区域，保证切换区域的切换时间满足最少两次切换。合理选择天线馈电系统，针对不同场景合理选择天线，天线方位角尽可能不与高速铁路平行，使主瓣与高速铁路线有一定夹角，充分发挥高速铁路链型网络结构的特点。将小区结构规划成链形邻区，并针对高速铁路沿线的链形邻区，让终端设备沿运动方向优先切换到前向链形邻区，这样就能尽量减少切换次数，避免前后小区乒乓切换，也避免了侧向小区的无序切换，提升切换效率和信号传输质量。

2）强化切换带的规划

强化切换带的规划一方面可保证高速列车运行控制系统 GSM-R 车载台顺利完成切换，同时也可尽可能减少基站的数量，以降低投资成本。根据快速切换算法触发时间的估算来设计切换带，通常以完成两次快速切换的时间为估算时间，作为判断依据。

3）优化天线和站型方案

对于无线接入点较少的区域，以及在高速铁路直线区段的场合下，应优先选择高增益窄波瓣天线，以扩大基站覆盖范围；对无线接入点较多的区域，以及在车站、高速铁路曲线区段的场合下，应选择中等增益天线，且不需要考虑天线前后比的问题。

要合理使用分布式基站和一体化基站。一般情况下，对比较容易铺设光缆的区段，可采用分布式基站。而室外一体化基站因其体积小、重量轻，非常适合高速铁路沿线覆盖使用。

4）隧道覆盖解决方案

由于高速铁路线路上有较多的隧道，对于不同长度的隧道，GSM-R 的无线信号覆盖有不同的解决办法，包括采用不同的电波发射方式和覆盖信源。

对于中短距离隧道，有两种覆盖方案，一是在隧道入口架设八木天线对隧道线路进行覆盖；二是在隧道口设置基站，用泄露电缆覆盖隧道内线路，出隧道后泄露电缆末端加天线覆盖隧道出口空间，或者采用光纤直放站加上漏泄电缆对隧道内线路进行覆盖。在信源覆盖方面，采用无线直放站方式进行覆盖。

对于长距离隧道，通常采用光纤直放站加上漏泄电缆的覆盖方案，使用两种天线分别解决隧道外线路的覆盖和信号延伸。在信源覆盖方面，采用专用信源，利用光纤拉远技术进行覆盖。

3.4.2　安全通信

1）安全通信系统结构

为满足车-地通信的安全防御要求，基于 GSM-R 无线通信系统的高速铁路列车运行控制系统的车-地安全通信模型的总体结构如图 3-35 所示，该结构遵循了 EN50159 标准规范。

(1) 应用处理模块。

完成高速铁路列车运行控制系统应用信息的处理，根据系统的功能需求实现应用层的逻辑处理。

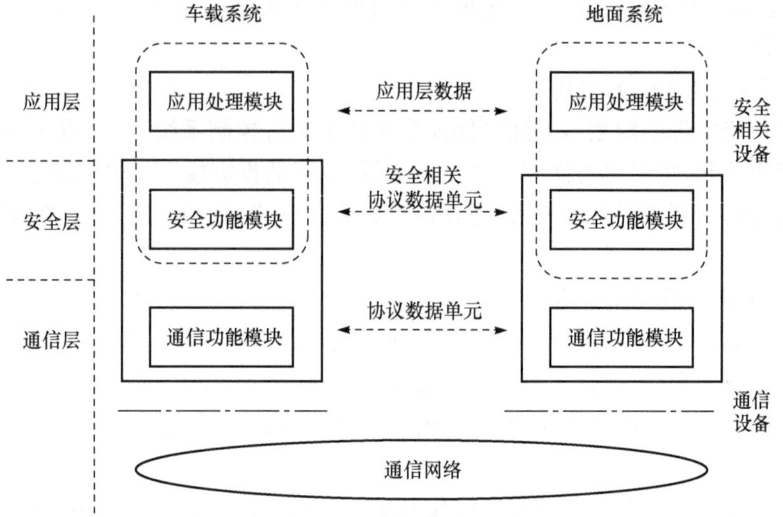

图 3-35　车-地安全通信模型的总体结构

(2) 安全功能模块。

安全功能模块是由安全应用中间子层(SAI)和消息鉴定安全层(MASL)构成,是风险防御的主要模块。其中,SAI 层通过添加延迟防御技术(EC 或 TTS)和序列号(SN)提供保护"消息延迟"、"消息错序"、"消息删除"和"消息重复"。MASL 层通过添加安全码(消息验证码 MAC)和连接标识符(源和目的地标识符)防护"消息错误"、"消息伪装"和"消息插入"。

(3) 通信功能模块。

由适配层(ALE)和通信层构成,实现 MASL 层和传输层之间的适配及数据的可靠、透明,双向传输。

2) 安全通信报文结构

应用层的应用信息(无线消息),经过安全层(包括安全应用中间子层、消息鉴定安全子层和适配子层)和通信层后,其结构变化如图 3-36 所示。无线信息增加的"SAI 帧头"和"MASL 帧头",可以有针对性地降低 GSM-R 通信系统的各类风险。

3.4.3　38G 无线通信系统

上海磁悬浮高速列车使用 38G 微波无线通信系统,38G 无线通信系统由中央无线控制单元、分区无线控制单元、光纤网络、无线基站及车载无线控制单元组成,如图 3-37 所示。中央无线控制单元位于控制中心、分区无线控制单元位于运行控

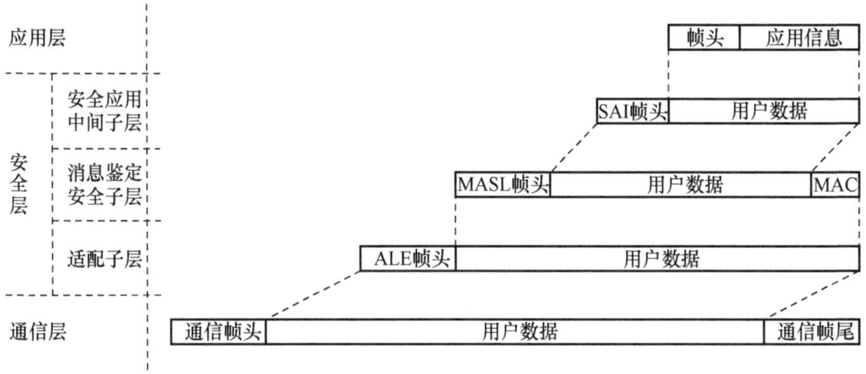

图 3-36　通信报文结构

制系统分区系统的机房内、车载无线控制单元位于运行控制系统车载子系统，无线基站分布在高速磁悬浮线路上。中央无线控制单元、分区无线控制单元与基站之间通过光纤网络连接，车载无线控制单元与基站通过无线连接。38G 无线通信系统提供的业务包括运行控制、牵引控制、诊断、运行控制语音通信、乘客语音通信和乘客信息。

具体内容详见本书第 6 章。

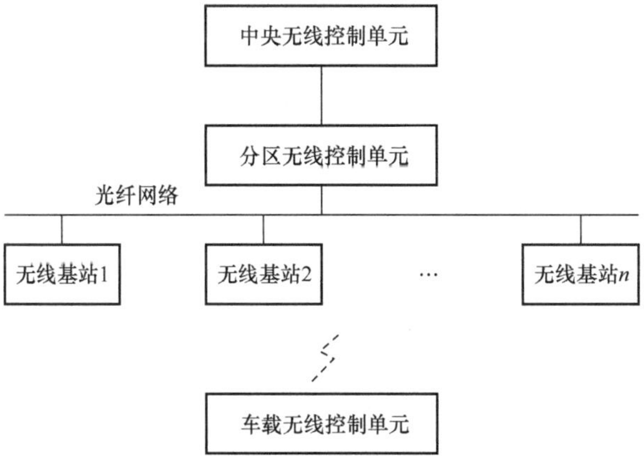

图 3-37　38G 无线通信系统组成

3.5　列车测速和定位

测速和定位是为列控系统提供列车的实时运行速度和当时的具体位置信息，其精确程度直接影响到列车的控制精度。测速测距的精度低，不仅会增加行车的不安全因素，而且会造成系统预留的安全防护距离过大，从而影响运输效率。根据速度信息的来源，列车测速方式可分成轮轴测速方法和雷达测速方法。列车定位方法与技术有查询应答器定位技术、卫星导航定位技术和多传感器信息融合测速定位技术等。

3.5.1 轮轴测速

轮轴测速技术采用轮轴速度传感器对车轮旋转计数，利用车轮旋转信息来测量列车运行速度，为此在轴承盖上安装有数字化或按模拟原理工作的信号发生器。其工作原理是，车轮每转一周，信号发生器输出脉冲或波信号。对信号发生器波信号计数，即可得到距离，测出信号的频率即可得出速度，主要缺点是车轮空转或打滑会影响测量的正确性与精度。为保证安全，一般是在多个轴上安装信号发生器，将其测量结果进行处理后，得到精度较高的测量结果。常见的轮轴速度传感器主要有测速电机和脉冲转速传感器两种。

3.5.1.1 测速电机

测速电机的基本原理是利用车轴转动信息获得列车的运行速度，是一种传统的测速测距方式。测速电机由齿轮和永磁线圈组成，齿轮固定在机车轮轴上，线圈则固定在轴箱上。轮轴转动带动齿轮切割磁力线，在线圈上产生感应电动势，其频率 f 与列车速度（也就是齿轮的转速 V）成正比，如公式(3-5)所示。

$$f=\frac{72\times V}{3.6\times\pi\times D} \tag{3-5}$$

其中，$\pi=3.1416$；D 为车轮直径；V 为齿轮转速。感应电动势的频率特征包含有列车的速度信息，经过频率-电压变化后，把列车实际运行的速度变换为电压值，通过测量电压的幅度得到列车速度。测速电机方式结构简单，不需单独设置转轴。

3.5.1.2 脉冲转速传感器

脉冲转速传感器与测速电机有类似的工作方式，是直接由车轮的旋转获取速度信息，目前普遍使用的是脉冲转速传感器。脉冲转速传感器测速的基本工作原理是利用车轮的周长作为“尺子”来测量列车的速度和走行距离。脉冲转速传感器安装在轮轴上，轮轴每转动一周，传感器输出一定数目的脉冲，脉冲频率与轮轴转速成正比。输出脉冲经过隔离和整形后进行频率测量，并换算成列车运行速度和走行距离。在高速列车和城市轨道列车上，轮轴脉冲转速传感器的安装方式和位置如图 3-38 所示。根据测量列车走行距离测算出列车运行速度，如公式(3-6)所示。

$$V=\frac{\pi\times D\times n}{3.6} \tag{3-6}$$

其中，$\pi=3.1416$；D 为车轮直径；n 为车轮转速。从上述公式看出，列车速度的测量就是对列车车轮转速和列车轮径的检测，列车轮径摩擦产生误差可以通过人工进行补偿和自动补偿进行修正，实际上测速就是精确测量列车车轮的转速 n。列车车轮转速的测量方法有频率法、周期法、多倍精度周期法和频率周期法四种。

图 3-38　轮轴速度传感器的安装方式和位置

1）频率法

频率法（简称“F”法）实质上就是定时计数法。系统设置固定的时间闸门 T，在 T 内计数收到的脉冲数量，根据计数值求出脉冲频率，如图 3-39 所示。

若在时间间隔 T 内计算得到脉冲个数为 N，则频率可表达为

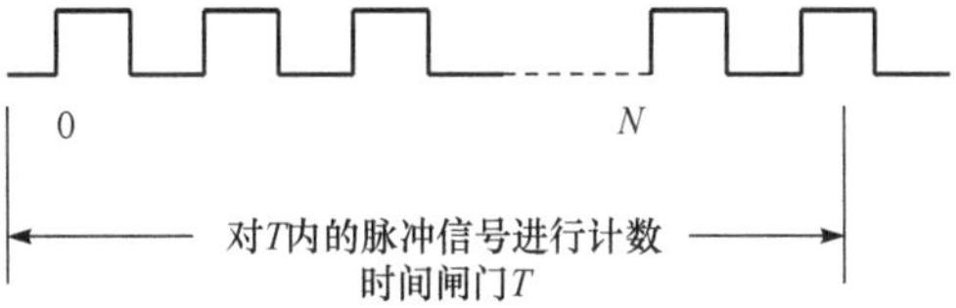

图 3-39　频率法

$$f_m=N/T \tag{3-7}$$

频率法的测量误差取决于闸门时间 T 的准确程度和计数值 N 的准确性，实际是 ±1 误差的大小，而计数精度满足以下关系：

$$E\propto 1/(f_mT) \tag{3-8}$$

为了减少误差，该方法通常加大时间闸门，以提高信号频率，因此频率法主要用于测量高频信号。

2）周期法

周期法（简称“T”法）对被测信号一个周期内的时基脉冲进行计数，由计数值求出信号频率，如图 3-40 所示。设时基信号频率为 f，被测信号一个周期内计数值为 N，则被测信号频率 f_m 为

$$f_m=f/N \tag{3-9}$$

测量精度取决于时基信号的频率精确度和计数值的准确性，即 ±1 误差的大小，而计数精度满足以下关系

$$E\propto 1/(fT_m) \tag{3-10}$$

与被测信号相比，周期法的时基信号为高频脉冲，可以通过提高时基信号频率 f 和加大被测脉冲的周期 T_m 来减小误差，因此周期法主要用于测量低频信号。

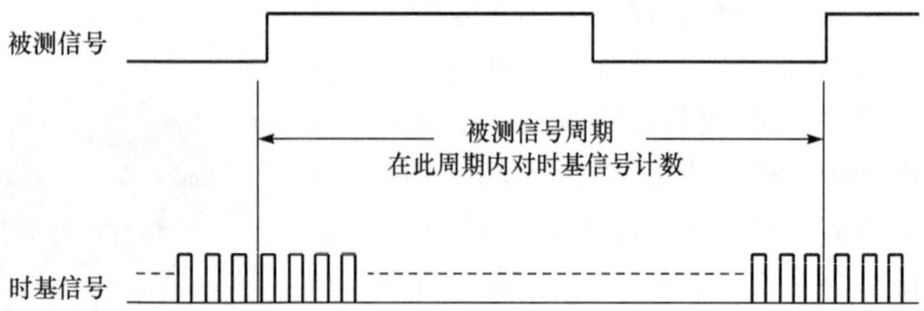

图 3-40　周期法

3) 多倍精度周期法

多倍精度周期法(简称"MT"法):根据被测信号频率 f_m 的不同选择不同的被测信号周期数。该方法是在周期法的基础上提出的,通过多周期计数,使总的计数时间与时基信号的周期相比很大,即减小±1 误差,如图 3-41 所示。计数时间为:

$$\Delta T = nT = T_m - T_{m-n} \tag{3-11}$$

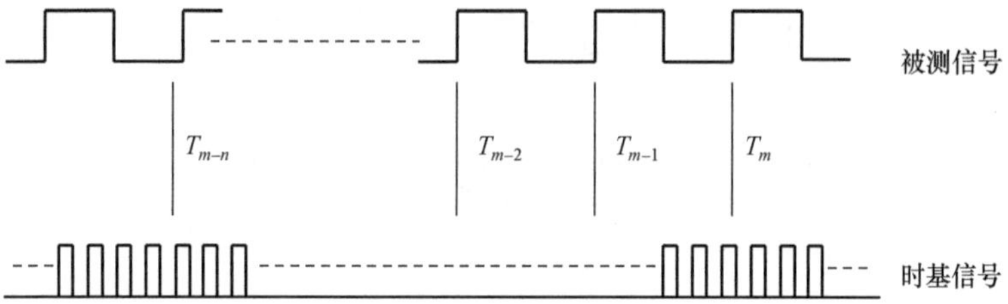

图 3-41　多倍精度周期法

为保证低频至高频内都具有较高的测试精度,对不同的频率范围采用不同的计数时间,即令变量 n 与被测信号频率成正比。当 $n=1$ 时,多倍精度周期法转化为周期法。

4) 频率周期法

频率周期法(简称"FT"法),其误差只有计数时钟频率 f_c 的±1Hz,适于测量高低频。

频率法和周期法适用于脉冲频率固定的场合,对于运动中的列车测速系统来说,脉冲频率是随时变化的,因此必须对上述方法加以改进。将频率法和周期法相结合的办法,即为频率周期法。

频率周期法的基本思路是设置一个时间闸门 T,在闸门时间内记下每一个脉冲的到来时刻和输入脉冲的个数,用最后一个脉冲到来时刻减去第一个脉冲到来时刻得到实际的时间闸门 T,根据 T 和脉冲个数计算出脉冲频率,如图 3-42 所示。

可设置软件定时器每隔 T 时间中断一次处理脉冲(相当于频率法),而实际处理时,采用精确的 T 和 T'时间内准确的脉冲个数($n-1$)来计算脉冲频率(相当于

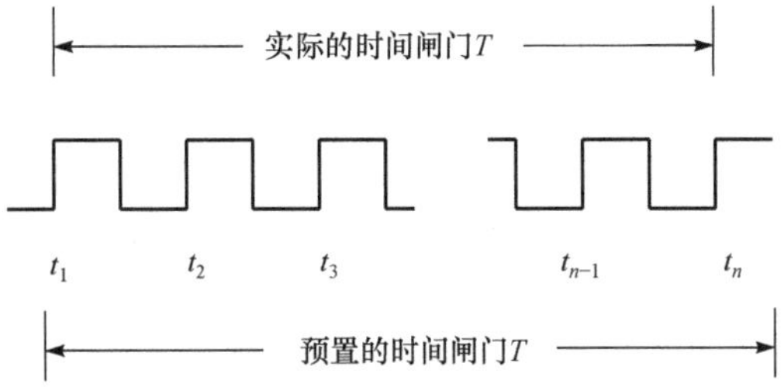

图3-42 频率周期法

周期法),故称之为频率周期法。脉冲频率的计算公式为

$$f_m=(n-1)/T \tag{3-12}$$

频率周期法要求在一个时间闸门内被测信号至少有两次正跳变,即时间闸门大于被测信号周期,因此这种方法不适用于频率很低的信号。但在满足上述条件且在一个处理周期(时间闸门)内被测信号的频率变化不显著时,频率时间法的适用性很强,而且精度较高,误差只有时钟频率 f_c 的±1%。

针对频率周期法不适用于低频信号的问题,改进的频率周期法如图3-43所示。

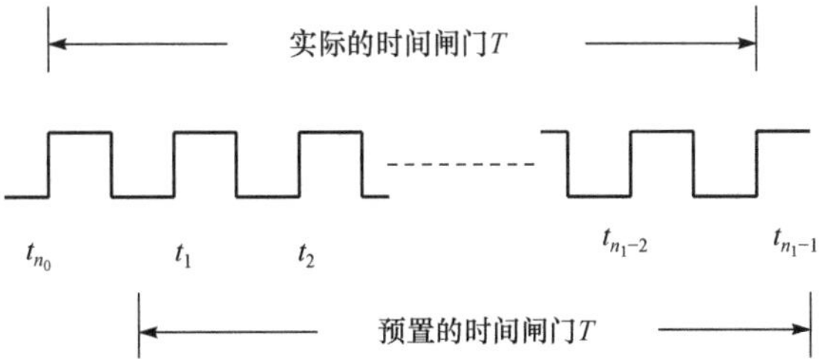

图3-43 改进的频率周期法

若在实际时间闸门 T 内测得 n_1 个脉冲周期,则脉冲频率的计算公式为

$$f=n_1/T'=n_1/(t_{n_1}-t_{n_0}) \tag{3-13}$$

改进的频率周期法误差只有时钟频率 f_c 的±1%误差,与脉冲频率无关。设系统实时时钟的周期为 t_c,因为 $T'=T$,所以测量脉冲周期的相对误差约为 t_c/T。由改进的频率周期法的基本原理可以看出,系统的测量精度和频率测量范围均与处理周期 T 有关。

3.5.1.3 防空转和滑行措施

在基于轮轨的轨道交通系统中,轮轨间的空转和滑行是难以避免的,轮轴测速技术的测量精度会随之恶化。如何克服空转和滑行等因素造成的测量精度降低,是轮轴测速和定位方法要解决的关键问题。因此,将基于轮轴速度传感器的列车测速和定位方法分为空转滑行的检测和空转滑行误差补偿两方面。

1）空转和滑行的检测

在列车测速和定位系统中大多采用固定门限检测法检测空转和滑行。该方法采用卡尔曼(Kalman)滤波器处理速度传感器的测量值，获得速度和加速度的观测值，根据列车在牵引和制动时可能的最大加速度和减速度的变化量，设定判断空转和滑行是否发生的加速度标准差门限值。当测速轮对未发生空转和滑行的情况进行检测时，以加速度标准差大于某一规定值（如 $0.1\mathrm{m/s^2}$）作为判断空转和滑行开始的门限值；当测速轮对处于空转或滑行状态的情况进行检测时，以加速度标准差小于某一规定值（如 $0.03\mathrm{m/s^2}$）作为空转和滑行结束的门限值。

固定门限检测法可以检测到显著的空转和滑行，但对不显著的轮轨间相对运动则无能为力。通常，为了尽量避免空转和滑行的发生，在列车运行过程中采用了黏着控制，有效减少了严重的空转和滑行的发生，因此在实际中，大部分发生的空转和滑行都比较微弱，正是微弱的、较高频率发生的空转和滑行所带来的测速定位误差构成了基于速度传感器的列车测速和定位方法中绝大部分的速度和位置误差。检测空转和滑行的另一种方法是使用两路安装于不同轮对的速度传感器。该方法设定了关于两个测量速度偏差、最大加速度和最小加速度（如果考虑绝对值，也称为最大减速度）的门限。根据判断两路速度和计算加速度的信息与门限之间的大小关系对轮轨间的黏着状况进行估计，估计的结果分为七类，分别为空转阶段、滑行阶段、牵引情况下黏着不确定阶段、制动情况下黏着不确定阶段、牵引情况下黏着良好阶段、制动情况下黏着良好阶段和开始滑行阶段。其中，若估计结果在两种黏着不确定阶段，则在预设的时间窗内，通过判断计算加速度的变化量与门限的大小关系，来决定测速轮对是否稳定运行。

2）空转和滑行误差的补偿

针对空转和滑行带来的误差，可采用速度插值积分法进行补偿。该方法首先记录车轮在空转或滑行开始和结束时刻的速度值，然后根据空转或滑行持续的时间，对开始与结束时刻的速度值进行线性插值，将其作为相应时刻的补偿速度，最后对补偿速度进行积分来计算列车运行的距离。

由于测速轮对在空转和滑行阶段中运动的复杂和非线性，很难提高补偿算法的性能，但可以通过引入新的传感器，利用该传感器输出的速度测量值进行积分补偿。采用不同的传感器进行补偿，其误差是不同的。基于惯性加速度传感器的补偿方式是手段之一。

为解决滑行期间的速度测量不准问题，可在列车车轴上加装加速度传感器，配合轮轴速度传感器使用。由于列车的内加速度是与车轮运转状态无关的信息，可在列车滑行时间内将其作为测速信息源，在其他时间内仍用传统的轮轴速度传感器测量速度。

用加速度传感器测得的内加速度与传感器测轴本身有关。当测轴平行于地平面安装时，可以测得相对于列车运行方向的加速度，通过积分计算可得到列车运行速度。但是,这要求加速度传感器必须安装在回转稳定的平台上。

当把加速度传感器轴放置在车辆的纵方向,并与车辆地板平行时,测得的加速度包括倾斜分量为

$$\alpha=\alpha_{倾斜}+\frac{\mathrm{d}v}{\mathrm{d}t}=g\cdot\sin\alpha+\frac{\mathrm{d}v}{\mathrm{d}t} \tag{3-14}$$

其中,α 为倾斜角;g 为重力加速度;$\alpha_{倾斜}$ 为加速度的倾斜分量。为计算速度,在积分前,必须减去加速度的倾斜分量。因为倾斜分量不能作为测量值使用。由于轨道的几何形状(如坡度、弯道)一般不可能突变,加速度的倾斜分量与其他量相比变化缓慢,可根据无滑行时通过轴头测得的列车运行速度变化,求出列车运行加速度及由加速度传感器测出的加速度计算出加速度的倾斜分量,即

$$\alpha_{倾斜}=\alpha-\frac{\mathrm{d}v}{\mathrm{d}t} \tag{3-15}$$

在车轮滑行时,再由加速度传感器测得的加速度 α 及车轮滑行前最后一次算出的加速度倾斜分量计算出车轮滑行时列车运行的加速度,依此加速度通过积分计算出车轮滑行时列车的实际运行速度。该测速方式原理如图 3-44 所示。

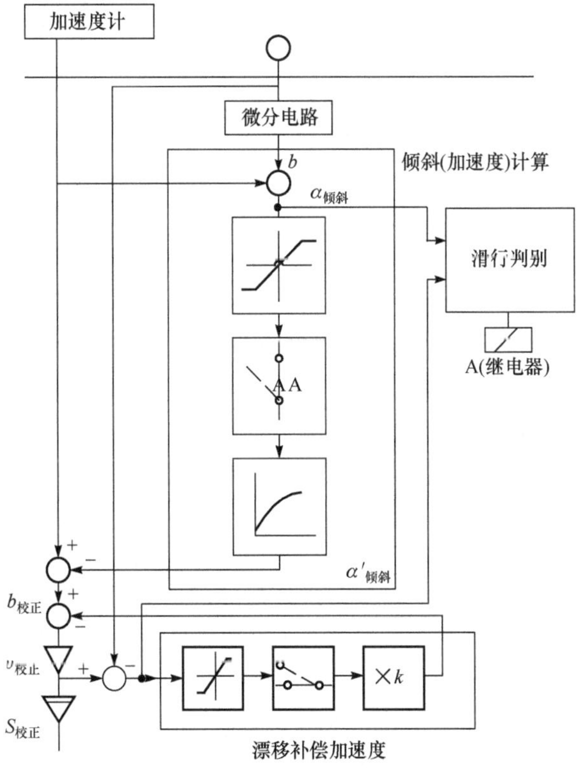

图 3-44　加速度传感器的测速原理图

由图 3-44 可得出，利用加速度计测量列车运行速度的步骤：从加速度计输出的值 α 中减去计算出来的倾斜加速度 $\alpha'_{倾斜}$ 即得到速度的导函数 $b_{校正}$，再进一步积分，得到修正的距离值 $S_{校正}$。在此，轮轴速度传感器有两个任务，即倾斜分量计算和漂移补偿。

倾斜加速度可由测得的加速度减去经过微分的车轮速度 b 计算得出。这个差值由系统内产生的最大倾斜分量所限定。在无滑行时，继电器 A 是闭合的，因而在经过低通滤波后得到的 $\alpha'_{倾斜}$ 用于修正所应用的倾斜加速度。在判断到发生滑行时，继电器 A 断开，$\alpha'_{倾斜}$ 保持原值。这种计算倾斜加速度的方法还能补偿对加速度计的错误调整和零点漂移。

为进行漂移补偿，应从修正的速度 $v_{校正}$ 值中减去车轮速度，得到的漂移修正值乘以一个小的因数 k，限定在无滑行状态（继电器 A 闭合）后送到速度积分器的输入端。因数 k 的大小要使其补偿因加速度计和积分器的不精确所引起的漂移。判别到发生滑行时，继电器 A 断开，把修正信号置零。当算出的倾斜加速度超过允许值，或车轮速度与修正后的速度值相差太大时，滑行判别器动作。继电器线圈用于动作两组 A 接点，表示滑行判别器作用。为提高对滑行的判别速度，除考虑 $\alpha_{倾斜}$ 值本身外，还把 $\alpha_{倾斜}$ 值的变化作为判别条件。基于轮轴速度传感器的测速技术，除了存在空转和滑行的问题外，还需要考虑列车轮径补偿问题。列车轮径通过人工补偿就可以达到基本的精度要求。

3.5.2 雷达测速

随着卫星、雷达的发明应用和无线技术的发展，又提出了一类直接检测移动体速度的方法，可以不从车轮旋转获得信息，因此可以有效地克服空转和滑行等因素产生的误差。雷达测速就是其中之一，利用多普勒效应原理实现列车速度测量。

波是由频率及振幅所构成，而无线电波是随着波而前进的。当无线电波在行进的过程中，碰到物体时，该无线电波会被反射，而且其反射波的频率及振幅都会随着所碰到的物体的移动状态而改变。若无线电波所碰到的物体是固定不动的，那么所反射回来的无线电波的频率不会改变。然而，若物体的移动方向与雷达发射波的传播方向相反时，所反射回来的无线电波会被压缩，因此该电波的频率会随之提高；反之，若当物体移动方向与雷达发射波的传播方向相同时，则反射回来的无线电波的频率会随之降低。该现象即为多普勒效应。当向移动体上发射一定频率的电磁波，反射波与入射波之间会产生频差，这个频差与移动体的速度成正比。这就是多普勒雷达（Doppler Radar）的测速原理，如图 3-45 所示。在列车上安装多普勒雷达，并使它始终向轨面发射电磁波。由于列车和轨面之间有相对运动，发射波和反射波之间会产生频差，通过测量该频差可以计算出列车的运行速度，并累计求出走行距离。近年来雷达测速的技术发展日益成熟，为实际应用提供了可能。

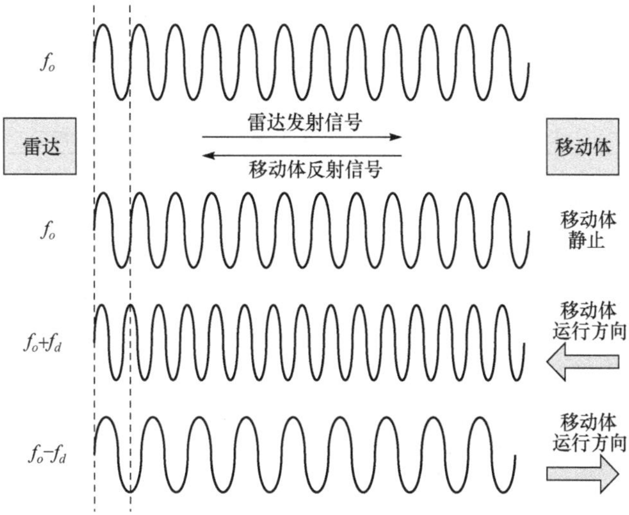

图 3-45　雷达传感器的测速原理框图

移动体反射信号的频率 f_t 是多普勒频移 f_d 的函数，而 f_d 是移动体速度的函数，当移动体向靠近雷达的方向运行时，多普勒频移 f_d 为正，当移动体向远离雷达的方向运行时，多普勒频移 f_d 为负。即：

当移动体靠近雷达时：$f_t=f_o+f_d$；

当移动体远离雷达时：$f_t=f_o-f_d$。

$$f_d=\pm\frac{2v_t \cdot f_o}{c} \tag{3-16}$$

$$v_t=\pm\frac{f_d \cdot c}{2f_o} \tag{3-17}$$

其中，f_t 为移动体反射信号的频率；f_o 为雷达发射信号的频率；f_d 为多普勒频移，是雷达发射信号频率 f_o、光速 c 和移动体速度 v_t 的函数，当移动体靠近雷达时，移动体速度 v_t 为正，当移动体远离雷达时，移动体速度为负。

根据多普勒原理，如果发射源固定，被测物体（地面）相对于发射源运动，那么接受到的微波也会产生相应的频移。据此，将测速雷达安装在列车车底，雷达对地面发射微波（与地平面成 θ 角），通过对回波信号的接收处理，进行分析和计算，即可得到列车的运行速度，工作原理图如图 3-46 所示。

计算公式(3-16)得到

$$f_d=\pm\frac{2v_t \cdot \cos\theta \cdot f_o}{c} \tag{3-18}$$

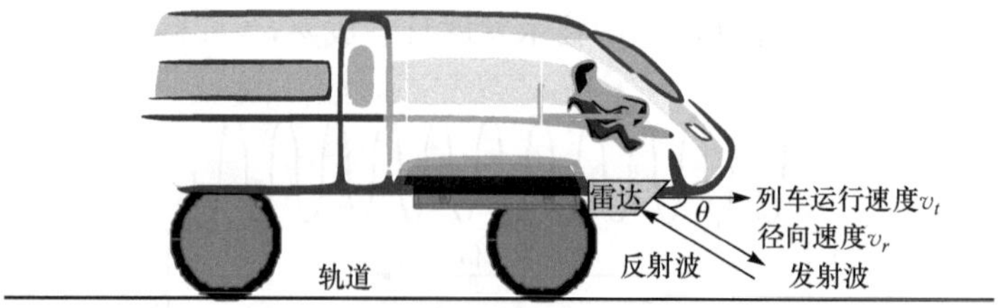

图 3-46　列车测速雷达工作原理图

其中，f_o 是雷达发射波的频率，θ 是雷达视线与地面的夹角，v_t 是列车相对于地面的运行速度，v_r 是列车上雷达相对于地面的径向运动速度，也是 v_t 在雷达视线上的分量。列车运行速度可得：

$$v_t = \pm \frac{f_d \cdot c}{2f_o \cdot \cos\theta} \tag{3-19}$$

测速雷达在列车运行控制系统中应用的有车载测速雷达，图 3-47 是常用的多普勒雷达传感器（Doppler Radar Sensor，DRS）。

图 3-47　DRS 雷达传感器

3.5.3　查询应答器定位

利用速度传感器可以测量出列车的相对走行距离，但是，如果列车初始位置（或参照位置）或取向未知，传感器就不能用于确定相对于大地的绝对位置和取向。为得到列车的确定位置并消除累积误差，在应用速度传感器的基础上，可在地面适当的地点加装信标。目前在高速列车运行控制系统中应用的信标有查询应答器和轨道环线。当有轨道电路时，也可利用轨道电路绝缘节信息进行位置校正。

1）利用轨道电路绝缘节信息进行定位校正

根据每个轨道分区载频信息的不同，确定列车越过一个轨道区段。

为了防止同线相邻轨道电路和上/下行线间轨道电路等的横向和纵向干扰，轨道电路中载频的布置如图 3-48 所示。上行线路为 f_1、f_3、f_5 相间隔排列，下行线路为 f_2、f_4、f_6 相间隔排列。

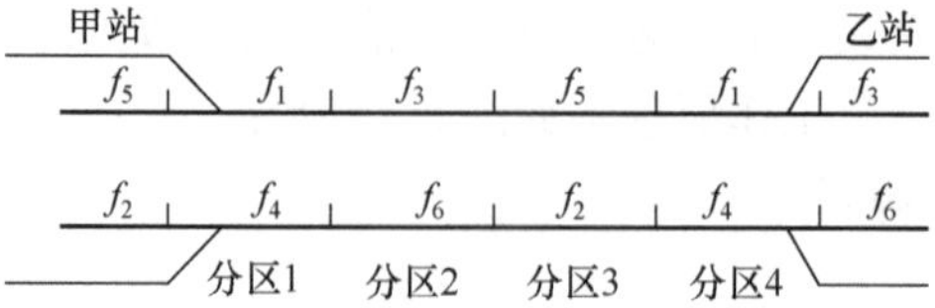

图 3-48　轨道电路载频的布置

列车从起点甲站出发，在车载运行控制系统中存储从甲站到乙站的线路数据，以甲站的出站信号为起始点，由列车轮轴脉冲传感器测量列车的实际速度和列车走行距离。如分区 1 的长度为 S，列车检测到列车走行距离达到或接近 S 时，列车上车载控制系统检测轨道电路的载频信息，当检测到载频由 f_4 变化到 f_6，则说明列车进入分区 2，车载控制设备重新以分区 2 的起始点为测距定位起点进行列车的定位。

2）利用应答器或轨道环线进行定位校正

采用轨道电路载频变化对测距进行各种修正和校准存在一系列问题。首先，在整条线路上不可能完全做到载频交叉，这样就可能导致在分区变化时得不到定位校正。其次，车载系统接收绝缘节信息的延迟较长，造成校正信息的提供不及时，甚至造成多绝缘节或少绝缘节的差错情况，使测距系统混乱；因此在高速列车运行控制系统测距定位中多采用查询应答器或轨道环线的方法，来解决测距的校正和精确定位。

在线路上每隔一定的距离铺设一个应答器或轨道环线，当列车机车通过时，车载系统感应接收到地面应答器或轨道环线提供的绝对点信息，促使列车对测距重新刷新，得到列车的一个定位起点，彻底消除列车相对传感器测距的累积误差。图 3-49 是以应答器作为定位校准的原理示意图，列车经过应答器 A 后，车载运行控制设备获得从应答器 A 至应答器 B 的链接距离 L，并以应答器 A 为位置基准点开始计算运行距离。当列车走行距离为 S 时，由于存在测速误差（通常不大于 ±2%，假设为 ±2%），则列车的置信区间范围为以列车运行距离 S 为基准，±2% 范围内，列车走行距离越长，则误差积累就越大。当列车通过应答器 B 后，用链接距离 L 校正累计的运行距离 S。

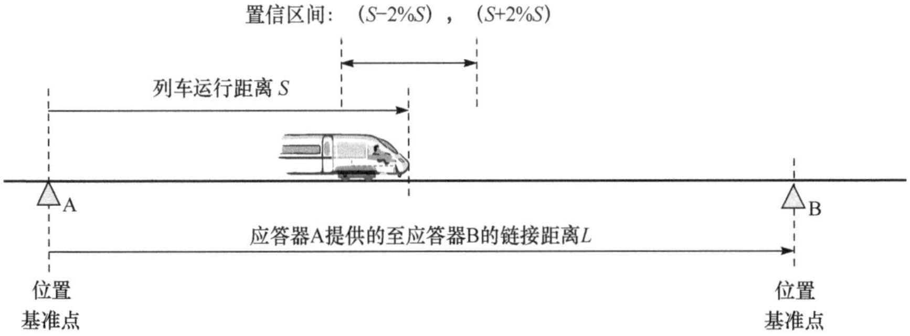

图 3-49　应答器定位校正原理

3.5.4　卫星导航定位

卫星导航通信技术，也可以用于高速列车运行控制系统中进行定位和测速。

GPS、GLONASS 和北斗系统均可用来实现这一目标，并利用 EGNOS 和 WAAS 系统等对其进行增强。该定位方法使用多个卫星的伪距，经过计算获得一个可信的列车位置区间。

首先选取一对卫星，在某一时刻以这两颗卫星的位置为焦点，列车距两颗卫星的伪距之差为实轴的长度，可以确定一个双曲面 S，列车的位置就在该双曲面 S 上。将双曲面 S 的一叶与事先测量并存储的轨道线路的电子地图相交，就可以获得列车的位置。

基于卫星的定位系统虽然不受列车自身因素影响，但容易受到地形的制约，造成卫星的信号接收不良，因而会形成可靠性较低的情形。如卫星导航列控系统(LOw-COst satellite-based train location system for signaling and train PROtection for Low density traffic railway lines，LOCOPROL)是欧洲开发的一种列车运行控制系统，在 LOCOPROL 中，定位系统需要两颗卫星，当系统接收到多颗卫星时，可以两两组合，优化选择若干组用于求解定位信息，使系统的可靠性得以提高。LOCOPROL 的列车定位采用区间估计，其获得的定位解不是单个点，而是一段轨道区间，列车的实际位置就在这段轨道区间之内，其精度比通常的四星定位方法低，但是可靠性有所提高。

图 3-50　GPS 系统的坐标系

基于卫星导航的列车定位方法有 GPS 定位法、航位推算法(DR)法和 GPS/DR 集成定位法。

1) GPS 定位法

全球定位系统(Global Positioning System，GPS)是基于卫星的无线导航系统，如图 3-50 所示。

为了消除 SA 政策、电离层和对流层对于定位精度的影响，差分 GPS 技术(Differential Global Positioning System，DGPS)近年来受到很多学者的关注。DGPS 技术，是在地理位置已知的参考站放置一个 GPS 接收机，对卫星发射的位置数据进行校正计算，再将此校正信息送至该地区的其他接收机。这样，其定位精度可大大提高。准确知道列车所在的位置对高速列车或高密度地铁运行列车是极其重要的。GPS 系统提供标准定位服务(Standard Positioning Service，SPS)和精密定位服务(Precise Positioning，PP)。列车车辆的跟踪、调度和控制采用的就是 SPS 服务。

在列车定位系统中，可选用高精度、低成本的 GPS 设备作为用户部分的 GPS 接收机，只要 GPS 信号可用，即可提供车辆的绝对坐标，尤其是利用 GPS 卫星信号的高精度载波相位进行定位，在数千米的距离上精度仍然极高，且误差不随时间而积累，具有良好的低频响应特性。此外还可利用 GPS 采集地理位置数据，绘制高精度的高速铁路线路电子地图。而 GPS 技术和移动通信系统结合，可以实现列车定位跟踪。位于列车上的 GPS 接收机采集数据，通过移动通信系统送给调度中心，调度中心的电子屏幕上实时地显示列车的运行状态，调度员根据需要进行列车调度。

采用 GPS 定位时，当列车遇到隧道、山区、森林、车站建筑群构成的“城市峡谷”等障碍时，GPS 信号会消失或减弱，使定位跟踪失效，而采用航位推算法可以解决此问题。

2）航位推算定位法

航位推算（Dead Reckoning，DR）定位法基于相对位置修正，利用已知起点的坐标和车辆的运行速度和方向来推算其当前位置，DR 原理的图解如图 3-51 所示。

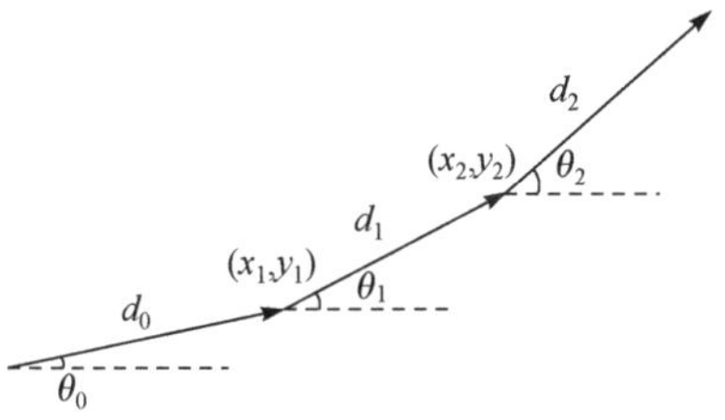

$$x_n=x_0+d_i\sum_{i=0}^{n-1}\cos\theta_i$$

$$y_n=y_0+d_i\sum_{i=0}^{n-1}\sin\theta_i$$

$$\theta=\theta_0+d_i\sum_{i=0}^{n-1}\omega_i$$

图 3-51　推算定位方法

其中，ω_i 为角速度。典型的航位推测系统包括位移传感器和航向传感器。虽然，传感器有很多种，但一般采用惯性传感器作为航向传感器和位移传感器。由于惯性传感器完全依靠机载设备完成导航任务，与外界不发生任何光电联系，不受气候条件的限制，因此，在交通领域得到了广泛的使用。

惯性传感器包括两类：陀螺（Gyrosopes）和加速度计（Accelerometers）。陀螺的输出信号是沿输入轴方向与角速度成正比的电压信号。加速度计的输出信号是沿输入轴方向与惯性加速度和重力加速度分量成正比的合成信号。原则上说，三维坐标系中需 3 个陀螺和 3 个加速度计来确定位置和速度，但对车辆的导航定位应用来说，只要求水平坐标，故仅需一个测定航向的陀螺来确定其水平偏转和两个加速度计。

由于陀螺测得的是角速度，需积分得出角度，加速度计的情况也类似，需两次积分才得到位移。由于传感器产生的少量误差会导致大的误差积累，降低定位精度。因此需建立惯性传感器的误差模型，以减少位移和航向误差的影响，有效的陀螺和加速度计的误差补偿方法对系统的精度至关重要。

3）GPS/DR 集成定位法

由惯性传感器构成的航位推算系统，其高频特性较好、低频特性较差，而 GPS

与之相反。如果综合利用两者的优点构成组合定位系统，则整个系统的精度、性能和可靠性都较单一的系统有较大的改善。

(1) 多传感器信息的集成。

利用 GPS 的定位信息对惯性传感器进行核准，以控制累积误差；而短时间内高精度的 DR 定位，又可很好地解决 GPS 动态环境中的信号失锁和周跳问题，并可辅助 GPS 接收机增强其抗干扰能力，提高捕获和跟踪卫星信号的能力。因此应将惯性传感器测得的加速度、角速度和 GPS 测得的位置集成使用，即利用 GPS 和惯性传感器集成技术，建立 GPS/DR 集成定位系统。

GPS 和 DR 集成的关键问题是数据处理算法，虽然控制理论中有许多优化估算方法，但卡尔曼滤波(Kalman Filtering)可连续地处理测量值来速归更新系统状态，是一种较好的集成方法。用卡尔曼滤波器实现 GPS 和 DR 的融合有两种方式：松散集成(各传感器分别有滤波器)和紧密集成(所有的观测值同时处理)，一般常用松散型集成滤波。

(2) 卡尔曼滤波。

卡尔曼滤波是一种估算方法，从起点到目标点连续不断地对航位推算系统的定位进行修正，每次循环将输入值与先前的模型进行比较，并用卡尔曼增益加权获得更新的系统状态。因此，可将 GPS 接收的每个定位数据，作为卡尔曼滤波处理的测试数据进行速归处理，以估算和补偿惯性传感器的误差。

在实际应用中，取系统的位置、速度、加速度、航向，以及加速度误差、角度误差和角速度误差等为系统的状态，并以系统初始状态作为模型的初始条件，在每次测量更新时，都要利用当时的状态估算值和存储的位置数据计算出预测值，然后将 GPS 测得的数据与预测值加以比较，其差值经过卡尔曼滤波处理，产生定位系统误差状态参数的估算值，将误差估算值反馈给车辆定位系统进行修正，从而提供修正后更准确的定位数据。

通过实验得知，陀螺的累积误差较小，则航向准确；而加速度计的累积误差随运行的距离增加很快，导致位移动加速度积分两次所得的误差较大。由于 GPS 不断地修正 DR 系统，消除了累积误差，大大改善了系统的性能。

3.5.5 多传感器信息融合的测速定位

采用多种类型的传感器进行多传感器信息融合，可以获得较高的定位精度。但基于多传感器信息融合的列车定位技术还处在研究阶段，因此本节只进行简要介绍。

在 ETCS-3 级列车运行控制系统中，为了减少对特定的轨旁设备的依赖，以便使高速列车运行控制系统能够兼容，并且降低生命周期费用，建议列车定位采用伽利略卫星导航系统、速度传感器和查询应答器组合的方法。目前已有部分国外学者开始对多传感器信息融合在列车定位系统中的应用进行了研究。英国学者 Ahmad Mirabadi，Felix Schmid 和 Neil Mort 认为在列车定位子系统中，应用多传感器信息融合将有可能满足高速列车运行控制的高精度需要。他们搭建的多传感器定位实验系统由 GPS、多普勒雷达、光纤陀螺、速度传感器、数字地图和查询应答器组成。由于单个传感器系统缺乏鲁棒性，偶然的故障可能会导致整个系统无法正常工作，甚至可能给系统造成灾难性的后果。为了能够使系统具有故障检测和故障隔离的能力，实验系统采用分层结构，对不同的传感器进行组合，并构造了χ^2类型的残值统计量，通过χ^2检验判断传感器是否故障。在该结构中，所有的融合节点都提供导航解，越高等级的节点精度越高。当高等级节点的某个传感器故障时，输出较低等级节点的导航解。他们采用高精度的导航系统和轨旁一系列已知精确位置的固定点作为参考，来评价融合的效果，并发现采用查询应答器定位方法的定位精度不仅与查询应答器的布置间隔有关，还与查询应答器的布置位置有关。由于列车在曲线区段容易发生空转和滑行，如果沿列车的运行方向，在曲线区段之后安装查询应答器，定位误差将会得到更好的改善。但是其仅研究了若干种组合的误差情况，未得到一种实用的传感器组合与系统结构，并且对于实际应用，所采用的传感器并非越多越好，选择何种传感器进行融合仍是需要进一步研究的问题。

多传感器信息融合技术经过几十年的发展，在各方面取得了一定的成果，但缺乏一套成熟、完整的理论与方法。目前，绝大多数的多传感器信息融合研究皆是针对特定的应用领域的特定问题开展的，即根据问题的种类，各自建立直观的融合准则，形成“最佳”融合方案，并未形成完整的理论框架和融合模型，从而使融合系统的设计具有一定的盲目性。多传感器信息融合系统的结构目前也没有形成统一的分类形式，Hall 和 Iinas 根据 JDL 功能模型，给出了三种融合系统结构，集中式融合、自主式融合和混合式融合等；Dasarathy 则根据输入输出特性，给出了三种融合系统的结构：柔性系统结构、自改善系统结构及有限决策输入融合结构；Foster 则认为融合系统的结构为集中式、分散式及混合式。集中式结构从所有传感器平台获得数据，并在融合中心处理数据；而分散式结构则要求每个传感器平台处理局部信息，作出形式估计。限于篇幅，不在此做进一步深入探讨。

第4章 欧洲列车运行控制系统

如第1章所述，欧洲高速铁路在20世纪80年代得到了快速发展，高速列车运行控制系统，如法国TGV的TVM300和TVM430，德国ICE的LZB，为法德两国的高速铁路安全高效运营发挥了重要作用。然而，由于历史和技术的原因，在欧洲铁路网上，各国铁路部门使用的列车运行控制系统制式种类高达十多种。制式的互不兼容，导致列车无法跨境运行，对于欧洲建成统一的铁路网，特别是高速铁路网影响极大。若同一列车装备不同制式的系统来实现跨线运行，既不经济，还会影响安全。基于上述原因，迫切需要统一欧洲列车运行系统标准，并研制通用信号系统和新型列车运行控制系统。20世纪90年代初期，在欧洲铁路工业界和欧盟支持下，欧洲铁路联盟和欧洲铁路信号工业界共同构建了欧洲铁路运输管理系统ERTMS，由欧洲列车运行控制系统ETCS、欧洲无线通信系统GSM-R等组成。ETCS，即欧洲列车控制系统，是一种可在欧洲各国统一推广使用的标准，用以保证欧洲各国的普通列车和高速列车在欧洲铁路网内的互联互通运营，保证行车安全、提高运输效率。ETCS对21世纪欧洲铁路和高速列车运行控制系统的发展起到了重要的作用。从欧洲高速铁路的发展趋势看，ETCS-2是目前欧洲高速列车运行控制系统的发展方向。本章在对ETCS基本情况介绍的基础上，对欧洲高速列车运行控制系统ETCS-2进行描述。

4.1 ETCS简介

基于ETCS标准规范的高速列车运行控制系统是一个先进的列车自动防护(Automatic Train Protection，ATP)系统，不仅可以提高高速列车的安全性，又能保证高速列车在欧洲境内穿越国境时的互通运营。ETCS技术规范侧重于车载系统和车-地通信的统一要求。

GSM-R在成熟的公共网络GSM的技术上发展而来，为地面系统和车载系统提供连续双向的信息(包括数据和语音)传输通道。

为了兼顾既有系统，考虑到今后列车运行控制系统的发展趋势，ETCS按照地面系统的组成以及车-地信息传输方式分为ETCS-0级、ETCS-STM级、ETCS-1级、ETCS-2级和ETCS-3级五个等级，具体内容可参见本书表1-1。

4.1.1 ETCS 系统构成

ETCS 系统由地面系统和车载系统两大部分组成，如图 4-1 所示。地面系统和车载系统之间采用点式信息传输方式连接，如应答器和环线，双向连续信息传输方式，如 GSM-R。

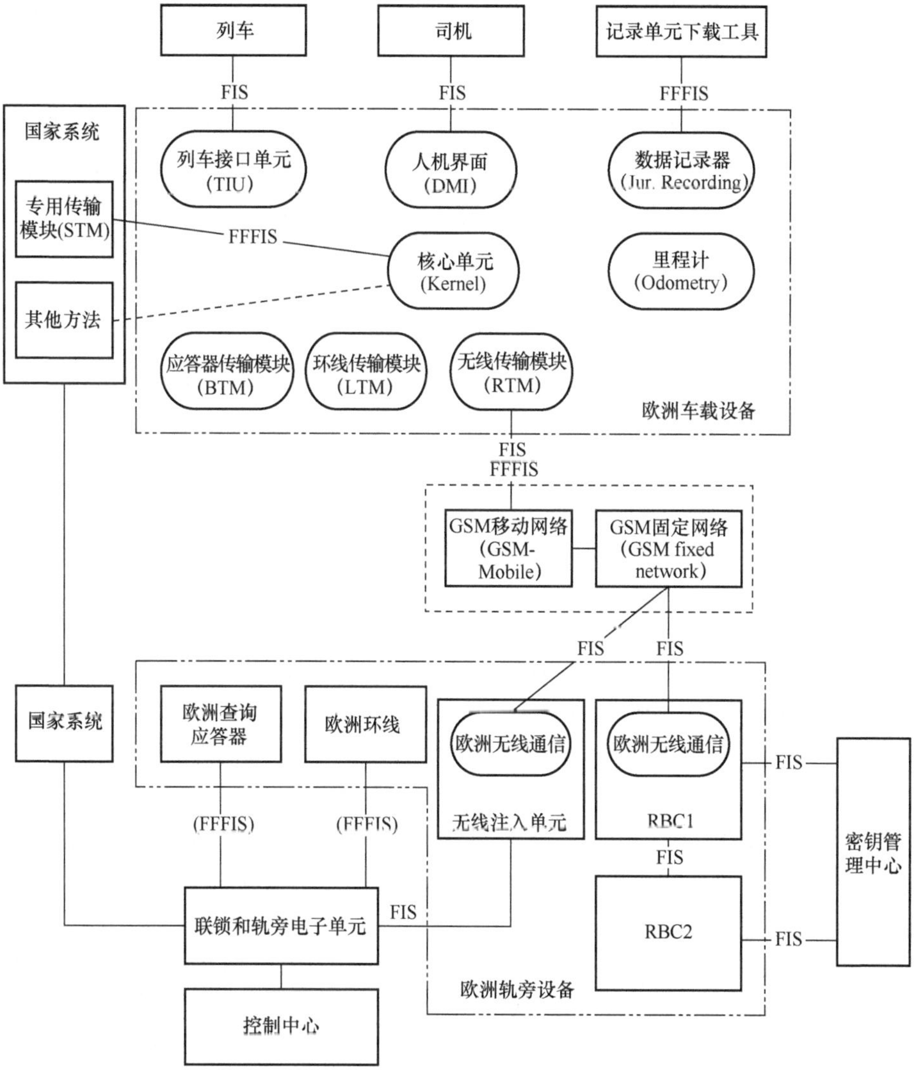

图 4-1 ETCS 系统构成

(1) ETCS 车载系统以欧洲安全计算机（European Vital Computer，EVC）为

核心，实现列车运行的安全监控。

(2) 无线闭塞中心(Radio Block Center，RBC)是 ETCS-2 级和 ETCS-3 级地面系统的核心，完成列车运行的管理和生成，并发布列车行车许可等功能。在 RBC 的控制区域里，通过欧洲无线与列车进行双向连续通信。

(3) 欧洲无线(Euro-radio)是指数据和语音双向连续的无线传输系统，使用铁路专用的通信网络 GSM-R，仅在 ETCS-2 级和 ETCS-3 级中使用，用于传输列车运行指令、列车状态和列车位置等数字信息，以及司机和调度指挥人员等的语音信号。

(4) 欧洲应答器(Euro-balise)是点式地对车单向传输系统。根据是否有源可分为有源应答器和无源应答器；根据传输的信息是否可变分为固定型应答器和可编程型应答器。ETCS-1 级使用可编程型欧洲应答器，与轨旁电子单元(Line Electronic Unit，LEU)相连，向列车传送行车许可、速度信息、线路坡度和位置基准等信息。ETCS-2 级和 ETCS-3 级使用固定型欧洲应答器，只传输位置基准信息，为列车提供位置参考。

(5) 欧洲环线(Euro-loop)是指利用无线传输方式的感应环路。欧洲环线用来传送注入信息，强迫车载系统显示的信号与轨旁信号一致，作为点式传输系统补充信息，实现半连续传输模式。主要用于 ETCS-1 级的线路，为列车提供运行前方下一个主要信号的预告信息。

(6) 无线注入单元是利用 GSM-R 无线通信链路的方式传输，执行与欧洲环线相同的功能。用于无线注入的 GSM-R 网络并不覆盖全部线路，只覆盖需要注入信息的区段。

(7) 轨旁电子单元 LEU 用于连接铺设在轨道中的可编程型欧洲应答器和欧洲环线。LEU 根据来自地面系统(如联锁中心和轨道电路)的信息进行编码，生成固定格式的报文，然后由欧洲应答器/欧洲环线向车载系统发送。

ETCS 车载系统是一个基于欧洲安全计算机的系统，利用与地面系统的交换信息来控制列车运行。车载系统主要包括如下模块：

(1) 欧洲安全计算机 EVC。EVC 是车载系统的核心，采用“三取二”或者“二取二”冗余结构。EVC 处理列车通过欧洲应答器、GSM-R 无线传输和欧洲环线等系统接收的信息，并控制列车运行。

(2) 人机界面 DMI。DMI 是司机与车载系统的接口，向司机显示提示信息；司机通过 DMI 输入有关参数和确认信息。

(3) 里程计。里程计用于实时测量列车运行速度和列车走行距离，即实现测速测距功能。

(4) 专用传输模块(Specific Transmission Module，STM)。STM 用于兼容既有的列车控制和监视系统，使装备了 ETCS 系统的列车可以在未装备 ETCS 的线路上行驶，实现互通运营。

(5) 应答器传输模块(Balise Transmission Module，BTM)。BTM 是与欧洲应答器接口的车载系统，一方面为应答器提供能量，另一方面接收应答器发送的信息。

(6) 环线传输模块(Loop Transmission Module，LTM)。LTM 是与欧洲环线接口的车载系统，用于接收欧洲环线发送的信息。

(7) 无线传输模块(Radio Transmission Module，RTM)。RTM 是与无线通信 GSM-R 接口的车载系统，通过欧洲无线传输系统实现车-地之间的双向连续信息传输。

车载系统结构如图 4-2 所示。对于不同的等级，车载系统构成有所不同。

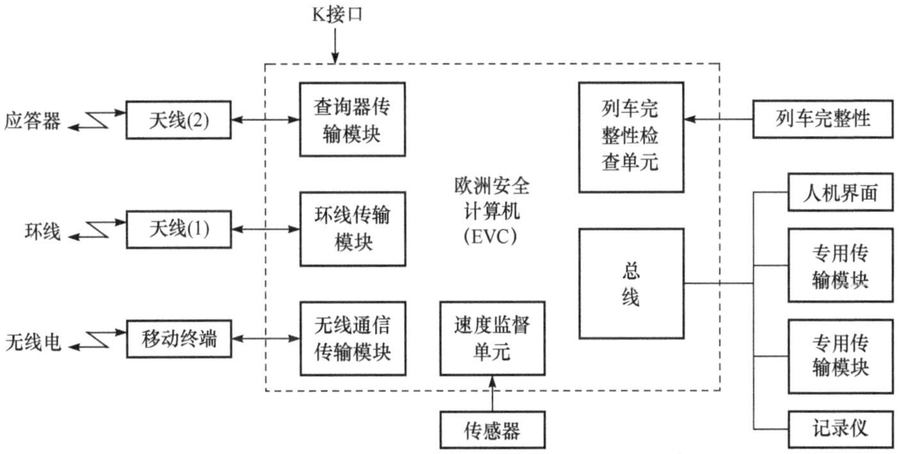

图 4-2　ETCS 车载系统结构

ETCS 车载系统之间传输的信息及流向如图 4-3 所示。

ETCS 系统构成具有如下特点：

(1) 模块化结构。ETCS 的车载系统由欧洲安全计算机 EVC、人机界面 DMI、里程计、欧洲无线车载系统、列车接口单元 TIU、数据记录器、应答器传输模块 BTM、环线传输模块 LTM 和专用传输模块 STM 等 9 个模块单元组成。ETCS 的地面系统主要由无线闭塞中心 RBC、欧洲无线地面系统、欧洲无线注入、欧洲应答器、欧洲环线和轨旁电子单元 LEU 等 6 个模块单元组成。系统采用模块化，不仅易于维护管理，同时便于不同厂家系统的互换使用。

(2) 接口标准化。ETCS 技术规范对其系统中存在的 8 个接口类型进行了统一、详细的规定，包括 DMI 与司机的功能接口规范(DMI-Driver FIS)、列车接口单元与列车的功能接口规范(TIU-train FIS)、专用传输模块功能接口规范(STM FFFIS)、欧洲应答器功能接口规范(Eurobalise airgap FFFIS)、欧洲环线功能接口规范

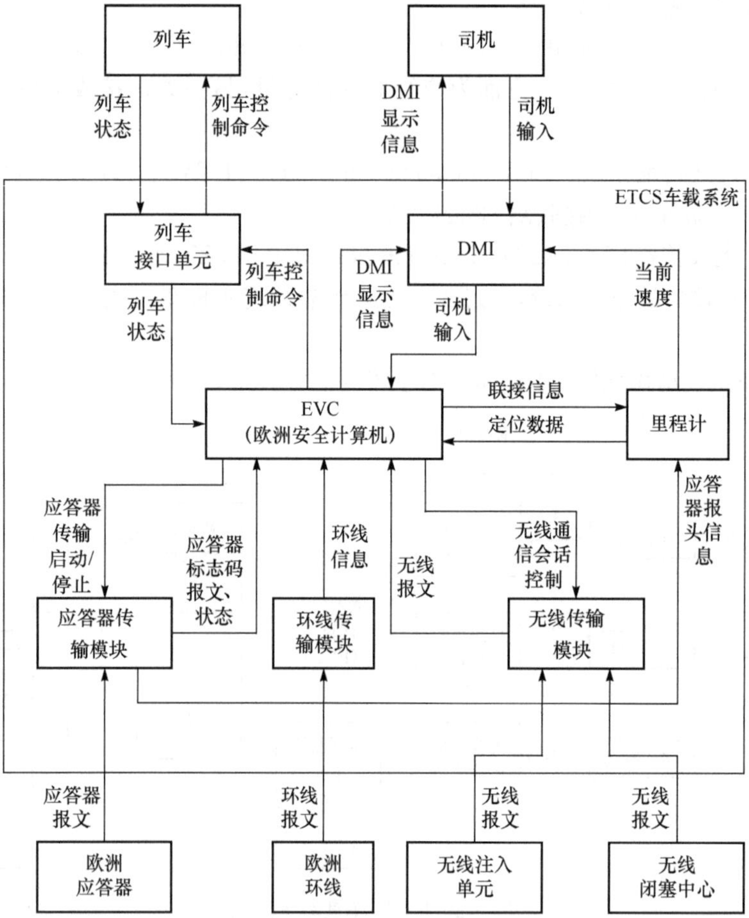

图 4-3 车载系统之间传输的信息

(Euroloop airgap FFFIS)、GRM-R 移动台与欧洲无线的功能接口规范(GSM-R Mobile-Euroradio FFFIS)、GSM-R 固定网络与 RBC 的功能接口规范(GSM-R fixed network-RBC FIS)和 RBC 之间的功能接口规范(RBC-RBC FIS)。

(3) 系统分级。针对欧洲各国铁路信号制式的差异、运输需求的不同以及技术发展趋势,定义了 ETCS 的 5 个等级。不同等级的系统按模块方式构成,满足了 ETCS 用户的需求,系统构成的灵活性强。低等级系统升级方便,高等级系统向下兼容,能够实现互联互通运营。

(4) DMI 显示界面一致性。不同厂家、不同等级系统的 DMI 显示界面布局相同,在显示内容方面,不同等级略有差异。

(5) 操作方法一致性。不同厂家系统的操作方法相同,只要熟悉一个厂家的系统,便会使用其他厂家的系统。

4.1.2　ETCS 运行模式

ETCS 为车载系统定义了 16 种工作模式，主要包括待机模式（Standy By，SB）、完全监控模式（Full Supervision，FS）、目视行车模式（On Sight，OS）、员工负责模式（Staff Responsible，SR）、冒进模式（Trip，TR）、冒进后模式（Post Trip，PT）、休眠模式（Sleeping，SL）、调车模式（Shunting，SH）、退行模式（Reversing，RV）、隔离模式（Isolation，IS）和系统故障模式（System Failure，SF）等，主要运行模式的描述如表 4-1 所示。

表 4-1　ETCS 的运行模式

模式名称	描述
待机模式	待机模式是一种默认模式，不能由司机选择。在该模式下，ETCS 车载系统被唤醒并执行其自诊断功能，并对其外部装置进行诊断，诊断结果向司机显示
完全监控模式	当车载系统具备生成连续速度距离模式曲线所需要的行车许可、线路参数和列车参数等信息时，ETCS 车载系统处于完全监控模式，在该模式下，列车的安全监控完全由系统负责
目视行车模式	目视行车模式允许列车进入一个可能已经被另一辆列车占据或被任何类型障碍物阻塞的轨道区段，在该模式下，司机承担一定的安全责任
员工负责模式	是全部由司机承担列车运行安全责任的控制模式
冒进模式	当列车越过行车许可终点或者从地面接收到"员工负责模式危险停止"等信号时，车载系统进入冒进模式。在该模式下，车载系统实施紧急制动
冒进后模式	司机确认冒进后立即进入冒进后模式，此时，司机可缓解紧急制动
隔离模式	当 ETCS 车载系统与其他车载系统/系统（包括司机）隔离开，并且与制动系统从物理上隔离开后，系统处于隔离模式
系统故障模式	当车载系统出现影响安全的故障时，车载系统处于系统故障模式
休眠模式	非本务车载系统的工作模式

4.1.3　ETCS 主要特点

ETCS 的主要特点包括以下 4 个方面。

（1）系统开放性。ETCS 技术规范是得到欧盟和国际铁路联盟 UIC 承认的标准，而且该标准是公开的，所有信号系统供应商都可以按照 ETCS 标准设计开发高速列车运行控制系统。

(2) 互操作性与互用性。互操作性是指实现互联设备间以及系统间的信息传送与沟通，而互用性则意味着不同生产厂家性能类似的设备可实现相互替换。由于所有的 ETCS 系统供应商均按照统一的 ETCS 技术规范来设计生产，因而不同厂家的 ETCS 系统理论上可以任意组合，任意互换使用。

(3) 兼容性。装备符合 ETCS 标准的高速列车运行控制系统的列车可以在不同等级的线路互通运营。

(4) 可升级性。ETCS 的低等级系统在原有系统的基础上增加一些新的系统(模块)，便可升级到更高的等级，而原有的高速列车运行控制车载系统可在高等级的系统中继续使用。

4.2 ETCS-1 级列车运行控制系统

ETCS-1 级是为了使装备 ETCS 系统的列车在装备有欧洲应答器的线路上运行，线路上可以安装欧洲环线或无线注入单元。ETCS-1 级可分为有注入功能和无注入功能两种情况。

4.2.1 无注入功能的 ETCS-1 级概述

无注入功能的 ETCS-1 级是在既有信号系统的基础上增加不需注入的欧洲应答器，车载系统装备 ETCS 的 ATP/ATW(Automatic Train Warning)。

ETCS-1 级是基于点式传输的列车运行控制系统，用于叠加在既有信号系统之上，需要司机按地面信号行车，列车按固定闭塞方式运行，采用目标距离的控制方式(速度距离模式曲线控制方式)，并用有源应答器传输线路数据。行车许可由地面系统(联锁和轨道电路)产生，信息经过轨旁电子单元 LEU 进行编码后，通过欧洲应答器传送给车载系统。

ETCS-1 级提供了连续的速度监控系统即 ATP 系统，可防止列车超越行车许可。列车占用检测和列车完整性检测由列车运行控制系统(如联锁和轨道电路等)的地面系统完成，采用轨道电路确定列车所在位置，但检测系统不属于 ETCS 的范围。如果一个地面信号机从关闭转为开放，但接近的列车只有通过这个信号机附近的欧洲应答器时才能收到相关信息。因此，司机必须观察地面信号机来确定列车速度，列车随即以低于最大允许的开口速度接近停车位置。附加的欧洲应答器可以置于主信号机之前的规定地点，从而列车在到达信号机之前可接到新的信息，如图 4-4 所示。

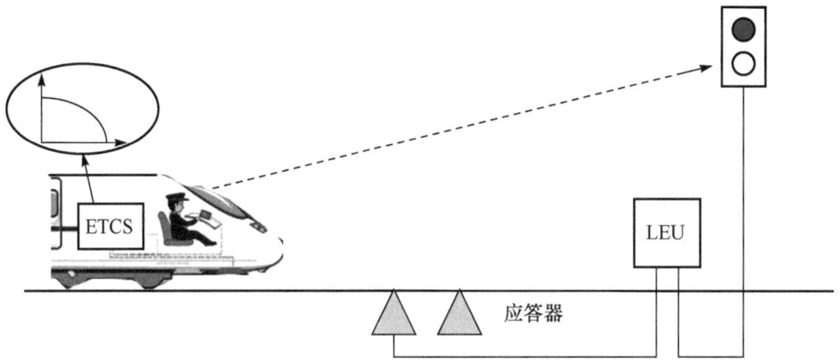

图 4-4　无注入功能的 ETCS-1 级

4.2.2　有注入功能的 ETCS-1 级概述

具有注入功能的 ETCS-1 级是指在无注入功能的 ETCS-1 级的基础上增加欧洲环线或欧洲无线,用于传输注入信息。具有注入功能的 ETCS-1 级除了具有与无注入功能的 ETCS-1 级相同的特点外,其他特点还包括保留地面信号和驾驶室机车信号。采用欧洲环线传输注入信息,并在司机控制台上显示,为驾驶操作提供指示信息。采用欧洲环线和欧洲无线注入后,列车运行不再需要开口速度,从而提高了 ETCS-1 级列车运行控制系统的安全性,如图 4-5 所示。

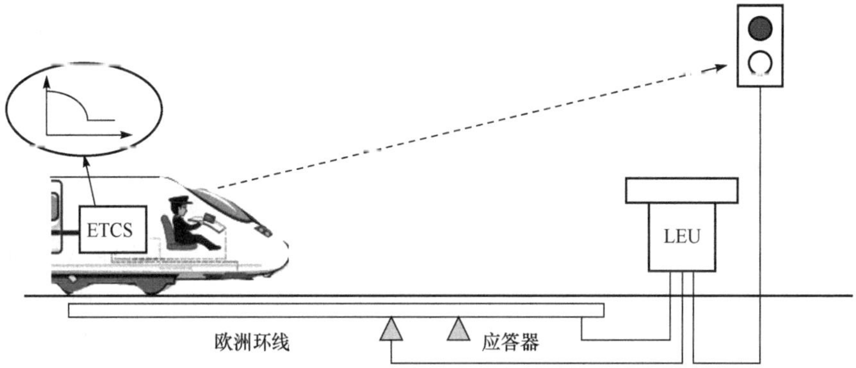

图 4-5　具有注入功能的 ETCS-1 级

4.2.3　原理和特点

ETCS-1 级地面系统根据列车位置信息和进路信息生成行车许可及线路数据,并通过欧洲应答器传送给车载系统。车载系统根据应答器传送的行车许可和线路数据，选择在每一个位置前方所允许不同速度的最大限制值生成静态速度距离曲线，然后结合车载系统已知的列车运行/制动特点计算动态速度距离曲线，在运行过程中，车载系统利用机车信号向司机提示运行前方的信号，并实时比较列车实际速度和允许速度，在必要时发出制动命令。

ETCS-1 级的特点是地面安装欧洲应答器，用于地对车的信息传输（点式传输），同时欧洲应答器还能传输可变信息，并选择欧洲环线或者无线注入来实现半连续注入。

ETCS-1 级地面系统的主要功能是根据基础信号系统确定运行指令，将行车许可和基础设施数据发送到列车（通过欧洲点式应答器），联锁控制道岔转辙机和信号等轨旁系统。

ETCS-1 级车载系统包括欧洲安全计算机、DMI、里程计和应答器传输模块 BTM。如果需要欧洲环线提供注入信息，则包含欧洲环线传输功能，即装备有环线传输模块 LTM；如果需要无线注入，则包含无线注入的传输功能。

4.3 ETCS-2 级列车运行控制系统

装备了 ETCS-2 系统的列车，在由无线闭塞中心控制的并且装备了欧洲应答器和欧洲无线的线路上运行，由地面系统提供列车定位功能和列车完整性检测。ETCS-2 级采用欧洲应答器和 GSM-R，大量减少了轨旁系统。

4.3.1 概述

ETCS-2 级是基于 GSM-R 的高速列车控制系统，可叠加于现有的信号系统之上，即覆盖现有信号系统，行车许可由无线闭塞中心 RBC 产生，通过欧洲无线传送到列车上。其他与列车运行安全有关的信息，如列车状态和列车位置等信息也通过欧洲无线系统传输。ETCS-2 级提供了一个连续的速度监控系统即 ATP 系统，可防止列车超越行车许可。列车占用检测和列车完整性检测由联锁、轨道电路等的地面系统完成，检测系统不属于 ETCS 的范围。ETCS-2 级基于欧洲无线，实现地面-列车连续双向的信息传输。固定型欧洲应答器作为点式传输设备，为列车提供定位参考信息。向列车提供信息的地面无线闭塞中心 RBC，通过 ETCS 车载系统的 ETCS 标识码能够识别每个 ETCS 控制下的列车。使用机车信号（取消地面信号机），列车按固定闭塞方式运行，采用速度距离模式曲线控制方式，列车操作信息显示在司机控制台的显示器 DMI 上。如图 4-6 所示。

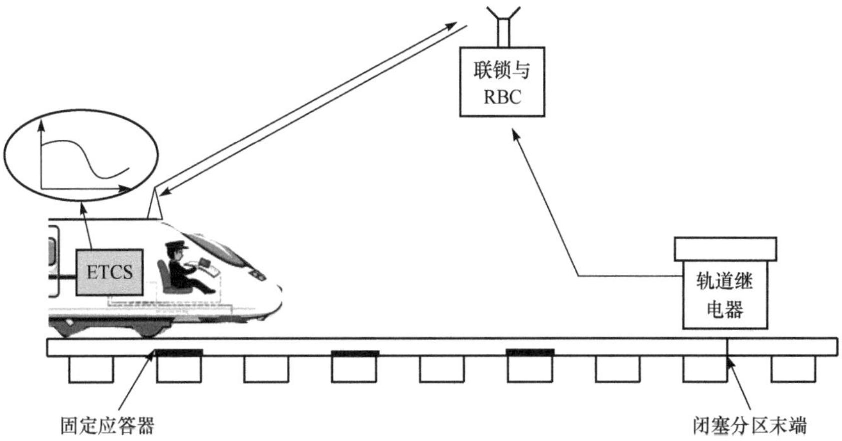

图 4-6　ETCS-2 级

4.3.2　原理和特点

RBC 根据列车位置信息和联锁系统提供的进路信息生成行车许可和线路数据，并通过 GSM-R 无线通信系统传送给车载系统。车载系统根据 RBC 传送的行车许可和线路数据，选择在每一个位置前方所允许不同速度的最大限制值生成静态速度距离曲线，然后结合车载系统已知的列车运行/制动特点计算动态速度距离曲线，在运行过程中，车载系统利用应答器信息校正距离误差，利用机车信号向司机提示运行前方的信号，并实时比较列车实际速度和允许速度，在必要时发出减速或制动命令。

ETCS-2 级的主要特点是其地面系统包括无线闭塞中心 RBC、欧洲无线和欧洲应答器。欧洲无线用于地面-列车之间连续双向的通信，欧洲应答器用于列车定位参考。

ETCS-2 地面系统的主要功能是通过列车的 ETCS-2 标识号，掌握 RBC 管辖范围内每一列装备了 ETCS-2 并在 ETCS-2 线路上运行的列车运行状态；跟踪每一个在 RBC 管辖范围内的由 ETCS-2 控制的列车位置；根据为每一列车单独设立的基础信号系统确定列车的行车许可；将行车许可和基础设施数据单独发送到每一列车；在 RBC 与 RBC 的边界进行列车控制的交接；通过固定应答器为列车提供点式信息，供列车定位参考；联锁控制道岔转辙机和可视信号轨旁系统。

ETCS-2 级车载系统主要包括欧洲安全计算机、DMI、里程计、接收欧洲应答器信息的 BTM 和欧洲无线传输模块 RTM 等。

4.4 ETCS-3 级列车运行控制系统

ETCS-3 级在 ETCS-2 级的基础上，由列车和地面无线闭塞中心联合完成列车位置和列车完整性检查。

4.4.1 概述

ETCS-3 级是基于无线通信的高速列车运行控制系统，行车许可由 RBC 产生，通过欧洲无线系统传到列车上。ETCS-3 级提供了一个连续的速度监控系统，可防止列车冒进行车许可终点。列车定位和列车完整性检测由地面的无线闭塞中心和列车(发送定位报告和列车整体性信息)来完成。ETCS-3 级基于欧洲无线系统实现地面-列车之间的连续双向通信，基于点式传输设备欧洲应答器作为定位参考。向列车提供信息的地面无线闭塞中心通过 ETCS-3 车载系统的 ETCS-3 标识获得每个 ETCS-3 控制下的列车信息。ETCS-3 使用机车信号(取消地面信号机)且列车按固定闭塞/移动闭塞方式运行，可以独立构成系统，不需覆盖现有信号系统。列车自动报告行车位置，取消轨道电路等地面设备，列车操作信息显示在司机控制台的显示器上，如图 4-7 所示。

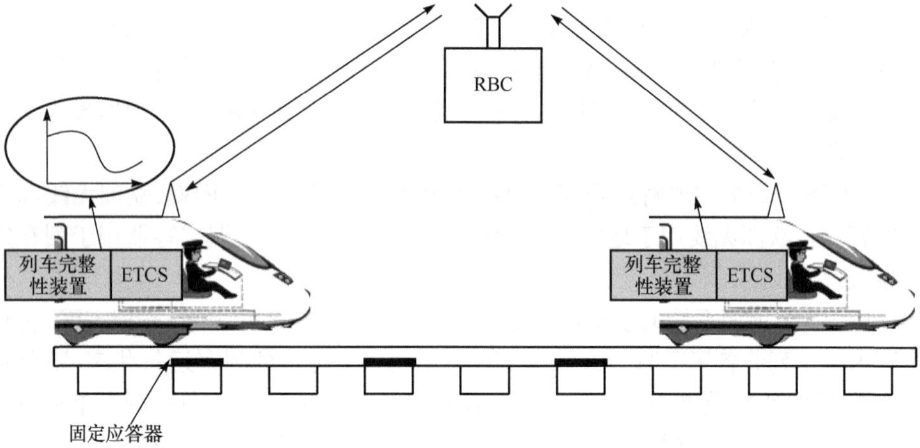

图 4-7 ETCS-3 级

4.4.2 原理和特点

ETCS-3 级地面系统包括无线闭塞中心 RBC、车-地之间连续双向通信的欧洲无线和主要用于定位参考的欧洲应答器三部分。

ETCS-3 地面系统的主要功能是：根据在无线闭塞中心控制范围内列车的唯一标识，掌握每列装备 ETCS-3 的列车及其运行状态；跟踪无线闭塞中心范围内每列被控列车的行驶位置；为列车单独确定行车许可；将运行指令和基础设施数据发送到每一列车；与相邻的无线闭塞中心通信联络；通过固定型欧洲应答器向列车提供定位参考信息；根据从列车接收的信息，为进路锁定和解锁提供输入信息；联锁控制道岔转辙机等轨旁系统。

ETCS-3 车载系统包括欧洲安全计算机、DMI、里程计、接收欧洲应答器信息的应答器传输模块 BTM、欧洲无线车载通信模块和列车完整性检查模块等。主要功能是：列车读取点式应答器的信息，并将列车所处位置送到无线闭塞中心；列车监视自身的完整性，并将该信息发送到无线闭塞中心(列车完整性检测系统不属于 ETCS)；列车通过 GSM-R 接收运行指令、所有的轨道特性、静态速度曲线和距离数据；选择在每一个位置前方所允许的不同速度的最大限制值；根据从车载和轨道描述数据获得的列车运行/制动特点，计算动态速度距离曲线；将允许速度和实际列车速度比较，必要时实施减速或制动；在驾驶室内向司机显示信号(机车信号)。

4.5　ETCS 三个主要等级的特征和功能比较

在 ETCS 定义的 5 个等级中，ETCS-1 级、ETCS-2 级和 ETCS-3 级是三个最主要的等级，其特征和功能比较如表 4-2 所示。

表 4-2　ETCS-1 级、ETCS-2 级和 ETCS-3 级的特征、功能比较

	ETCS-1 级	ETCS-1 级＋注入	ETCS-2 级	ETCS-3 级
实现	在现有的列车间隔控制系统上覆盖	在现有的列车间隔控制系统上覆盖	独立构成系统	独立构成系统
互操作性	技术性	操作	操作	操作
地面信号	有	可选择	无(允许安装以达到与 ETCS-1 级兼容)	无
无线闭塞中心	无	无	有	有
DMI	无	有(仅用于控制)	有(仅用于控制)	有(用于控制和提示)
闭塞区段	固定	固定	固定	固定或移动
无线通信	没有	有(注入环线)	有(列车与 RBC 的双向通信)	有(列车与 RBC 的双向通信)

续表

	ETCS-1 级	ETCS-1 级+注入	ETCS-2 级	ETCS-3 级
行车许可的传递方式	欧洲应答器	欧洲应答器	基于无线(GSM-R)	基于无线(GSM-R)
超速防护	防护	防护	防护	防护
车载定位装置	不需要	不需要	需要(列车通过使用固定的欧洲应答器和轨道电路确定位置)	需要(列车通过使用固定的欧洲应答器和车载里程计确定位置)
轨道占用检测	轨道电路	轨道电路	轨道电路	列车报告
列车完整性检测	轨道电路或计轴	轨道电路或计轴	轨道电路或计轴	车载系统
里程计是否用于列车定位	是	是	是	是
需要传统联锁提供的功能	列车间隔、进路排列和锁闭、道岔和信号控制	列车间隔、进路排列和锁闭、道岔和信号控制	列车间隔、进路排列和锁闭、道岔控制	进路排列和锁闭、道岔控制(列车间隔由 RBC 完成)

技术互操作性是指系统从列车运行控制系统的角度来说是 ETCS 可兼容的,但是司机可能需要掌握一种以上的信号系统知识;互操作性则是指司机工作于一个标准化的车载人机界面 DMI,使司机按照标准的 ETCS 指示进行驾驶。轨道占用检查也可以选用计轴系统。在 ETCS-3 级中,轨道电路或计轴系统也可能要保留,这是为了实现与装备 ETCS-1 级和 ETCS-2 级的列车之间的兼容性。

4.6 等级转换

ETCS-1 级、ETCS-2 级和 ETCS-3 级之间的等级转换通常在固定点进行,等级转换有地面系统(如应答器)以等级转换命令的形式提出请求。等级转换命令包括“将要转换到的等级名称”、“至等级转换点的距离”以及“等级转换确认区”等信息。ETCS-1 级、ETCS-2 级和 ETCS-3 级之间的等级转换自动完成,且等级转换后不需要司机确认。

4.7 ETCS 在高速铁路中的应用

欧洲高速铁路使用 ETCS-2 级系统作为其高速列车运行控制系统，目前使用该系统的国家有意大利、法国、德国、西班牙、瑞士和瑞典等。意大利的罗马—拿波利(Rome-Naples)是世界上第一条使用 ETCS-2 级高速列车运行控制系统的高速铁路，该线路长度约 205km，其中高速线长 180km，列车运行速度达到 300km/h，设计最小行车间隔 2.5min，实际运营最小间隔 5min。该线路始建于 1994 年，于 2005 年 12 月开始商业运营。

罗马—拿波利全线共有 18 套车站联锁系统，其中有到发线的车站 5 座，区间渡线 6 处，区间中继站 7 座(每 12km 设置车站联锁或中继站系统)。在中央控制中心集中设置了 3 套 RBC，每套 RBC 平均管辖范围约 70km。轨道电路采用 DTC 数字编码无绝缘轨道电路，共计 400 套，轨道电路仅用于列车完整性检查和轨道占用检查。全线共使用了 1400 个欧洲应答器，构成 700 个应答器组。罗马—拿波利高速铁路 ETCS-2 级列车运行控制系统的总体架构如图 4-8 所示。

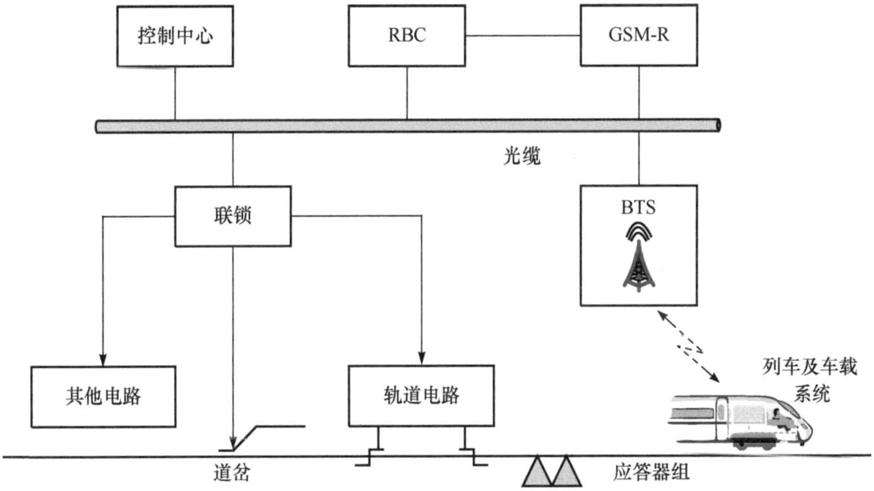

图 4-8　罗马—拿波利高速铁路高速列车运行控制系统总体架构图

罗马—拿波利高速铁路列车运行控制系统 ETCS-2 地面子系统的详细构成如图 4-9 所示。其中，PM(Shunting Movement Posts)是用于控制通过进路和调车进路的设备，PT(Technical Posts)是用于控制区间线路的设备，PC(Cross-over)是用于控制只有通过进路和交叉渡线线路的设备，PJ(Junction Posts)用于控制线路所的设备。

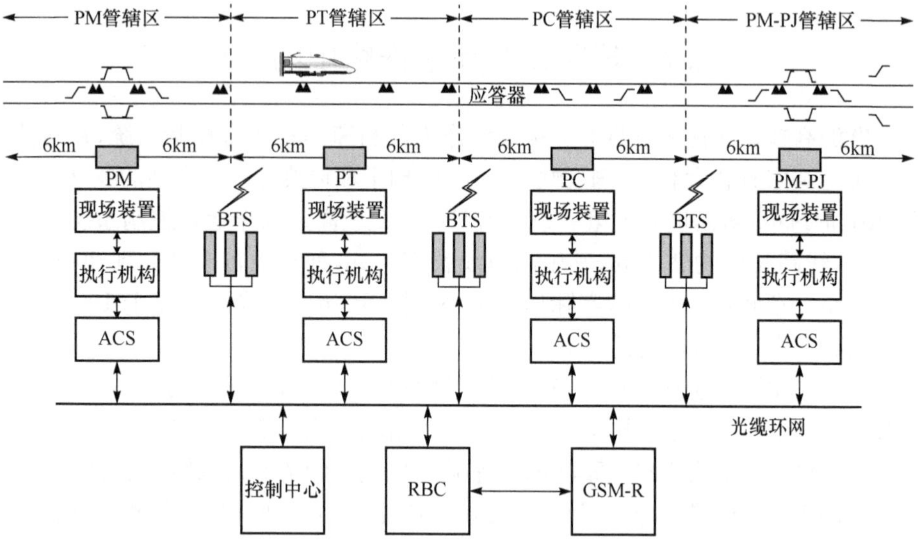

图 4-9　罗马—拿波利高速铁路列车运行控制系统 ETCS-2 地面子系统结构图

运行在罗马—拿波利高速铁路上的列车装备 ETCS-2 级列车运行控制系统车载系统，其构成包括欧洲安全计算机 EVC、GSM-R 车载电台 MT 及天线、速度传感器、雷达、应答器传输模块 BTM、专用传输模块 STM 和人机界面 DMI 等，如图 4-10 所示。

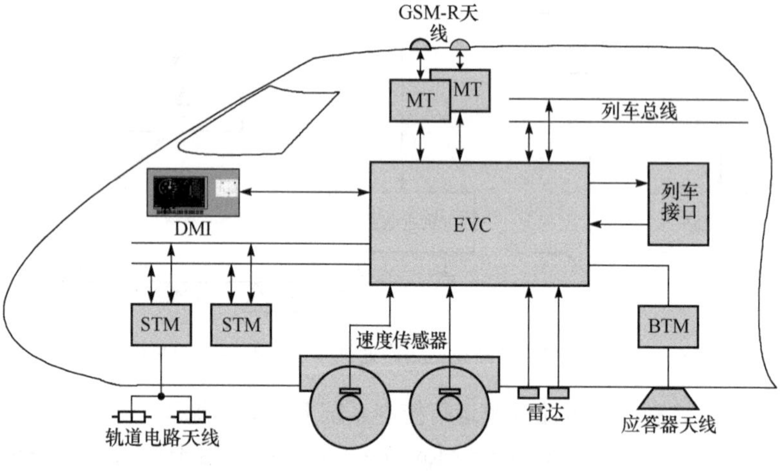

图 4-10　罗马—拿波利高速铁路列车运行控制系统车载子系统结构图

罗马一拿波利高速铁路的车地通信采用 GSM-R 无线通信系统，如图 4-11 所示。在开阔地段采用基站传输方式，基站之间的距离约为 2.5km，实现单网交织，如图 4-12 所示。在隧道，采用漏泄电缆传输方式，如图 4-13 所示。

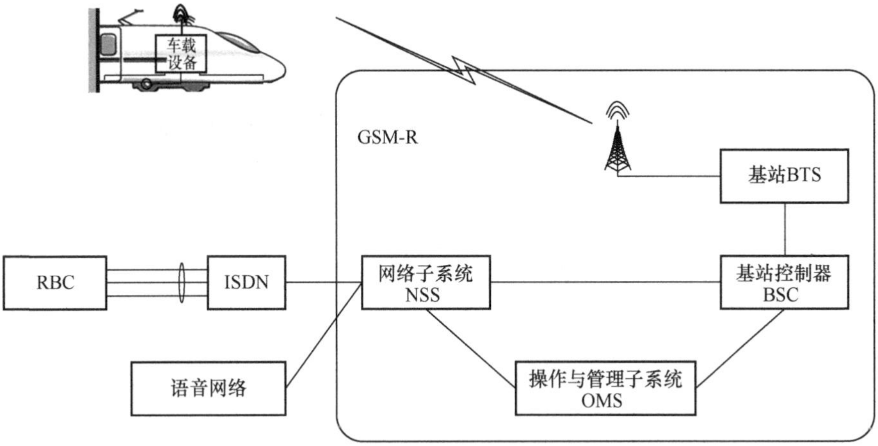

图 4-11　GSM-R 网络结构

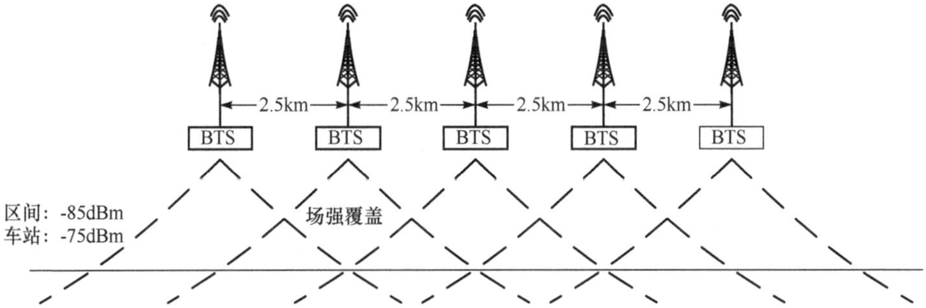

图 4-12　GSM-R 无线场强覆盖

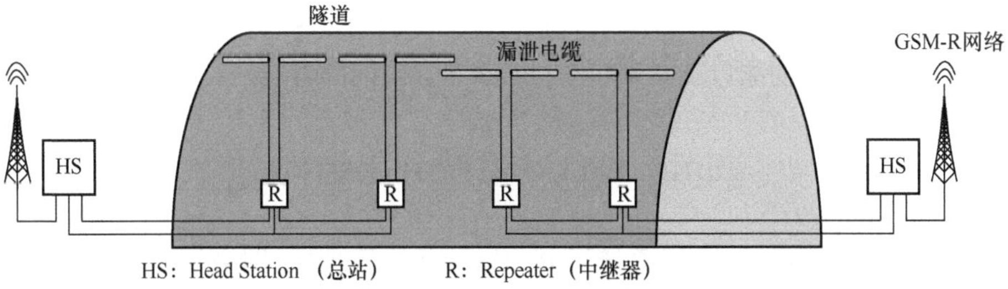

图 4-13　隧道采用漏泄电缆传输方式

根据有关资料，ETCS-2 级欧洲高速列车运行控制系统经过多年的测试和运营试验后，正在欧洲高速铁路网中逐步推广使用。目前运用的情况，在西班牙约 1500km，在意大利约 697km，德国约 409km，法国约 345km，瑞典约 340km，荷兰约 345km，瑞士约 147km，比利时约 80km。可以预测，ETCS-2 将成为欧洲高铁网络中使用最为广泛的高速列车运行控制系统。

第 5 章　中国列车运行控制系统

中国铁路列车运行控制系统的发展同欧洲非常类似。由于地域辽阔、历史和技术发展的原因，20 世纪 80 年代初，仅在铁路干线上，就存在着六种以上的主要信号制式，包括 50 年代初从原苏联引进的交流计数自动闭塞、中国自主研发的移频自动闭塞和 90 年代引进的法国 TV300 系统等，彼此互不兼容。近年来，随着既有线提速和高速铁路在我国的快速发展，列车的交路不断延长列车上安装多种列车运行控制系统，既不经济，又影响安全，必将严重地阻碍着其发展。20 世纪 80 年代后期开始研发通用式机车信号，特别是在 90 年代成功研发的数字化通用主体机车信号，从车载系统的角度解决了不同地面信号制式的兼容问题，为中国铁路的六次大提速发挥了不可替代的作用。这一成果早于欧洲的 ETCS 提出，也是当时 ERTMS 和 ETCS 引起我们注意的原因。也正是在这样的背景下，2002 年，借鉴欧洲列车运行控制系统 ETCS 的发展思路和国外高速铁路列控系统运用经验，结合我国铁路运输特点，遵循统一规划的原则和铁路信号技术发展规范技术体系，提出了中国列车运行控制系统(Chinese Train Control system，CTCS)。CTCS 标准的建立，解决了中国铁路信号系统统一技术标准的难题，为我国铁路信号系统确立了数字化、网络化、智能化及一体化的发展方向。CTCS 不仅规范了既有铁路信号系统的技术标准，而且为快速发展的中国高速铁路的列车运行控制系统确定了标准，是国家铁路信号发展史上一个重要的里程碑。本章在介绍 CTCS 框架的基础上，重点介绍目前在中国广泛使用的 CTCS-2 级和 CTCS-3 级高速列车运行控制系统的构成、主要功能以及 CTCS-2 与 CTCS-3 级间的转换。

5.1　CTCS 系统分层结构

按结构层次分类，CTCS 系统可分为铁路运输管理层、网络传输层、地面系统层和车载系统层，其关系如图 5-1 所示。

(1) 铁路运输管理层：行车指挥中心，以 CTCS 为行车安全保障基础，通过传输网络实现对列车运行的集中控制和管理。

(2) 网络传输层：分布在系统的各个层面，通过有线和无线通信方式实现数据传输。

(3) 地面系统层：主要包括无线闭塞中心、列控中心、轨道电路及点式设备、接口单元和无线通信模块等。无线闭塞中心和列控中心是地面系统的核心，根据行车命令、列车进路、列车运行状况和设备状态，通过安全逻辑运算产生控车命令，实现对运行列车的控制。

(4) 车载系统层：对列车进行操纵和控制的主体，具有多种控制模式，能够适应轨道电路传输、应答器点式传输和无线传输方式。车载系统主要包括车载安全计算机、连续信息接收模块、点式信息接收模块、无线通信模块、测速模块、人机界面和记录单元等。

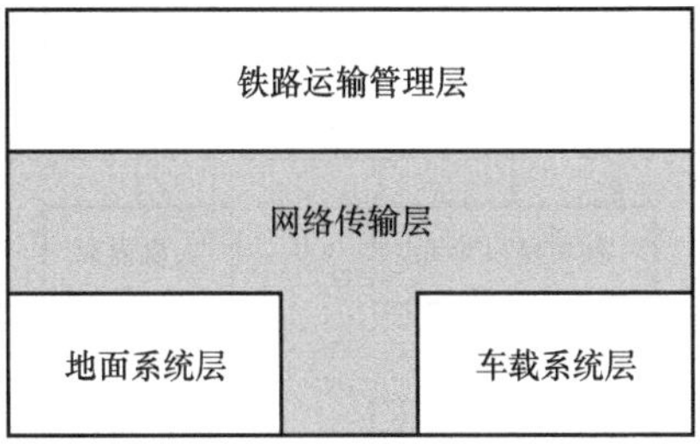

图 5-1　CTCS 体系结构

CTCS 的目标主要有三个方面：提高列车运行的安全性能和运输效率、满足互联互通运营和规范列控系统的设计。采用系统分级的方式以适应不同类型列车的运营需求。如表 1-2 所示，CTCS 分成 CTCS-0 级、CTCS-1 级、CTCS-2 级、CTCS-3 级和 CTCS-4 级共 5 个等级。一般来讲，CTCS-0 和 CTCS-1 级列控系统通常用于常规速度列车的运行控制；CTCS-2 级列控系统用于 200～250km/h 速度等级列车的运行控制；CTCS-3 级列控系统用于 300～350km/h 速度等级列车的运行控制；CTCS-4 级是完全基于无线传输信息的列控系统，能够实现移动闭塞，是 CTCS 未来的发展方向。

5.2　CTCS-2 级列控系统

CTCS-2 级列控系统是采用轨道电路加查询应答器（下文简称应答器）传输列车行车许可，并用连续速度距离模式曲线控制方式监控列车安全运行的列车运行控制系统。系统主要功能包括：采用固定自动闭塞，具有轨道占用检查功能；以连续速度距离模式曲线方式监控列车运行，并向司机提供安全驾驶列车的必要信息；采用轨道电路加应答器向车载系统传送行车许可；具备自动过分相功能；具有设备控制优先和司机控制优先两种控制方式，且一般采用设备控制优先控制方式；具有常用制动和紧急制动监控列车速度的功能；具备临时限速功能。

5.2.1　系统组成

CTCS-2 级列控系统由地面系统和车载系统两部分组成，系统结构及接口如图 5-2 所示，系统布局及网络如图 5-3 所示。

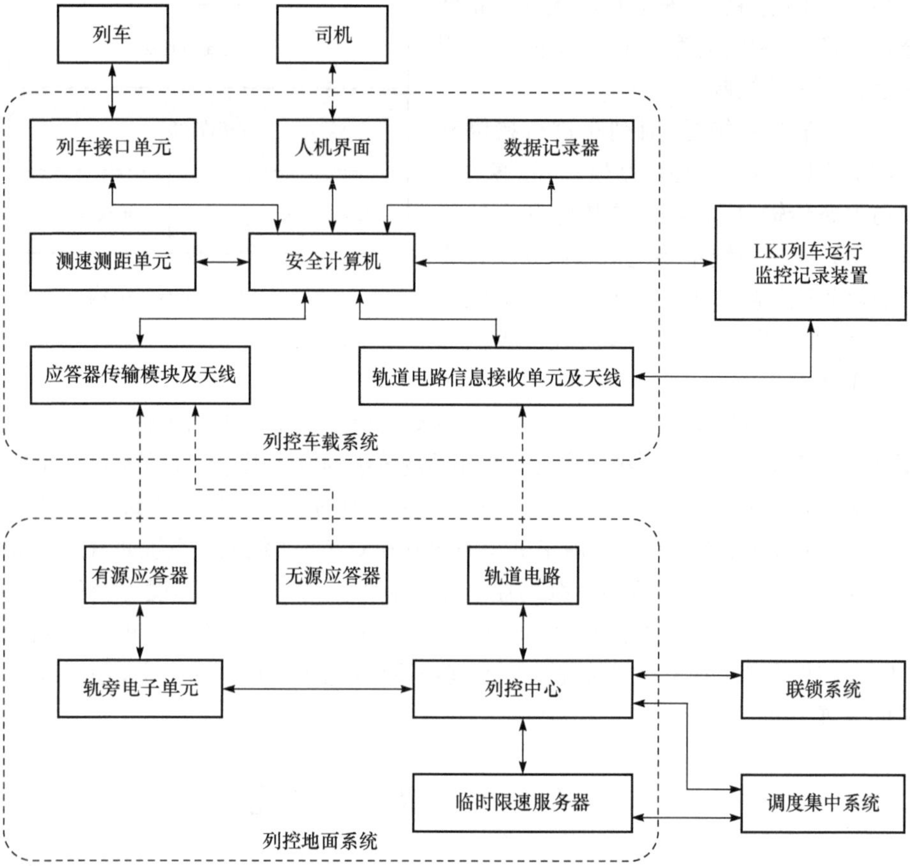

图 5-2　CTCS-2 级列控系统结构及接口示意图

1) 地面系统

CTCS-2 级列控系统的地面系统由临时限速服务器(Temporary Speed Restriction Sever,TSRS)、轨道电路(Track Circuit)、列控中心(Train Control Center,TCC)、应答器(Balise)/轨旁电子单元(Line side Electronic Unit,LEU)等组成,其功能分别如下:

(1) 临时限速服务器:集中管理临时限速命令和状态,通过 TCC 和有源应答器传递临时限速信息。

(2) 轨道电路:实现列车占用检查和区间自动闭塞,为列控车载系统提供列车前方空闲间隔信息和进路限速信息。

(3) 列控中心:实现轨道电路编码,通过轨旁电子单元及有源应答器向车载系统传送限速信息和进路信息。

(4) 应答器:向车载系统传送报文,是点式传输设备,可提供上行传输链路,即

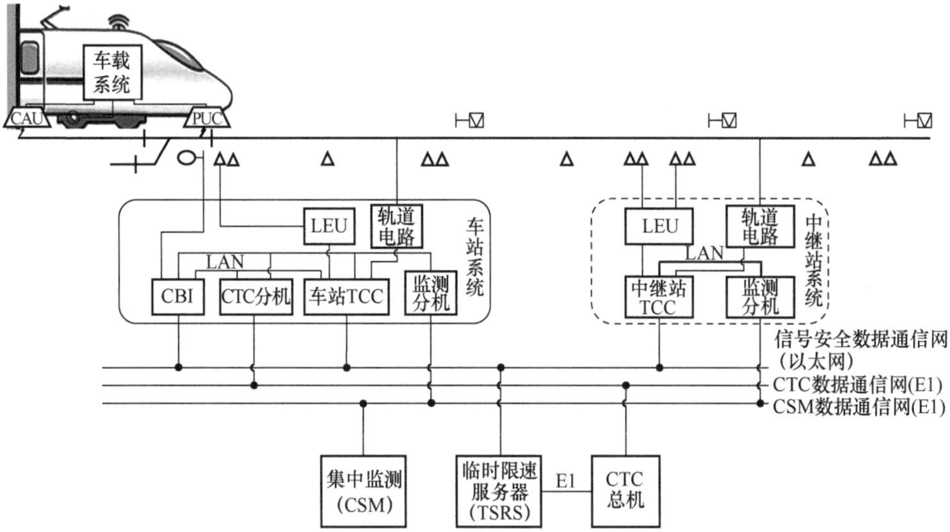

图 5-3 CTCS-2 级列控系统布局及网络示意图

由地面向车载系统传送消息。应答器能提供固定消息，与轨旁电子单元连接时能提供可编程信息。

(5) 轨旁电子单元：根据地面系统提供的信息生成应答器所要传输报文的电子设备。

2) 车载系统

CTCS-2 列控系统车载系统由安全计算机(Vital Computer，VC)、轨道电路信息接收单元(Track Circuit Receiver，TCR)及天线、应答器传输模块(Balise Transmission Module，BTM)及应答器天线、人机界面(Driver-Machine Interface，DMI)、列车接口单元(Train Interface Unit，TIU)、测速测距单元(Speed Destination Unit，SDU)、数据记录器(Juridical Recorder Unit，JRU)等组成，其功能分别如下：

(1) 安全计算机：根据与地面系统交换的信息计算模式曲线来监控列车安全运行。

(2) 轨道电路信息接收单元及天线：通过与天线连接，接收轨道电路的编码信息。

(3) 应答器传输模块及应答器天线：通过与应答器天线连接，接收地面应答器的信息。

(4) 人机界面：实现司机与车载系统之间的信息交互。

(5) 列车接口单元：提供安全计算机与列车相关设备之间的接口。

(6) 测速测距单元：接收测速传感器等设备的信号，测量列车运行速度和运行距离。

(7) 数据记录器:记录与列车运行安全有关数据和司机操控数据,并在需要时下载进行数据分析。

5.2.2 车载系统工作模式

根据CTCS-2级列控系统的运营需求,其车载系统具有6种主要工作模式:完全监控模式、部分监控模式、目视行车模式、调车模式、隔离模式和待机模式。

1) 完全监控模式

完全监控模式(Full Supervision mode,FS)是列车的正常运行模式。当列控车载系统具备控车所需的基本数据,如轨道电路信息、应答器信息和列车数据时,车载系统进入该模式。此时,高速列车按如下规则进行相应设置:

当列车速度高于允许速度2km/h时报警,高于5km/h时实施常用制动,高于10km/h时(列车速度为250km/h及以下)实施紧急制动。

在完全监控模式下,车载系统根据控车数据自动生成连续速度距离模式曲线,司机依据人机界面显示的信息,如:列车运行速度、允许速度、目标速度和目标距离等控制列车运行。

2) 部分监控模式

由于应答器信息接收异常而导致线路数据缺失、或者由于其他原因导致列控车载系统无法获取线路数据以及引导接车时,可采用部分监控模式(Partial Supervision mode,PS)。

3) 目视行车模式

目视行车模式(On Sight mode,OS)是司机控车的一种特殊固定限速控制列车运行方式,限速值为40km/h。当车载系统显示禁止信号或位置不确定时,司机在停车状态下通过按压专用按钮,能使列控车载系统转入目视行车模式。

4) 调车模式

调车模式(Shunt mode,SH)是进行调车作业的固定限速模式,限速值为40km/h。司机按压专用按钮使列控车载系统转入调车模式。在站内列车停车时,司机可选择进入或退出调车模式。

5) 隔离模式

隔离模式(Isolation mode,IS)是列控车载系统制动功能停用的模式。列车停车后,根据调度命令,司机操作隔离手柄可使列控车载系统转入隔离模式。

6) 待机模式

待机模式(Stand By mode,SB)是车载系统上电后的默认模式。车载系统在自检和外部设备测试后,将自动处于待机模式。在待机模式下,车载系统输出制动,司机不得移动高速列车。

5.2.3　基本工作原理

列控系统内部各个模块相互配合、协调工作。本节通过地面系统、车载系统内部的信息流，以及行车许可、CTCS-0 级与 CTCS-2 级之间的等级转换、自动过分相、临时限速等主要场景的描述来简要介绍 CTCS-2 级列控系统的工作原理。

1）地面系统信息流

地面系统以列控中心（TCC）为中心进行信息交互。TCC、临时限速服务器（TSRS）、轨道电路（Track Circuit）、轨旁电子单元（LEU）/应答器、调度集中系统（Centralized Traffic Control，CTC）和联锁系统（Computer Based Interlocking system，CBI）之间的信息交互如图 5-4 所示。

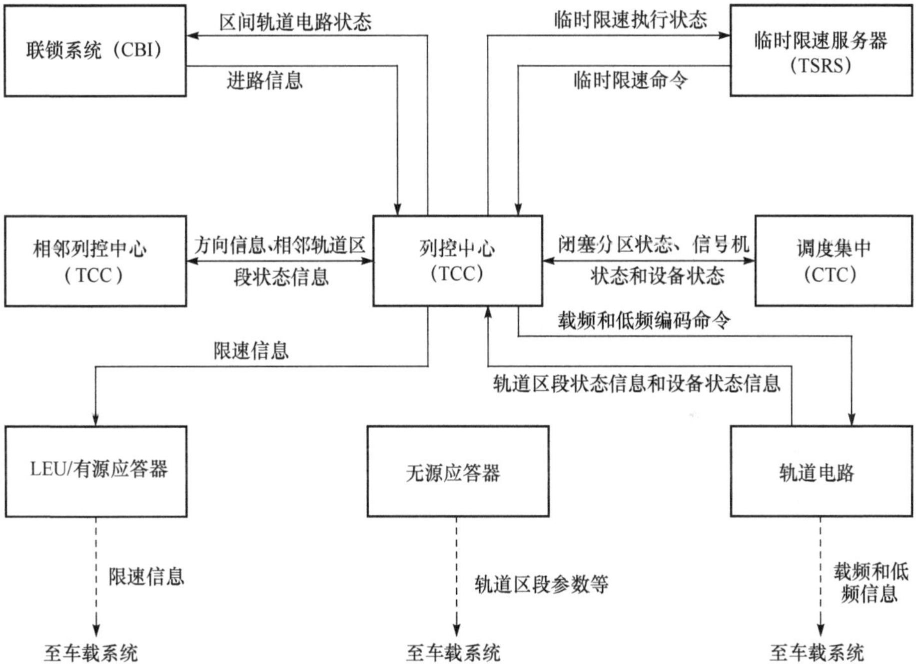

图 5-4　地面系统信息流

2）车载系统信息流

车载系统的安全计算机、轨道电路信息接收单元（TCR）、应答器传输模块（BTM）及应答器天线、人机界面（DMI）、列车接口单元（TIU）、测速测距单元（SDU）、数据记录器（JRU）等之间需相互交换信息。车载系统的各模块以车载系统主机为中心进行信息交互，信息流如图 5-5 所示。

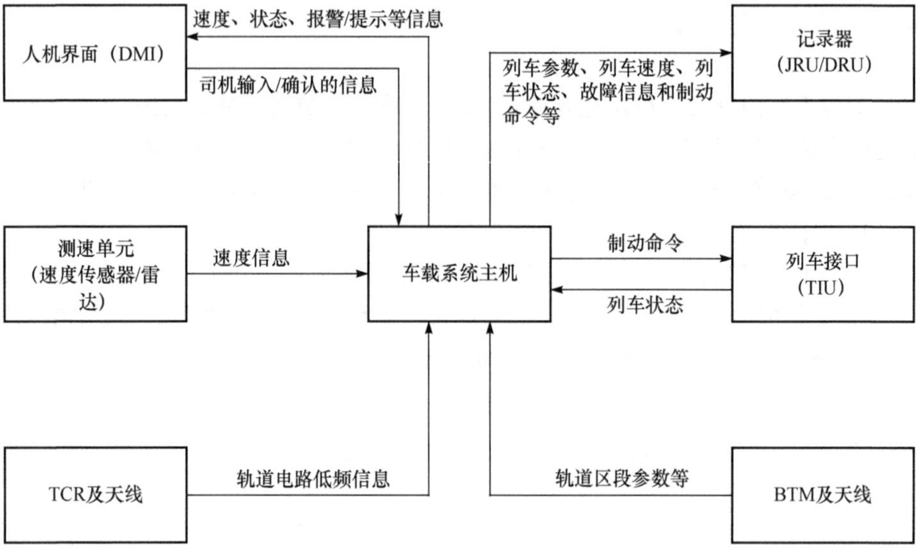

图 5-5　车载系统信息流

3）行车许可

行车许可是列车安全运行的行车凭证。在 CTCS-2 级列控系统中，轨道电路以码序形式向车载系统发送列车运行前方数个空闲的闭塞分区数量，无源应答器（也称固定应答器）向车载系统发送列车运行前方多个轨道区段的线路参数（包括轨道区段长度、线路速度和线路坡度等信息），有源应答器（也称可变应答器）向车载系统发送其管辖范围内的临时限速信息或者接发车进路信息，车载系统综合轨道电路信息和应答器信息并生成行车许可，控制列车安全运行，如图 5-6 所示。

轨道电路的正常码序为 L5-L4-L3-L2-L-LU-U-HU，该码序的含义如表 5-1 所示。

表 5-1　轨道电路码序与空闲轨道区段数量对照表

码序	含义
L5	列车运行前方空闲轨道区段数量为：7 个
L4	列车运行前方空闲轨道区段数量为：6 个
L3	列车运行前方空闲轨道区段数量为：5 个
L2	列车运行前方空闲轨道区段数量为：4 个
L	列车运行前方空闲轨道区段数量为：3 个

续表

码序	含义
LU	列车运行前方空闲轨道区段数量为:2 个
U	列车运行前方空闲轨道区段数量为:1 个
HU	列车应在本轨道区段停车

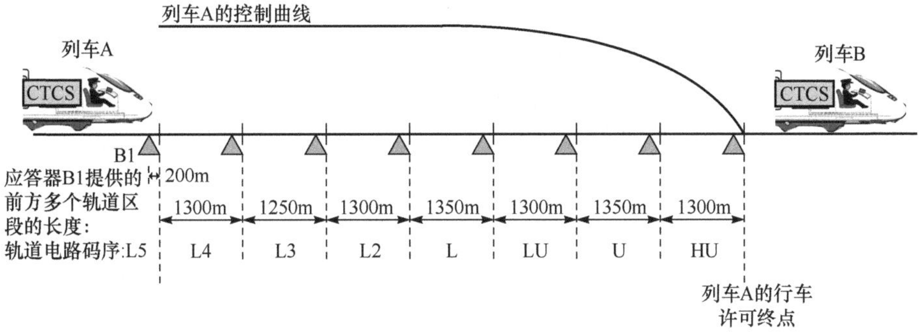

图 5-6　CTCS-2 级列控系统行车许可原理图

4）等级转换

当列车运行跨越 CTCS-0 级和 CTCS-2 级线路时，需要进行等级转换。等级转换描述 CTCS-0 级至 CTCS-2 级、CTCS-2 级至 CTCS-0 级的转换过程。正常的等级转换在等级转换区域自动进行。等级转换命令由应答器组提供，包括等级转换执行应答器组(ZX0/2)和等级预告应答器组(YG0/2)，由 2 个无源应答器构成。

ZX0/2 应答器组设置在等级转换点，YG0/2 应答器组设置在等级转换点前方适当距离。通常情况下，YG0/2 应答器组距等级转换点的距离大于高速列车按等级转换点处的线路最高允许速度运行 5s 的走行距离，如图 5-7 所示。

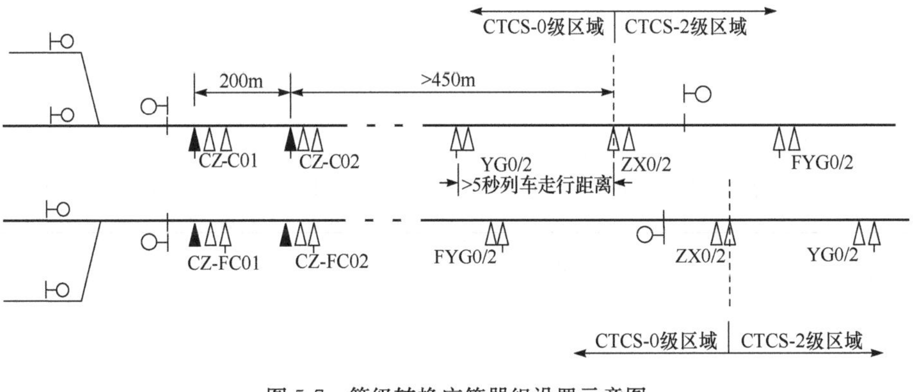

图 5-7　等级转换应答器组设置示意图

等级转换区域通常设置在区间且列车较少实施制动的区段，尽量避免存在分相区和 UU/UUS 发码。等级转换区域的线路最高允许速度不得大于 160km/h。

CTCS-0 级至 CTCS-2 级转换预告应答器组发送 CTCS-2 级区段应答器链接、线路速度、线路坡度、轨道区段、特殊区段和等级转换预告等信息；CTCS-2 级至 CTCS-0 级转换预告应答器组发送 CTCS-0 级区段应答器链接、线路速度、线路坡度、轨道区段、特殊区段和等级转换预告等信息。

等级转换执行应答器组发送 CTCS-0 级至 CTCS-2 级方向或 CTCS-2 级至 CTCS-0 级方向的等级转换信息。

CTCS-2 级车站向 CTCS-2 级方向出站口(含反向)上下行各设置两个有源应答器组，由一个有源应答器和两个及以上无源应答器构成，向列车发送线路数据、里程信息和临时限速信息等。

5) 自动过分相

分相区是铁路牵引供电系统中相邻两个变电所的分界，是一个无电区。在此区段，高速列车将短时失去牵引动力。为保护高速列车的牵引系统，通过分相区时，牵引系统需切断主输入开关。对于高速列车，在列车运行过程中，自动过分相是提高列车运行安全和效率的重要功能。分相区描述如图 5-8 所示。

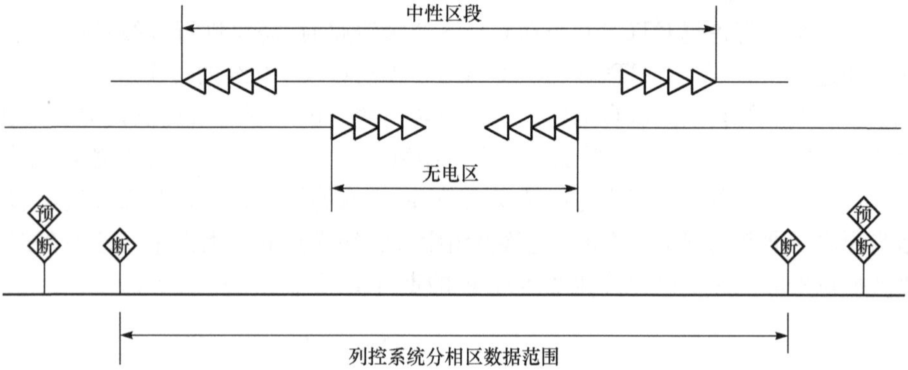

图 5-8　分相区示意图

(1) 磁钢自动过分相原理。

CTCS-0 级线路采用磁钢(一种信标方式)过分相方式，如图 5-9 所示。动车组从 G1 点接收到预告信号、从 G2 点接收到断开信号。由于 G2 位置固定，这种过分相方式对速度高的列车比较有利。

(2) 自动过分相原理。

CTCS-2 级线路中，高速列车通过分相区的控制命令由高速列控系统发出，传输的分相区信息包括至分相点距离和分相区长度等。

牵引供电分相区信息与线路数据一起，由应答器提供给高速列车。通常设置

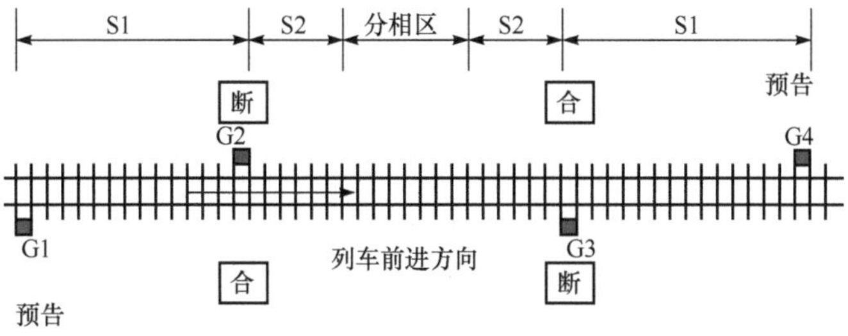

图 5-9　磁钢过分相原理

三组区间无源应答器组发送分相区信息，第一组为位于分相区外方第 7 个闭塞分区入口处的区间应答器组，第二组为位于 20s 外方最近的区间应答器组，最后一组为位于 10s 外方最近的区间应答器组，如图 5-10 所示。

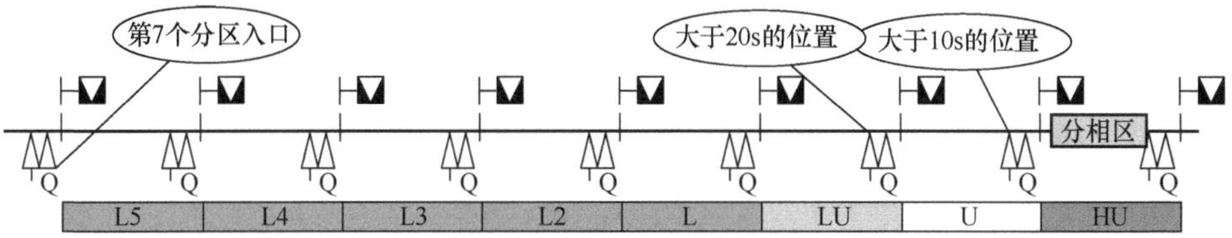

图 5-10　发送分相区应答器位置示意图

车载系统从应答器组接收分相区信息后，按图 5-11 所示的逻辑及下列流程完成过分相区控制：

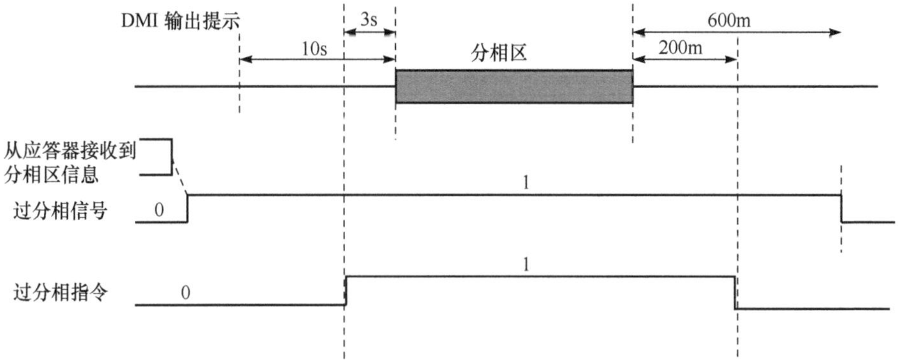

图 5-11　车载系统控制过分相区逻辑

① 应答器接收到分相区信息后向动车组发送并保持屏蔽“磁钢”信息指令；
② 列车前端距分相区还有 10s 走行距离时，车载系统向司机发送出提示；
③ 列车前端距分相区还有 3s 走行距离时，车载系统向动车组发过分相指令；
④ 当列车前端越过分相区 200m 后，车载系统取消原触发动车组相关过分相

的操作；

⑤ 当列车前端越过分相区 600m 后，车载系统取消屏蔽“磁钢”信息指令。

6) 临时限速

由于线路维护、气象影响等因素，高速列车线路临时限速经常发生，确保临时限速命令能准时传达给高速运行的列车，保证列车安全运行，是高速列车运行控制系统一个重要功能。采用 CTCS-2 级列控系统的高速铁路系统中，临时限速命令由临时限速服务器统一管理，临时限速的设置和取消均在调度中心进行，车站一般不进行临时限速的相关操作，设置与取消临时限速采用相同的操作原则。

在 CTCS-2 级列控系统中，TCC 实现实时编码，并通过轨旁电子单元(LEU)将临时限速传送给车载系统。

(1) 结构图。

在 CTCS-2 级列控系统的临时限速管理中，临时限速服务器(TSRS)是核心设备，临时限速服务器与其他设备的连接如图 5-12 所示。CTCS-2 级临时限速命令的传输通道包括临时限速命令操作终端、临时限速接口服务器、临时限速服务器、列控中心(TCC)、轨旁电子单元(LEU)和车载系统。

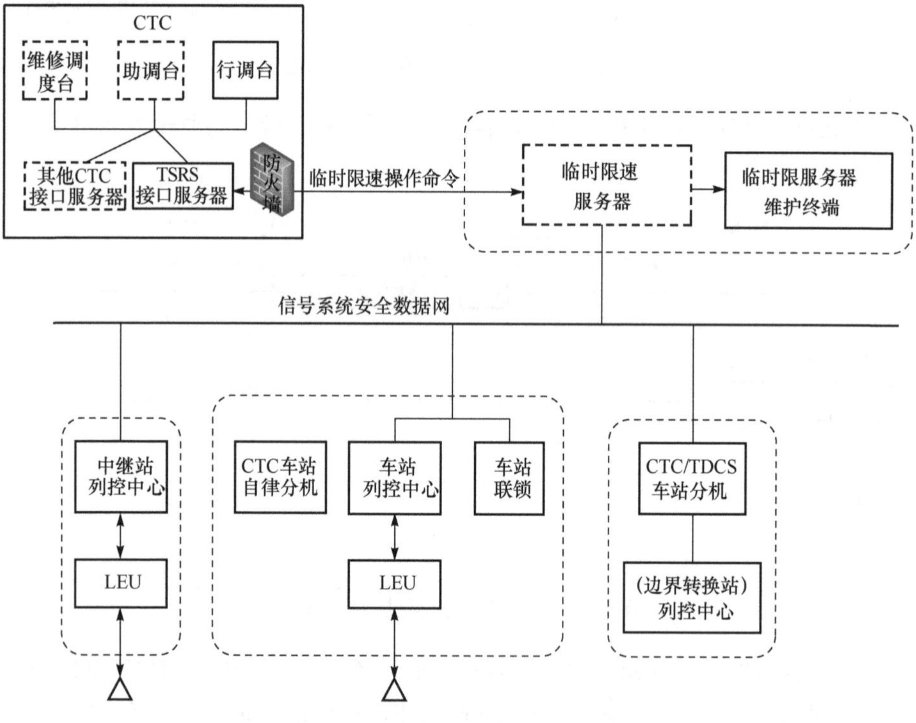

图 5-12　临时限速服务器与其他设备的连接关系

(2) 临时限速区域设置。

区间及站内正线临时限速按实际里程标进行设置(单位:m),临时限速值分辨率为 5km/h,最低限速值 45km/h。

侧线临时限速以上、下行侧线分别(不含正线)按区设置,限速区长度为进路长度加 80 m。临时限速值设 45km/h 一档,18 号(不含)以上道岔增设 80km/h 限速值。临时限速调度命令的线路号按下行正线、上行正线、下行侧线、上行侧线的顺序编号,如图 5-13 所示。

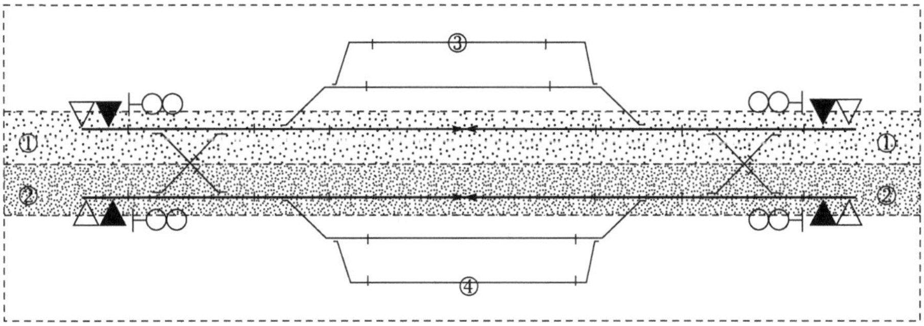

图 5-13　临时限速区域设置

TCC 单方向临时限速管辖范围从本站进站口开始至前方车站出站口(或中继站第二个有源应答器组)外加一个制动距离,制动距离应涵盖从线路最高允许码降至 HU 码的所有闭塞分区并延伸 100m,如图 5-14 所示。

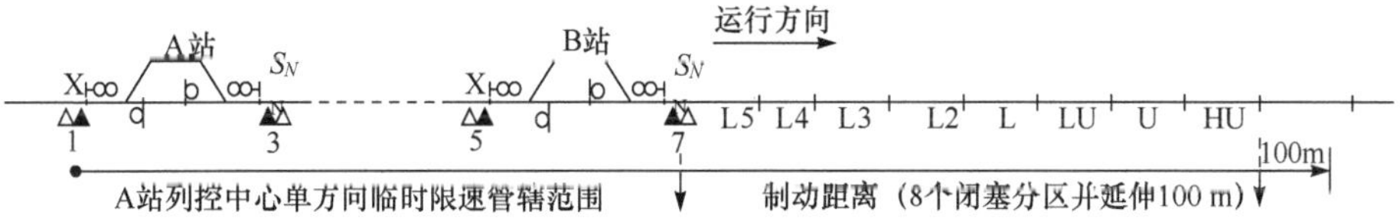

图 5-14　TCC 的临时限速管辖范围示意图

在 CTCS-2 级系统中,临时限速由位于进站/出站口的有源应答器组发送,进站/出站口应答器组正线临时限速有效区段长度为 TCC 单方向临时限速管辖范围外加 100m,并在临时限速有效区段长度末端内方固定设置 100m 长的 45km/h 限速区,如图 5-15 所示。

(3) 临时限速管理流程。

包括拟定阶段、设置阶段和取消阶段三个阶段。调度员采用二次输入校核确认的方法在 CTC 终端输入临时限速命令参数信息,确认后,CTC 生成临时限速命令,并发送给临时限速服务器进行有效性校验。校验通过后,临时限速服务器将该临时限速命令存入待执行列表中,并向 CTC 报告校验成功信息;若校验不通过,临

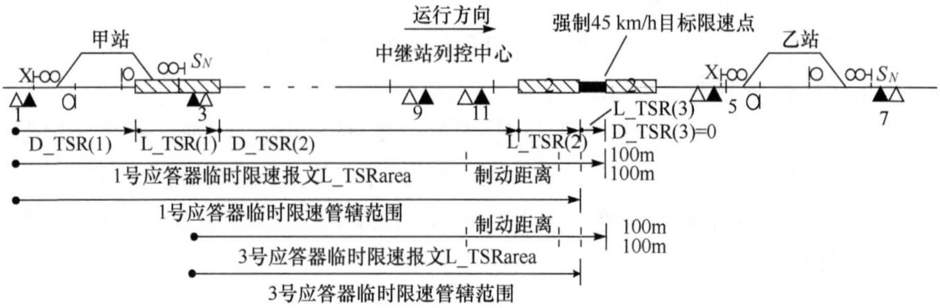

图 5-15　正线 TSR 有效区段长度示意图

时限速服务器向 CTC 报告失败原因。根据失败原因，调度员可调整临时限速命令参数，重新尝试拟定。拟定临时限速命令的操作流程如图 5-16 所示。

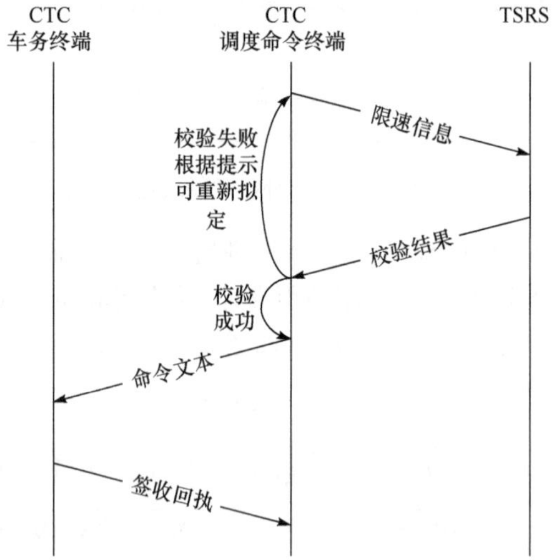

图 5-16　拟定临时限速命令的操作流程图

对即将执行的临时限速命令，从其计划开始执行时间的前 30min 起，临时限速服务器会开始提示调度员确认激活，并间隔 10min 重复提示直至确认或超出该临时限速命令的计划结束时间。设置临时限速命令的操作流程如图 5-17 所示。

当调度员确认临时限速命令可取消时，应再次拟定与该设置命令的限速区位置参数完全一致的取消命令，然后下发给临时限速服务器做校验和存储。取消临时限速命令的操作流程如图 5-18 所示。

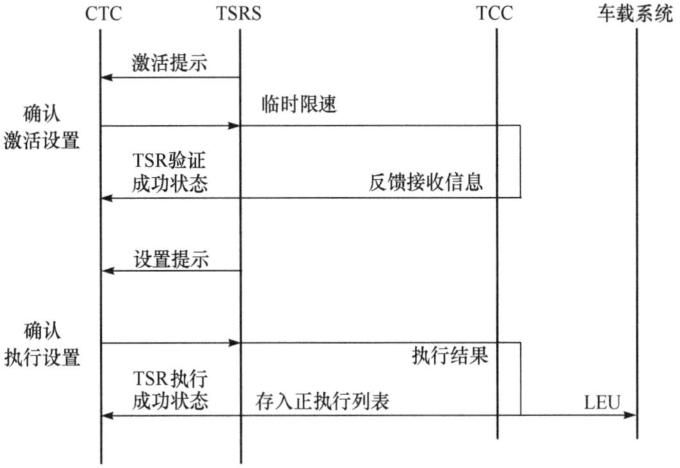

图 5-17　设置临时限速命令的操作流程图

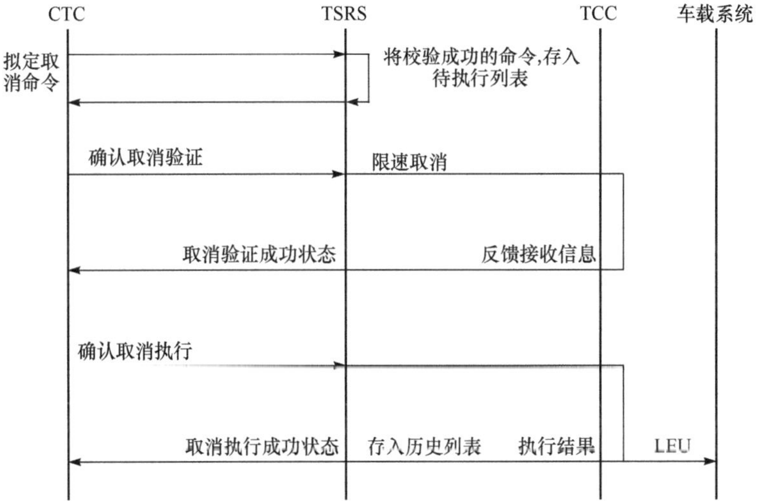

图 5-18　取消临时限速命令的操作流程

5.3　CTCS-3 级列控系统

CTCS-3 级列控系统是采用铁路移动通信系统 GSM-R 实现车-地信息双向传输、无线闭塞中心(RBC)生成行车许可、轨道电路实现列车占用检查、应答器实现列车定位,并具备 CTCS-2 级功能的列车运行控制系统。系统的主要特点包括:采用固定自动闭塞,具有轨道占用检查功能;以连续速度距离模式曲线方式监控列车运行,并向司机提供安全驾驶列车的必要信息;采用 GSM-R 无线通信系统实现车-地信息双向传输;具备自动过分相功能;具有设备控制优先和司机控制优先两种控制方式,且一般采用设备控制优先控制方式;具有常用制动和紧急制动监控列车速度的功能;具备临时限速功能;具备 CTCS-2 级功能。

5.3.1 系统组成

CTCS-3 级列控系统由地面系统和车载系统两部分组成。其外部环境包括:列车、司机、GSM-R 无线通信系统、车载系统接口、地面外部系统(联锁、调度集中和 RBC 等)。GSM-R 无线通信系统是 CTCS-3 级列控系统地面系统与车载系统间进行双向信息传输的通道。

CTCS-3 级列控系统结构及接口、CTCS-3 级列控系统布局及网络分别如图 5-19和 5-20 所示。

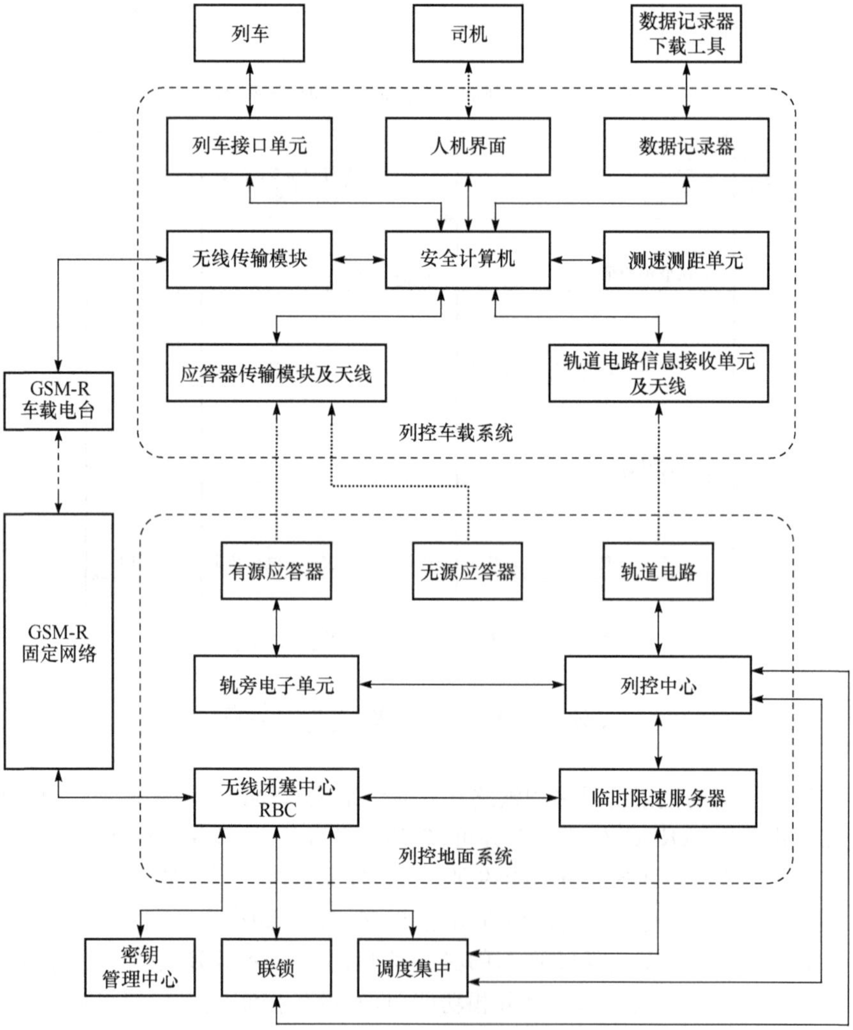

图 5-19　CTCS-3 级列控系统结构及接口示意图

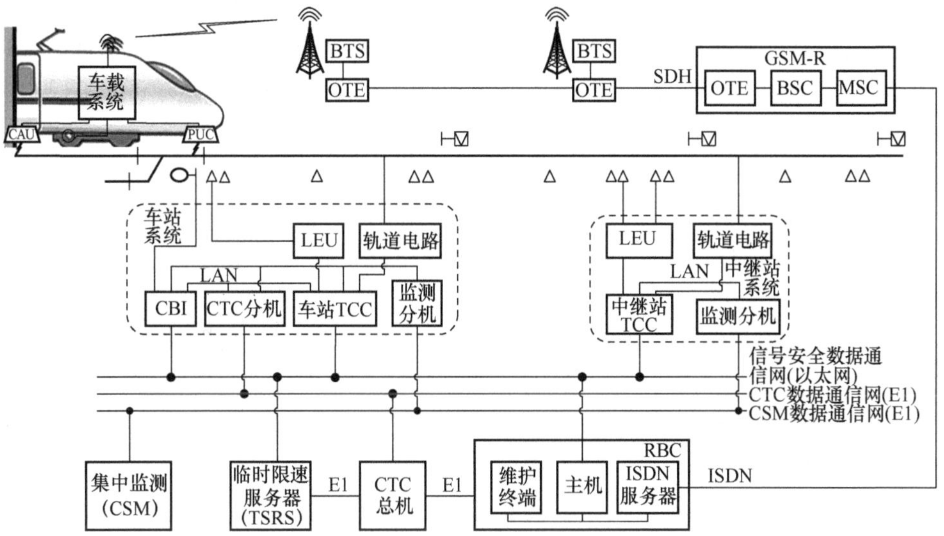

图 5-20　CTCS-3 级列控系统布局及网络示意图

1) 地面系统

CTCS-3 级列控系统地面系统由无线闭塞中心(RBC)、临时限速服务器(TSRS)、轨道电路、列控中心(TCC)、轨旁电子单元(LEU)/应答器、GSM-R 接口设备(ISDN 服务器)等组成,其主要功能分别如下:

(1) 无线闭塞中心(RBC):负责给列车发送运行控制所需的信息。生成该信息需要两方面的信息源:外部地面系统提供的信息、外部地面系统与车载系统交互的信息。RBC 发送的信息通过车地无线通信系统向其控制范围内列车的车载系统进行传送,主要包括行车许可及线路信息等。

(2) 临时限速服务器:用于集中管理临时限速命令和状态,分别通过 RBC 和 TCC 向车载系统传递临时限速信息。

(3) 轨道电路:实现自动闭塞和列车占用检查;并为后备系统(CTCS-2 级)提供列车前方空闲间隔信息。

(4) 列控中心(TCC):实现轨道电路编码,并向 RBC 传送列车占用信息;通过轨旁电子单元(LEU)及有源应答器向后备系统(CTCS-2 级)传送限速信息和进路信息。

(5) 应答器:向车载系统传送报文,是点式传输设备。在 CTCS-3 级列控系统中,主要用于高速列车定位。

(6) 轨旁电子单元(LEU):根据地面系统提供的信息生成应答器所要传输报文的电子设备。

2) 车载系统

CTCS-3 级列控系统车载系统由安全计算机(VC)、轨道电路信息接收单元(TCR)、应答器传输模块(BTM)及应答器天线、无线传输模块(RTM)及 GSM-R 移动终端(MT)、人机界面(DMI)、列车接口单元(TIU)、测速测距单元(SDU)、数据记录器(JRU)等组成。其主要功能分别如下:

(1) 安全计算机:是 CTCS-3 级列控车载系统的核心部分。安全计算机根据与地面系统交换的信息,生成实时速度距离控制曲线,监控列车安全运行。

(2) 轨道电路信息接收单元:通过与轨道电路接收天线连接,接收轨道电路的信息。

(3) 应答器传输模块及应答器天线:通过与应答器天线连接,接收地面应答器的信息。

(4) 无线传输模块及 GSM-R 移动终端(MT):实现车-地之间连续、双向的无线信息传输。

(5) 人机界面:实现司机与车载系统之间的信息交互,一方面向司机提供操作列车的相关信息,另一方面司机可通过人机界面输入相关必要的信息。

(6) 列车接口单元:是安全计算机与列车相关设备之间的接口,包括安全型接口和非安全型接口。

(7) 测速测距单元:接收速度传感器等设备的信号,测量列车运行速度和运行距离。

(8) 数据记录器:用于记录与列车运行安全有关的数据,并在需要时下载进行数据分析。

3) 车载系统工作模式

CTCS-3 级列控系统的运营需求同 CTCS-2 级系统大致相同,其车载系统的主要工作模式有完全监控、引导、目视行车、调车、隔离、待机和休眠等模式。

(1) 完全监控模式(FS)。

完全监控模式是列车的正常运行模式,列车按高于允许速度 2km/h 报警、5km/h 常用制动、10km/h 紧急制动(250km/h 及以下)或 15km/h 紧急制动(250km/h 以上)设置。

列控车载系统根据控车数据自动生成连续速度距离模式曲线,司机依据人机界面显示列车运行速度、允许速度、目标速度和目标距离等信息控制列车运行。

(2) 引导模式(CO)。

引导模式是在进站或出站建立引导进路后,列控车载系统按照最高限速40km/h控制列车运行。引导模式下列控车载系统显示动态速度距离曲线和目标距离。

(3) 目视行车模式(OS)。

目视行车模式是司机控车的固定限速模式,限速值为 40km/h。列控车载系统显示禁止信号或位置不确定时，司机在停车状态机按压专用按钮可使车载系统转入目视行车模式。

(4) 调车模式(SH)。

调车模式是进行调车作业的固定限速模式，限速值为 40km/h。高速列车在站内停车时，司机按压专用按钮可使车载系统进入或退出调车模式。

(5) 隔离模式(IS)。

隔离模式是列控车载系统制动功能停用的模式。高速列车停车后，根据调度命令，司机操作隔离手柄可使列控车载系统转入隔离模式。

(6) 待机模式(SB)。

待机模式是列控车载系统上电后的默认模式。车载系统自检和外部设备测试后，自动处于待机模式。在待机模式下，车载系统输出制动，司机不得移动高速列车。

(7) 休眠模式(SL)。

休眠模式是非本务车载系统的工作模式。车载系统不具备列车安全防护功能，但执行列车定位、测速测距、记录等级转换命令和 RBC 切换命令等功能。

5.3.2 运营场景

CTCS-3 级列控系统的运营场景以高速列车为对象，描述了高速列车处于不同的工作条件下，车载系统与地面系统之间的协作关系。针对中国铁路运输特点及实际列车运行情况，CTCS-3 级列控系统共设置了 14 种运营场景，分别为：注册与启动、注销、进出动车段、等级转换、行车许可、RBC 切换、自动过分相、重联与摘解、临时限速、调车作业、人工解锁进路、降级情况、灾害防护和特殊进路。

1) 注册与启动

注册与启动描述停在车站股道或线路上的高速列车，从其车载系统上电、司机开启驾驶台、具备发车条件到该高速列车启动的工作过程。

2) 注销

注销描述高速列车停车后，从 RBC 注销列车信息至关闭车载系统电源的工作过程。

3) 进出动车段

进出动车段描述在高速列车进入和驶出动车段时，信号系统的工作方式和过程，同时也描述高速列车在动车段内移动的工作方式。

4) 等级转换

等级转换描述高速列车在 CTCS-3 级区段和 CTCS-2 级区段边界时，列控系统应遵守的原则和车载系统等级转换过程。等级转换考虑了 CTCS-3 级向 CTCS-2 级、CTCS-2 级向 CTCS-3 级的转换过程。正常情况下等级转换将在 CTCS-3 级系统控制下，在固定地点进行转换。

在等级转换时，车载系统的 CTCS-3 级控制单元与 CTCS-2 级控制单元互相通信，并确保不因等级转换触发列车制动。

5）行车许可

行车许可描述了在 CTCS-3 级区域，高速列车获得行车许可的过程，是高速列车安全运行的行车凭证。一个行车许可可以包括多个连续的锁闭进路。在 CTCS-3 级区域，通过联锁系统与 RBC 交换信息，并向 RBC 发送信号授权（Signal Authorization，SA），RBC 向列车发送行车许可，列车获得行车许可。

6）RBC 切换

RBC 切换描述在不同 RBC 边界处，实现高速列车在两个 RBC 间行车许可控制的安全切换过程。

7）自动过分相

自动过分相描述列控车载系统根据地面系统提供的分相区信息，在适当位置给高速列车过分相装置发送指令，实现自动过分相。

8）重联与摘解

列车重联是以列车进路方式将两列相同类型高速列车从区间线路接入车站同一股道，并重新编组成一列列车的运输作业。

列车摘解是将停在车站股道上的一列列车分解成两列列车的运输作业。摘解后的两列列车可以同向/背向分别向区间发车或者转线。

9）临时限速

临时限速描述在调度所设置、下达和取消临时限速命令的工作过程。临时限速的设置、取消均在调度所进行，车站一般不进行临时限速的相关操作。设置与取消临时限速采用相同的操作原则。

10）调车作业

调车作业描述列车进入调车模式、调车作业防护、调车折返和退出调车模式的工作过程。

11）人工解锁进路

人工解锁进路描述取消已经办理接发车进路工作的过程。

12）降级情况

降级情况描述地面系统或者车载系统故障后，列控系统采取的处理措施。故障情况包括：区间轨道电路非正常占用、站内轨道电路非正常占用、道岔失去表示故障、信号机灯丝断丝故障、RBC 系统故障、车站联锁系统通信故障、车载系统故障、应答器设备故障、无线通信系统故障等。

13）灾害防护

灾害防护描述当有意外情况发生时，信号系统紧急反应的处理情况。包括风、雨、雪的灾害防护，塌方、落物的灾害防护以及车站站台紧急情况的防护。

对于可以提前预测的灾害，如风、雨、雪等，可以采用临时限速的方法，确保列车运行安全；对于塌方、落物等突发事件，则通过灾害监测系统(非信号设备)及时监测出灾害事件的发生，通过灾害报警开关接点条件直接将信息传送给管辖事发地点范围内的车站联锁和 TCC，再通过联锁将相关信息传给 RBC、CTC，使系统作出相应的防范策略。关于地震防护也可以采用这一思路。

14) 特殊进路

特殊进路描述在特殊情况下(如：未安装车载系统的列车、列车运行途中车载系统完全故障)，列车根据调度命令，以地面信号作为行车凭证，按站间闭塞方式运行等过程。

5.3.3　基本工作原理

本节将从地面系统和车载系统各模块的信息流，以及行车许可、CTCS-2 级与 CTCS-3 级之间的等级转换、自动过分相、临时限速等主要场景描述来简要介绍 CTCS-3 级列控系统的功能及工作原理。

1) 地面系统信息流

CTCS-3 级列控系统地面系统的无线闭塞中心(RBC)、临时限速服务器(TSRS)、轨道电路、列控中心(TCC)、GSM-R 接口设备(ISDN 服务器)、调度集中系统(CTC)、联锁系统等之间需交换信息来实现该列控等级的各种重要功能。地面系统以 RBC 为中心进行信息交互，信息流如图 5-21 所示。

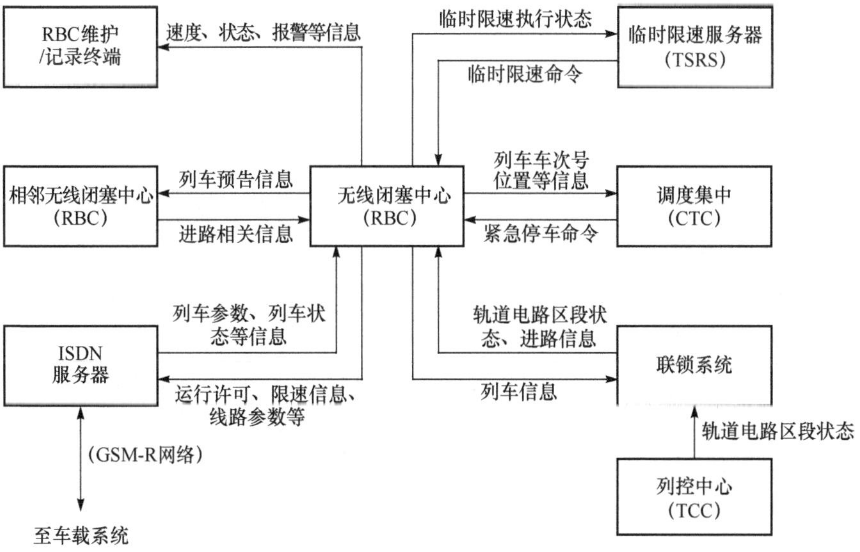

图 5-21　地面系统信息流

2）车载系统信息流

CTCS-3级列控系统车载系统的安全计算机（车载系统主机）、轨道电路信息接收单元（TCR）、应答器传输模块（BTM）及应答器天线、无线传输模块（RTM）及GSM-R移动终端（MT）、人机界面（DMI）、列车接口单元（TIU）、测速测距单元、数据记录器（JRU）等之间需相互交换信息。车载系统的各模块以车载系统主机为中心进行信息交互，信息流如图5-22所示。

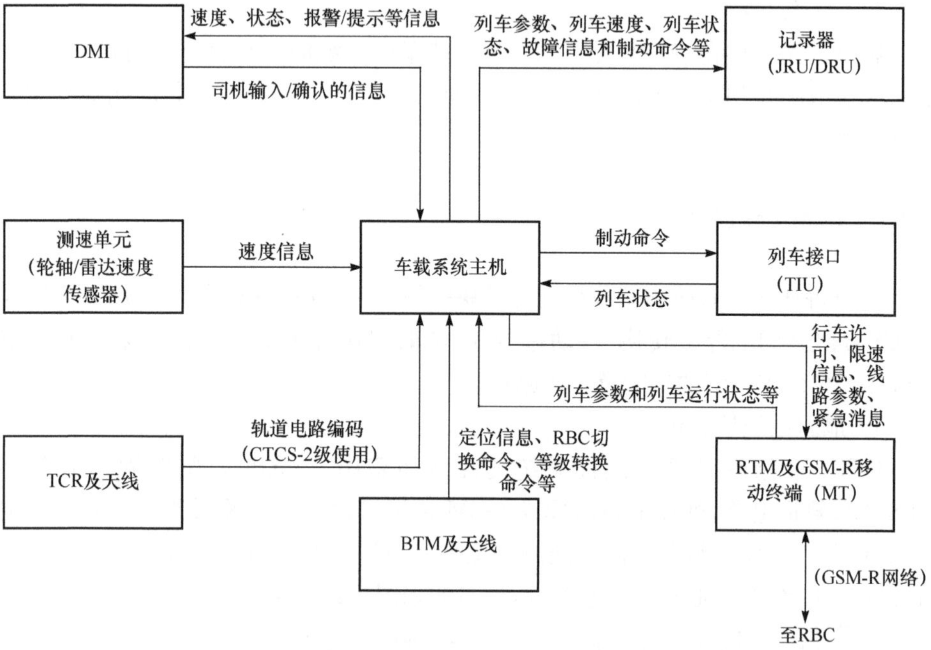

图5-22　车载系统信息流

3）行车许可

行车许可是列车安全运行的行车凭证。一个行车许可可以包括多个连续已锁闭的进路。行车许可以信号许可（SA）区段（站内为列车进路或泊车区段，区间为闭塞分区）为基本单元，一个空闲的SA区段能且仅能分配给一个注册的列车。

在CTCS-3级列控系统中，行车许可由RBC产生。当RBC收到来自列车的行车许可请求消息时，RBC将根据联锁系统报告的可用的列车进路或闭塞分区，以及列车的当前位置和列车的状态信息，生成行车许可，并发送给列车（车载系统）。只有当进路方向和列车行驶方向一致，RBC才能将此进路用在列车行车许可中。RBC发送的行车许可类型包括完全监控模式（FS）行车许可和引导模式（CO）行车许可。行车许可如图5-23所示。

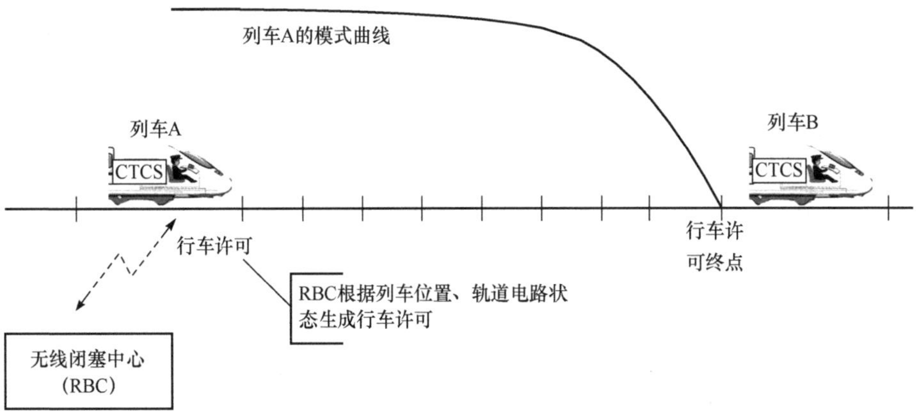

图 5-23　行车许可

只有当高速列车不处于紧急停车状态，且 RBC 从列车接收到“有效列车数据”，并满足列车报告处于完全监控模式(FS)、引导模式(CO)、目视行车模式(OS)、待机模式(SB)、冒进防护后模式(PT)时，RBC 才能向列车发送行车许可：若 RBC 接收到列车转换至待机模式(SB)、调车模式(SH)、休眠模式(SL)的报告，那么 RBC 将删除该列车的行车许可信息。

行车许可发送的具体情况包括接车、发车、区间运行和列车进路降级等。具体说明如下：

(1) 接车。

当进站信号开放后，RBC 向列车发送进站的行车许可。列车进站后，联锁系统解锁车站内列车占用的进路，当高速列车在站内停稳后，RBC 向列车发送缩短到列车前端的行车许可。

(2) 发车。

若列车停在股道上，高速列车所在的轨道区段即成为泊车区段。当 CTCS-3 级列车在泊车区段发车，相应联锁进路为列车进路，则 RBC 将根据表 5-2 的规定生成此泊车区段的行车许可类型，对于列车进路包含的 SA 区段则采用完全监控模式的行车许可。

表 5-2　行车许可模式选择

列车位置 / 车载系统工作模式及联锁报告的溜入状态	从车头至出发信号的距离小于 250m	从车头至出发信号的距离大于 250m
列车进站时处于 CTCS-3 级的 FS 模式、联锁系统未报告溜入	RBC 生成 FS 模式的行车许可	RBC 生成 FS 模式的行车许可

续表

列车位置 / 车载系统工作模式及联锁报告的溜入状态	从车头至出发信号的距离小于250m	从车头至出发信号的距离大于250m
列车进站时不是CTCS-3级的FS模式、联锁系统未报告溜入	RBC生成FS模式的行车许可	RBC生成CO模式的行车许可
联锁指示溜入	RBC生成CO模式的行车许可	RBC生成CO模式的行车许可

只有当RBC认为位于泊车区段上列车前端和前方进路起点之间没有其他列车时,才能向该列车发送行车许可。

(3) 区间线路。

区间线路采用固定闭塞方式,RBC能适应区间线路的双方向运行,此时,RBC自动根据列车的位置和联锁系统报告的闭塞分区的状态信息生成行车许可。采用CTCS-3级列控系统的区间线路,其闭塞分区长度约为2000m,为减少缩短行车许可的状况发生,RBC向列车发送的行车许可长度通常不超过15个闭塞分区。当轨道占用和列车位置报告时间差在规定时间以内,RBC才能向位于区间中处于目视行车模式(OS)的列车发送完全监控模式(FS)的行车许可。

(4) 列车进路降级。

根据列车的实际位置,当接收自联锁系统的"列车进路"变为"降级"时:

① 如果列车前方已被分配给列车作为行车许可一部分的区段发生降级,且列车没有处于有条件紧急停车状态,则RBC向列车发送缩短至该区段起点的行车许可;

② 如果列车前方已被分配给列车作为行车许可一部分的区段发生降级,且列车处于有条件紧急停车状态,则RBC向列车发送无条件紧急停车;

③ 如果列车所在SA区段发生降级,则RBC不应采取任何反应措施;

④ 如果RBC向列车发送了缩短行车许可,且从列车收到了确认命令,则RBC通知联锁系统相应进路不再处于行车许可范围。

4) 等级转换

等级转换描述CTCS-2级至CTCS-3级和CTCS-3级至CTCS-2级的转换过程。正常情况下的等级转换在等级转换区域自动进行。等级转换命令由RBC/应答器组提供,应答器组包含等级转换执行应答器组和等级预告应答器组。

CTCS-2级至CTCS-3级转换前,车载系统需完成GSM-R车载电台注册到GSM-R网络、车载系统与RBC建立通信会话、车载系统从RBC获得系统配置参数和行车许可等信息。如果在等级转换区域不具备CTCS-3级控车条件时,列车将继续按CTCS-2级运行,直至CTCS-3级控车条件具备后,车载系统将自动转入

CTCS-3 级工作。

进行 CTCS-3 级至 CTCS-2 级转换开始时，RBC 提前给列车发送等级转换预告信息；等级转换执行应答器组发送无条件等级转换命令信息，强制车载系统在通过等级分界点后转换为 CTCS-2 级控车。

在等级转换时，车载系统的 CTCS-2 级控制单元与 CTCS-3 级控制单元互相通信，不会因转换而触发制动。

(1) 转换点和确认区。

在等级转换区域设置的相关应答器组和确认区如图 5-24 所示。为实现等级转换，需在等级转换区域设置 GSM-R 连接应答器组、RBC 连接应答器组、等级转换预告应答器组和等级转换执行应答器组。

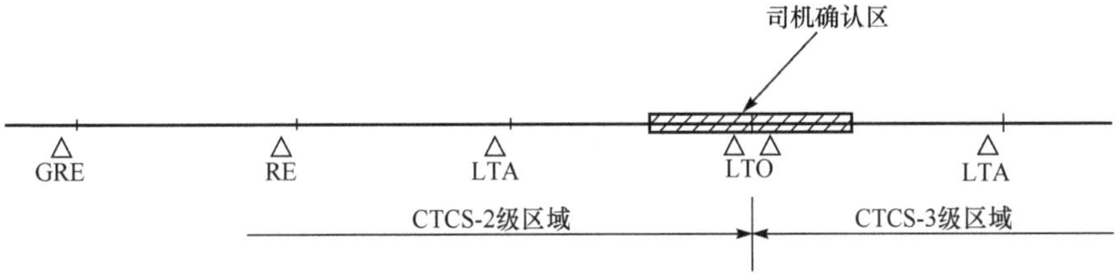

图 5-24　转换点和确认区的设置

① 转换点。

GSM-R 连接点(GRE)：在 GSM-R 覆盖区域中，当高速列车前端通过该点时，车载系统根据应答器信息与 GSM-R 建立连接并注册。

RBC 连接点(RE)：当列车前端通过该点时，车载系统根据应答器信息呼叫 RBC 并进行注册。

转换预告点(LTA)：设置在至转换点唯一进路入口处。当列车前端通过该点时，车载系统将向 RBC 报告所在位置，RBC 判断为唯一进路时向车载系统提供行车许可及转换命令。

转换执行点(LTO)：当列车前端通过 LTO 点时，本务端的车载系统执行 CTCS-2 级至 CTCS-3 级或 CTCS-3 级至 CTCS-2 级的控车转换，非本务端处于休眠模式(SL)的车载系统记录等级转换信息。

② 确认区。

在距等级转换边界前的一定距离(一般指列车以最高速度运行至转换边界约 5 秒时间内运行的距离)和转换后列车运行 5 秒的区域为等级转换确认区，列车在区域内运行时，司机根据车载系统提示对 CTCS-2 级转换到 CTCS-3 级或 CTCS-3 级转换到 CTCS-2 级转换进行确认。司机可在等级转换前/后确认。如果在规定时间内未确认，车载系统将实施最大常用制动。

(2) CTCS-2 级至 CTCS-3 级转换的时间需求分析。

从 GSM-R 车载电台开始注册 GSM-R 网络至列车具备等级转换条件需要一

段时间，包括 GSM-R 网络注册时间(40s)、RBC 连接时间(10s，一次)、数据传输时间(15～20s)、司机确认时间 5s，如图 5-25 所示。

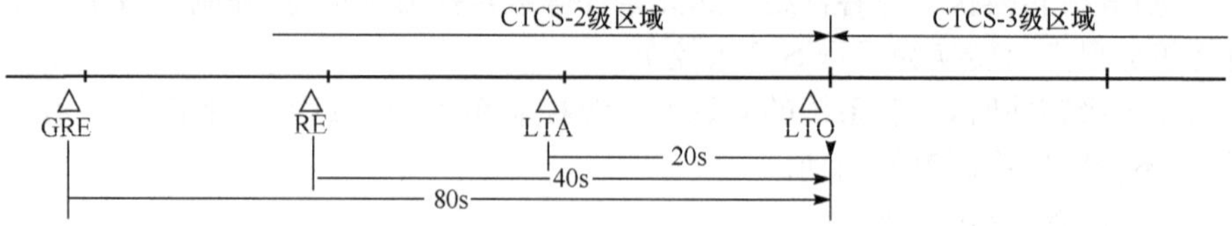

图 5-25　在等级转换边界设置的用于等级转换的应答器

(3) 等级转换过程。

从 CTCS-2 级至 CTCS-3 级的转换如图 5-26 所示。车载系统上电后，GSM-R 车载电台注册到 GSM-R 网络，列控车载系统从应答器组接收到呼叫 RBC 的命令，并与 RBC 建立通信会话，然后从 RBC 接收行车许可等信息。当列车前端通过分界处的切换应答器后，车载系统切换到 CTCS-3 级控车。

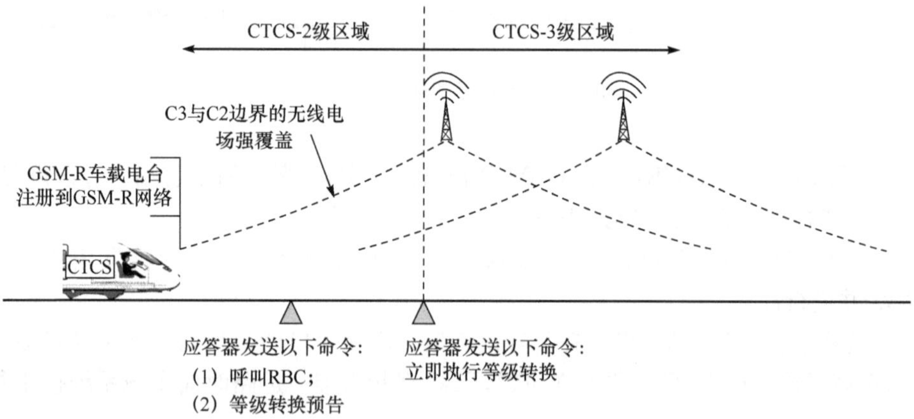

图 5-26　CTCS-2 级至 CTCS-3 级转换

从 CTCS-3 级至 CTCS-2 级的转换如图 5-27 所示。列车在 CTCS-3 级下运行，当列车通过等级转换预告应答器后，车载系统从 RBC/应答器组接收到转换预告信息，做好 CTCS-2 级控车准备。当列车前端通过分界处的切换应答器后，车载系统切换到 CTCS-2 级控车。列车完全通过转换点后，终止与 RBC 的通信会话。

5) RBC 切换

由于受计算机处理能力和接口能力等的限制，一个 RBC 控制列车的数量和控制范围有限。因此，CTCS-3 级的线路通常有多个 RBC。RBC 切换是指一列高速列车从一个 RBC 控制区域进入另一个 RBC 控制区域的控制过程。RBC 切换命令由 RBC/应答器组提供。

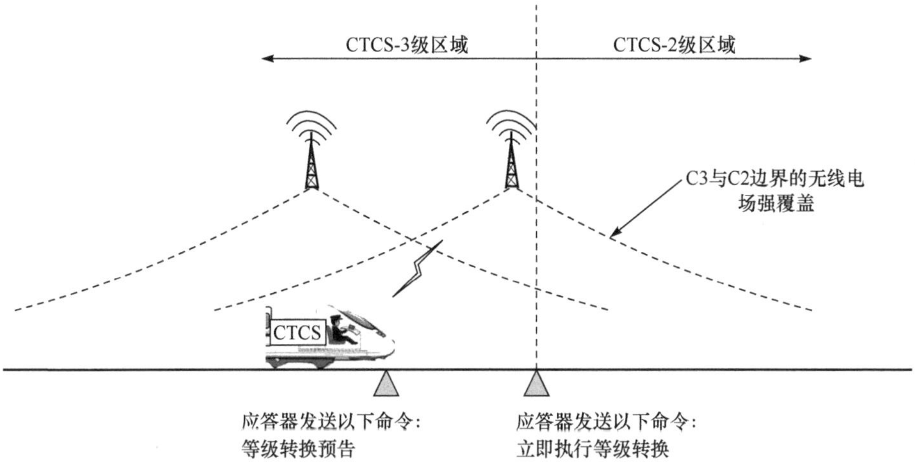

图 5-27　CTCS-3 级至 CTCS-2 级转换

(1) 预告点和切换点。

① 为实现 RBC 切换,需在相邻两个 RBC 的边界设置“切换执行应答器组”、在转换点前方适当距离设置“切换预告应答器组”。

② 列车经过 RBC 边界进行 RBC 切换时,将经过两个关键点:预告点和切换点。当车载系统向 RBC 发送通过预告点的位置报告后,RBC 判断可以开始向列车发送 RBC 切换信息;当列车前端通过切换点时,当前 RBC 停止对列车的控制,切换到另一个 RBC 进行控制,同时,处于休眠模式(SL)的车载系统记录与新 RBC 连接所需要的信息。

RBC 切换预告点和切换点的设置如图 5-28 所示。

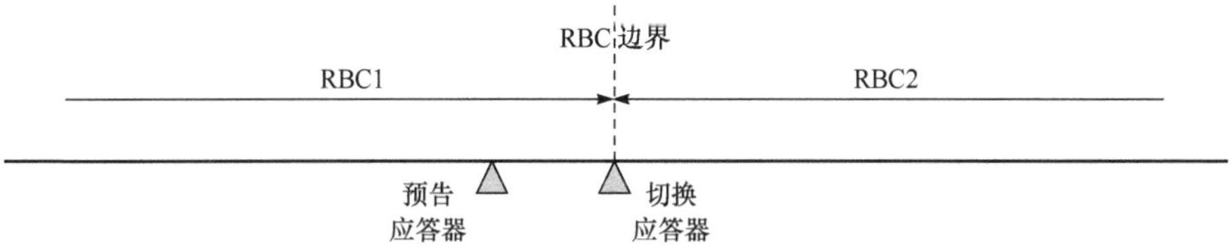

图 5-28　在 RBC 边界设置的用于 RBC 切换的应答器

(2) RBC 切换过程。

RBC 切换过程如图 5-29 所示,具体过程如下:

① 列车受到 RBC1 控制,根据 RBC1 提供的行车许可运行;

② RBC1 从 RBC2 获得进路信息,生成延伸到 RBC2 管辖范围的行车许可,同时 RBC1 命令另一个 GSM-R 车载电台呼叫 RBC2,与 RBC2 建立通信;

③ 列车头部通过切换应答器后,列车受到 RBC2 的控制;

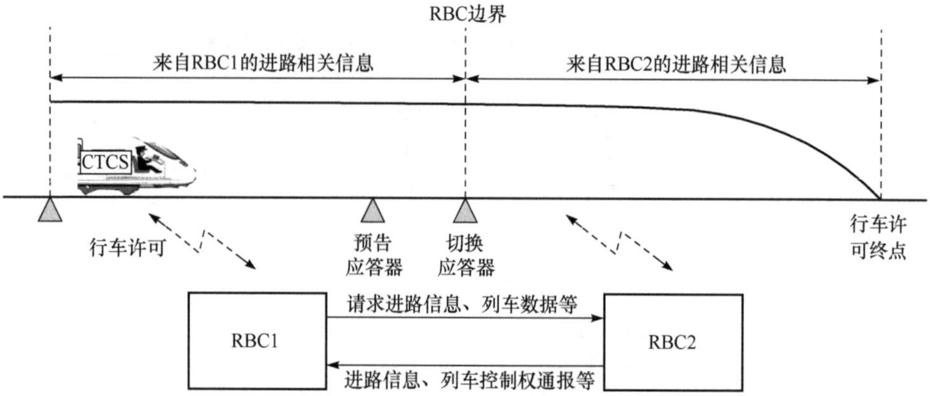

图 5-29　RBC 切换示意图

④ 列车尾部通过切换应答器后，终止与 RBC1 的通信，完成 RBC 切换。列车根据 RBC2 提供的行车许可运行。

6）自动过分相

CTCS-3 级线路中，高速列车通过分相区时由高速列控系统发出控制命令，传输的分相区信息包括至分相点距离和分相区长度等。牵引供电分相区信息与列车行车许可一起，由 RBC 提供给列车，如图 5-30 所示。

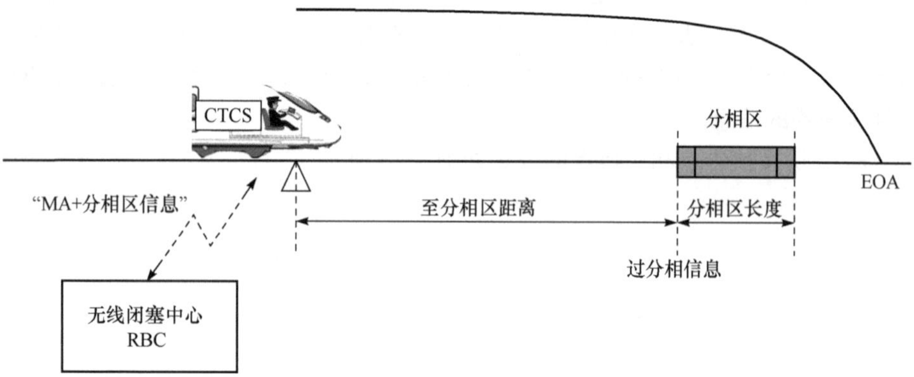

图 5-30　RBC 向列车发送分相区信息

车载系统接收到分相点信息后，实时监督列车运行速度和位置，实现自动过分相，其逻辑如图 5-31 所示。

（1）车载系统将向动车组发送并保持屏蔽"磁钢"信息指令；

（2）高速列车前端距分相区还有 10s 走行距离时，车载系统向司机发送出提示；

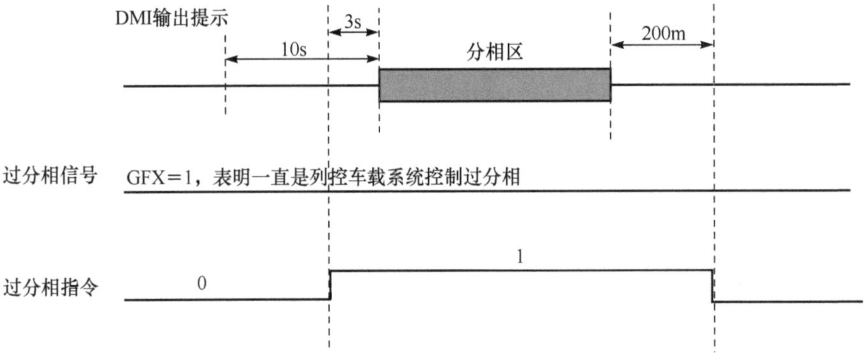

图 5-31　CTCS-3 级列控系统自动过分相逻辑

(3) 高速列车前端距分相区还有 3d 走行距离时，车载系统向动车组发过分相指令；

(4) 高速列车前端越过分相区 200m 后，车载系统取消原触发动车组相关过分相的操作；

(5) 高速列车转为非 CTCS-3 级列控系统运行时，车载系统将停止向动车组发送屏蔽“磁钢”信息指令。

7) 临时限速

临时限速的设置、取消均在调度中心进行，临时限速命令由临时限速服务器统一管理。在 CTCS-3 级列控系统中，RBC 将临时限速与行车许可一起，通过 GSM-R 传送给车载系统。

(1) 结构图。

在 CTCS-3 级列控系统的临时限速管理中，临时限速服务器(TSRS)是核心设备，临时限速服务器与其他设备的连接如图 5-32 所示。由于 CTCS-2 级是 CTCS-3 级的后备系统，图中同时绘制了 CTCS-3 级临时限速信息传输通道和 CTCS-2 级临时限速信息传输通道。CTCS-3 级临时限速命令的传输通道包括临时限速命令操作终端、临时限速接口服务器、临时限速服务器、RBC、ISDN 服务器、GSM-R 网络和车载系统；CTCS-2 级临时限速命令的传输通道包括临时限速命令操作终端、临时限速接口服务器、临时限速服务器、列控中心(TCC)、轨旁电子单元(LEU)和车载系统。

(2) 临时限速区域的设置。

在 CTCS-3 级线路中，临时限速区域的设置和限速等级与 CTCS-2 级相同。

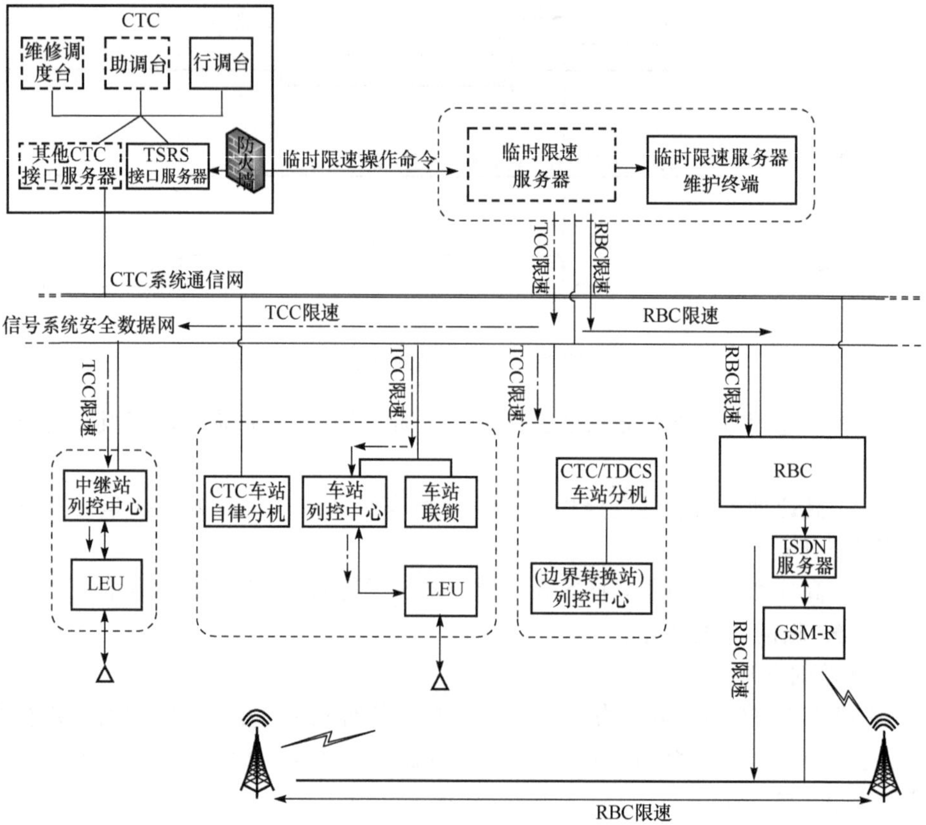

图 5-32　临时限速服务器与其他设备的连接关系

(3) 临时限速管理流程。

临时限速管理流程包括三个阶段：拟定阶段、设置阶段和取消阶段。CTCS-3级列控系统拟定临时限速命令的操作流程与 CTCS-2 级列控系统的拟定流程完全相同。

对即将执行的临时限速命令，从其计划开始执行时间的前 30min 起，临时限速服务器会开始提示调度员确认激活，并间隔 10min 重复提示直至确认或超出该临时限速命令的计划结束时间。设置临时限速命令的操作流程如图 5-33 所示。

当调度员确认临时限速命令可取消时，应再次拟定与该设置命令的限速区位置参数完全一致的取消命令，然后下发给临时限速服务器做校验和存储，取消临时限速命令的操作流程如图 5-34 所示。

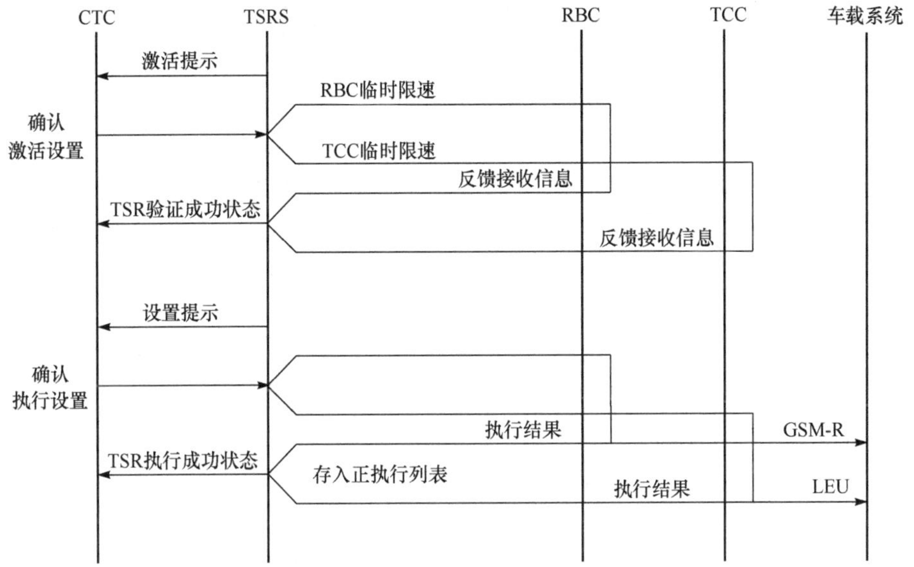

图 5-33　设置临时限速命令的操作流程图

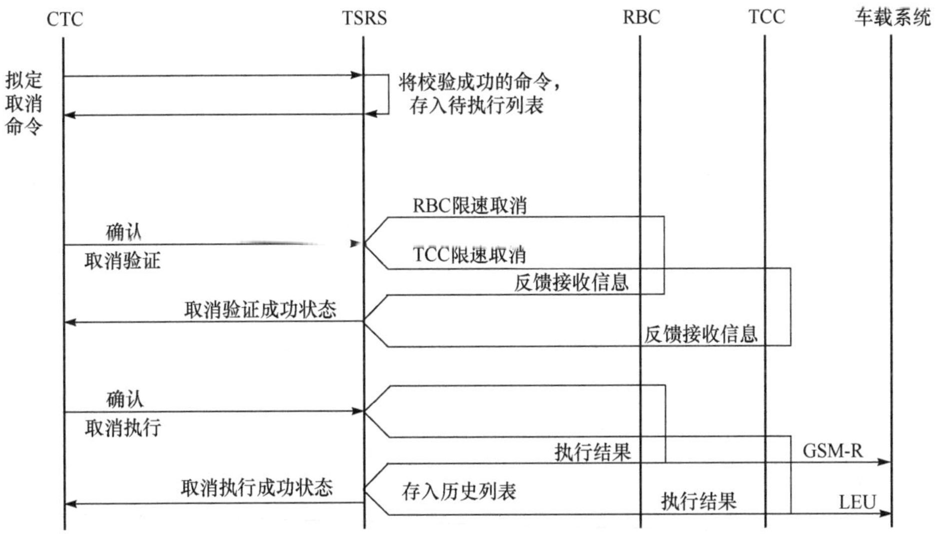

图 5-34　取消临时限速命令的操作流程

5.4　CTCS-3 级与 CTCS-2 级列控系统比较及应用

5.4.1　CTCS-3 级与 CTCS-2 级列控系统比较

同 CTCS-2 级列控系统相比，CTCS-3 级列控系统从结构上看，地面系统主要增加了 RBC，车载系统主要增加了无线传输模块(RTM)、GSM-R 车载电台和天线。CTCS-3 级与 CTCS-2 级列控系统主要有以下几个方面不同：

1) 车-地控车信息传输方式不同

CTCS-3 级列控系统采用 GSM-R 无线通信系统，实现车-地控车信息的双向实时传输；CTCS-2 级列控系统采用轨道电路和应答器方式，进行车-地控车信息的单向传输。

2) 行车许可的生成方法不同

CTCS-3 级列控系统由 RBC 根据列车位置、轨道电路状态及进路信息生成行车许可，并将行车许可与线路静态速度距离曲线、坡度和临时限速等信息一起传送给车载系统；CTCS-2 级列控系统，则由车载系统根据接收的轨道电路的编码和应答器信息生成行车许可。

3) 临时限速传输途径不同

CTCS-3 级列控系统的临时限速命令由 RBC 发送给车载系统；CTCS-2 级列控系统的临时限速命令由 TCC 通过有源应答器发送给车载系统。

4) 车载系统工作模式不同

CTCS-3 级列控系统车载系统有完全监控(FS)、引导(CO)、目视行车(OS)、待机(SB)、调车(SH)、隔离(IS)和休眠模式(SL)；而部分监控模式(PS)和机车信号模式(CS)则是 CTCS-2 级列控车载系统特有的工作模式。其中，部分监控模式(PS)是列控车载系统接收到轨道电路允许行车信息，而缺少应答器提供的线路数据或限速数据时使用的模式；机车信号模式(CS)是装备 CTCS-2 级列控车载系统的动车组在 CTCS-0 级区段运行时使用的模式。经司机操作后，转为最高限速 80km/h 控车模式。在该模式下，地面信号显示为行车凭证。

5) 后备系统不同

装备 CTCS-3 级列控车载系统的高速列车，其后备系统为 CTCS-2 级列控系统，并且在一台车载安全计算机内同时集成了 CTCS-3 级和 CTCS-2 级两个控车模块，当无线通信系统超时或由 CTCS-3 级区段进入 CTCS-2 级区段级间转换后，由 CTCS-2 级列控系统监控列车运行。

装备 CTCS-2 级列控车载系统的高速列车，其后备系统为列车运行监控系统(LKJ)，而且与 LKJ 是两套独立的系统，当 CTCS-2 级列控车载系统故障或由

CTCS-2 级区段进入 CTCS-0 级区段级间转换后，由 LKJ 监控列车运行。

5.4.2　CTCS-3 级和 CTCS-2 级列控系统的运用情况

截止到 2012 年底，我国已开通 200km/h 等级的高速铁路约 2597km、300km/h 等级的高速铁路约 5610km。装备 CTCS-2 级列控系统、运行速度为 200km/h 的高速铁路如表 5-3 所示。

表 5-3　CTCS-2 级高速铁路统计

序号	线路名称	线路长度/km
1	合肥—南京(合宁)	167
2	合肥—武汉(合武)	360
3	石家庄—太原(石太)	190
4	宁波—台州—温州(甬台温)	283
5	温州—福州(温福)	311
6	福州—厦门(福厦)	268
7	武昌—九江(昌九)	97
8	成都—都江堰(成灌)	76
9	海口—三亚(海南东环城际)	308
10	长春—吉林(长吉)	96
11	广州—珠海(广珠城际)	148
12	汉口—宜昌(汉宜)	293

装备 CTCS-3 级列控系统、运行速度为 300km/h 的高速铁路如表 5-4 所示。

表 5-4　CTCS-3 级高速铁路统计

序号	线路名称	线路长度/km
1	北京—上海(京沪高铁)	1318
2	北京—广州—深圳高速铁路(京深高铁)	2326
3	哈尔滨—大连高速铁路(哈大高铁)	893
4	郑州—西安高速铁路(郑西高铁)	473
5	上海—南京城际铁路(沪宁城际)	315
6	上海—杭州城际铁路(沪杭城际)	154
7	合肥—蚌埠高速铁路(合蚌高铁)	131

中国高速铁路网已基本形成“四纵四横”的格局，如图 5-35 所示，其中，“四纵”为京哈、京沪、京广和宁深线，“四横”为太青、徐宁、沪蓉和沪昆线。高速列车运行

控制车载系统的兼容性问题日益突出，其中包括不同厂家车载系统与列控系统的兼容问题、CTCS-2 和 CTCS-3 级列车跨线运行的兼容问题以及高速列车在枢纽或既有线路上运行兼容问题等。这些问题的解决，将是高速列车运行控制系统未来面临的重要课题。

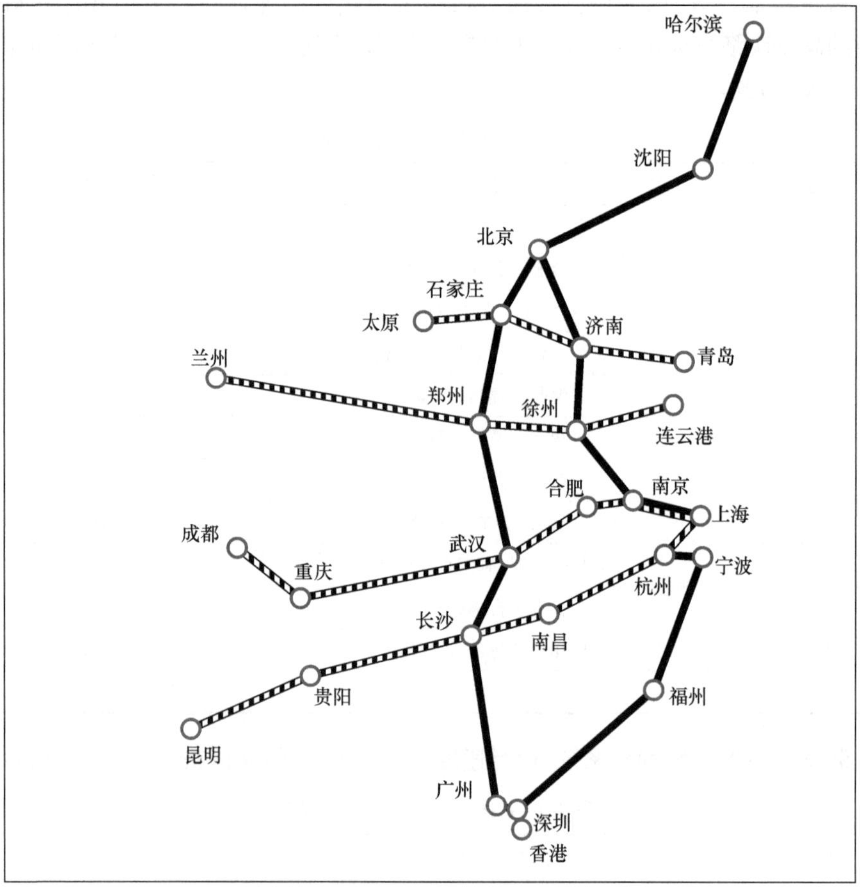

图 5-35　中国高铁“四纵四横”网络示意图

第6章　高速磁悬浮列车运行控制系统

高速磁悬浮列车的发展，也是近年来高速列车发展的一个方向，但从工程应用角度看，仅仅处于起步阶段，无法与高速轮轨列车同日而语。同高速轮轨列车一样，高速磁悬浮列车运行控制系统是高速磁悬浮列车的“大脑和神经系统”。尽管高速磁悬浮列车的牵引和制动机理与高速轮轨系统有较大的差别，但是其运行控制系统的原理和构成与高速轮轨系统极为相似。高速磁悬浮列车运行控制系统与车辆、牵引供电、线路以及道岔等设备或系统协同配合，实现高速磁悬浮列车运行控制、安全防护，为车辆、牵引供电、线路提供调度、控制及通信的平台。目前世界上有代表性的高速磁悬浮列车研究和实验线在德国和日本，第一条投入商业运营的高速磁悬浮列车线路是在中国上海(龙阳路至浦东机场)。本章以上海高速磁悬浮列车运营线为例，简要介绍高速磁悬浮列车运行控制系统的原理、构成及主要功能。

6.1　高速磁悬浮列车系统的特点

上海高速磁悬浮列车系统同样可分为三大部分，基础设施、列车部分和运行控制系统，采用常导型电磁悬浮和导向技术、直线电机驱动方式。

直线电机可以认为是旋转电机在结构方面的一种变形，可看作是一台旋转电机沿其径向剖开，然后拉平演变而成。在直线电机中，与旋转电机定子等同的叫做初级定子，与旋转电机转子等同的叫做次级定子。直线电机的初级定子和次级定子之间产生直线推力，从而推动列车运行；一个定子固定于地面，跟导轨一起延伸到远处，另一个定子安装在列车上，初级定子通以电流，列车就沿导轨前进，实现列车无接触牵引。根据直线电机定子长度不同，可分为长定子直线电机驱动方式和短定子直线电机驱动方式。

1) 长定子直线电机驱动方式

电机定子敷设在线路上，列车上不需安装有源传动装置，车载系统结构比较简单；定子长度可以很长，故称为长定子。

有源传动装置提供电源的整流器、直流电压中间环节、脉冲逆变器、制动电阻及其控制交流器等均安装在变电所里，列车悬浮励磁由同步电机的磁极提供。磁极材料可采用永久磁铁，也可采用电磁铁。若采用电磁铁，在静止和低速时，需电流排(导轨)和受流器输入励磁能量；在高速时，则需通过电磁场传输能量。

在高速磁悬浮列车运行过程中，起作用的直线电机长定子绕组仅仅是与车载转子长度等同，并产生直线推力的区段。因此，整个长定子绕组被分成不同长度的区段，列车经过的区段才予供电；线路上需要有区段转换装置，按列车运行方向顺序给各区段的定子提供电源，称为电源转接方式。目前主要有跨接式和同步转接式两种不同的转接方式。

2）短定子直线电机驱动方式

电机定子和有源传动装置均位于车上，所以线路结构比较简单；定子长度受列车长度的限制，相对较短，故称为短定子。为直线电机供电的脉冲逆变器安装在车上，所需电流通过电流轨和受流器传输。

上海高速磁悬浮列车系统采用长定子直线电机驱动方式。牵引控制系统和牵引供电系统受到运行控系统的控制，针对磁悬浮系统的特殊情况，运行控制系统具有如下特点：

（1）高速磁悬浮系统采用无接触无磨损悬浮、引导和驱动技术，在静止和低速时，通过受流器和供电轨向列车供电；高速时，通过电磁场传输能量。磁悬浮线路设置带有供电轨的停车区，磁悬浮列车必须在停车区内才能停车。运行控制系统需根据列车运行速度控制受流器的收起和落下，计算最小速度距离曲线以防止磁悬浮列车停在非停车区。

（2）运行控制系统根据运行数据计算出列车运行速度距离曲线，其中车载系统计算最大速度距离曲线，监控列车不能超速运行；地面系统计算最大速度距离曲线和最小速度距离曲线，并传送给牵引控制系统；牵引控制系统根据速度距离曲线限制，通过调节驱动电流的大小和频率调节高速磁悬浮列车运行速度。

（3）调节牵引功率的地面系统设置在变电所内，其地点由线路和运营要求进行确定，约每隔 10km 至 40km 距离设置一个。最小运行间隔相当于一个变电区间的长度。运行控制系统地面系统的布置需与牵引分区的设置相对应。

（4）列车制动包括再生制动、涡流制动和滑撬制动。再生制动将长定子直线电机转变为发电机使列车速度降低。涡轮制动是车载涡流制动盘与地面导向轨发生作用，由运行控制系统车载系统发出一个安全切断推进的命令，断开车辆涡流制动机和直线电机之间的相互作用；当高速磁悬浮列车速度以 10km/h 的临界速度运行时，运行控制系统车载系统实施滑撬制动，使列车停车。

6.2 运行控制系统组成

高速磁悬浮列车运行控制系统由中央控制子系统、分区控制子系统、车载控制子系统和通信子系统组成，其中通信子系统包括运行控制系统核心网和 38G 无线通信网，如图 6-1 所示。

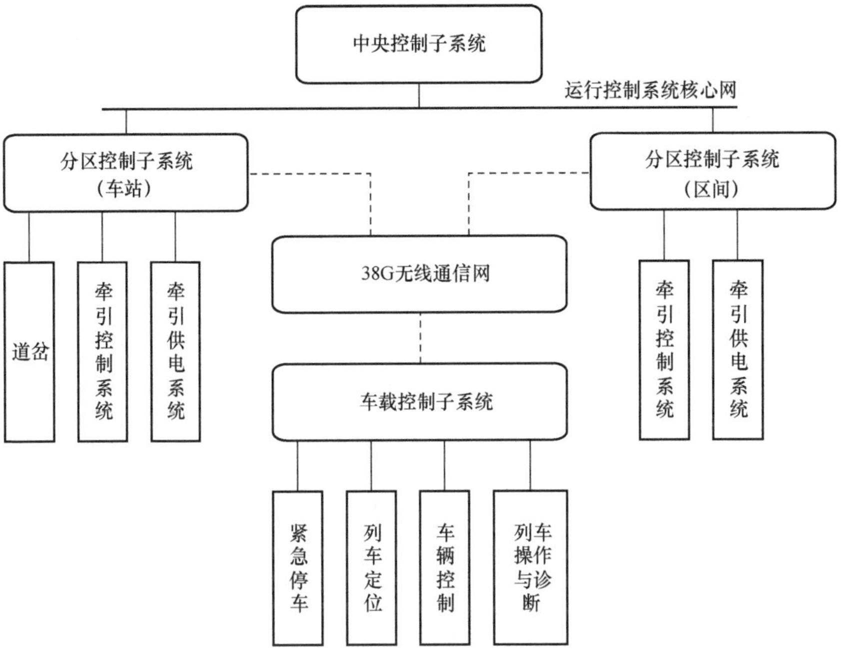

图 6-1　磁悬浮列车运行控制系统的构成与外部接口

1）中央控制子系统

中央控制子系统位于运行控制中心，由操作员终端、参考计算机、列车自动运行设备和中央诊断系统组成，其中，操作员终端和参考计算机组成操作员终端系统。通过内部局域网连接，并通过交换机与运行控制系统核心网的通信节点连接，如图 6-2 所示。

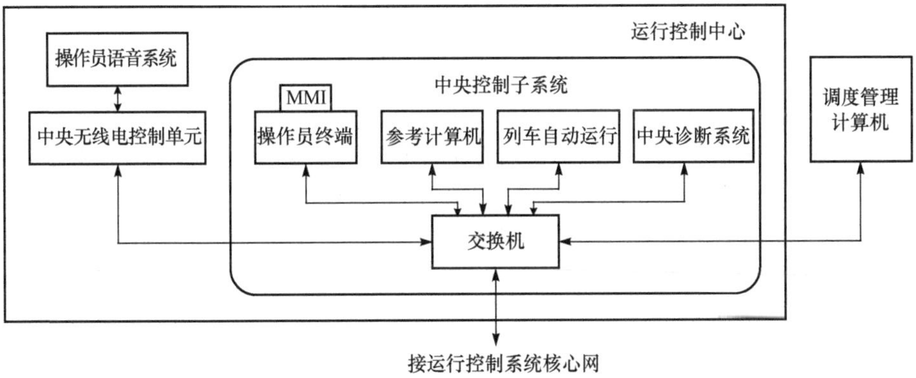

图 6-2　中央控制子系统的设备构成及外部接口

2) 分区控制子系统

按牵引分区设置,由分区控制计算机、分区安全计算机/分区传输计算机、分区牵引切断模块、分区诊断计算机和分区道岔模块(当分区存在道岔时)组成,通过以太网连接,并通过交换机与运行控制系统核心网的通信节点连接;分区控制子系统之间也通过以太网连接,如图 6-3 所示。

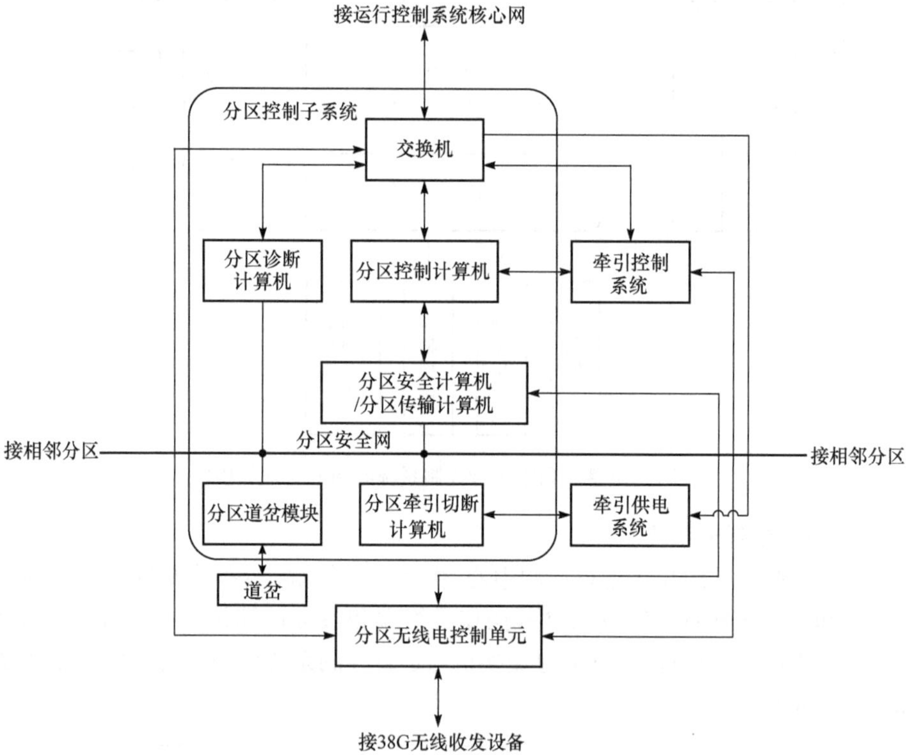

图 6-3 分区控制子系统的设备构成及外部接口

3) 车载控制子系统

车载控制子系统安装在高速磁悬浮列车的两个端车上,分别为车载安全计算机 1、车载安全计算机 2、辅助控制台 1 和辅助控制台 2,其中车载安全计算机 1 具有车载传输计算机和车载诊断计算机的功能,而车载安全计算机 2 仅具有车载诊断计算机的功能。车载安全计算机 1 与车载安全计算机 2 之间通过 RS-422 总线连接,如图 6-4 所示。

4) 通信子系统

(1) 运行控制系统核心网。

运行控制系统核心网用于连接中央控制子系统和分区控制子系统,采用同步数字体系(Synchronous Digital Hierarchy,SDH),其构成如图 6-5 所示。

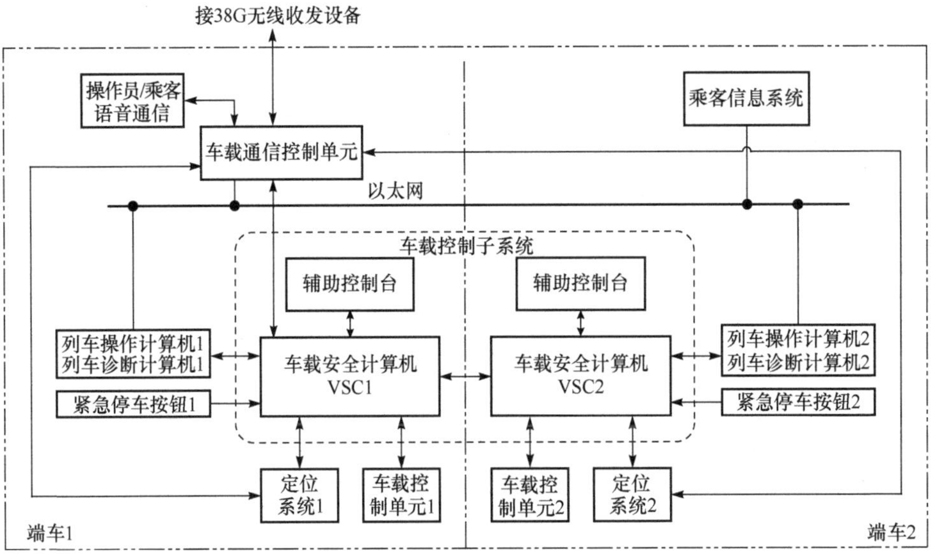

图 6-4　车载控制子系统的构成及外部接口

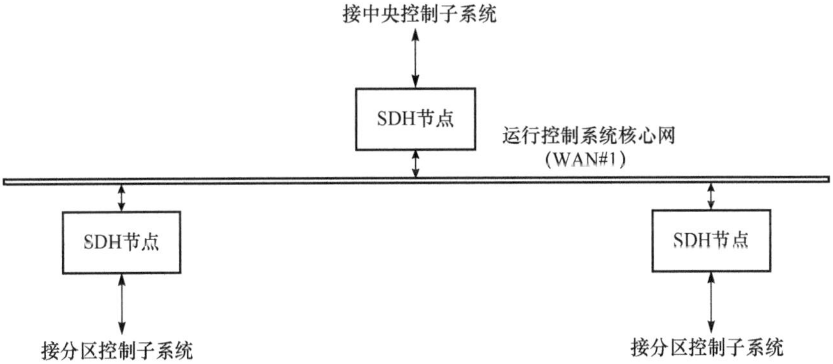

图 6-5　运行控制系统核心网构成及外部接口

(2) 38G 无线通信网。

38G 无线通信网的控制单元包括中央无线控制单元、分区无线控制单元和车载无线控制单元，如图 6-6 所示。

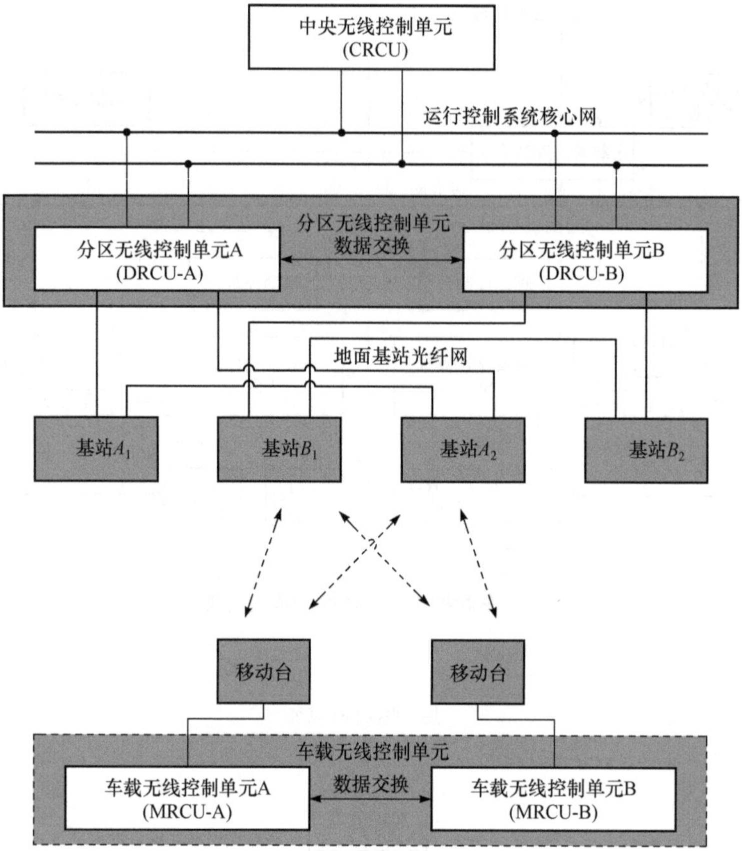

图 6-6 38G 无线通信网及其控制单元

6.3 基本功能

上海高速磁悬浮列车示范运营线的列车运行控制系统有 9 个基本功能:操作与显示、列车自动运行、驾驶顺序控制、进路防护、道岔防护、列车防护、安全定位、速度距离曲线监控和牵引切断,其逻辑关系如图 6-7 所示,图中虚线框内为运行控制系统功能,框外为外围组件。

1) 操作与显示

中央控制子系统的操作员终端系统的控制台用于输入控制指令和显示整个系统的运行状态,包括列车和轨道的当前状态。操作员基于状态显示执行相应的操作以实现列车的人工驾驶。操作与显示功能负责接收操作员的输入指令并转换为驾驶参数向其他功能模块传送,功能要求如下:

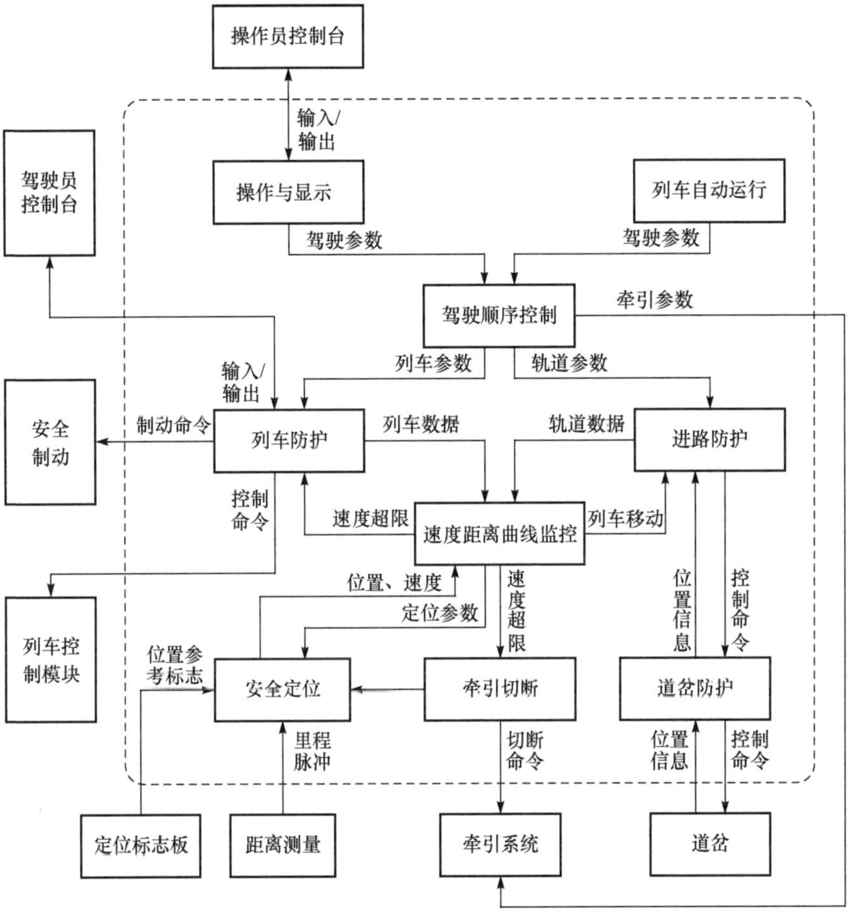

图 6-7　运行控制系统功能之间的相互关系

(1) 操作员的操作有些是与列车安全运行直接相关的，所以在操作员控制台上的列车运行状态信息具有安全特性，并要求操作员对其操作指令的执行负全部责任。为避免意外或错误操作，控制台上的操作与显示需遵循一定的防护规程。

(2) 在因故障等原因而无法自动地按时刻表运行时，系统可采用降级等运行模式调度列车的运行。此时，操作员通过操作员控制台人工调度列车运行。

(3) 操作与显示功能模块接收操作员输入的控制指令并作为驾驶参数发送给相应的运行控制功能模块进行处理；同时将线路上所有道岔和列车的当前状态显示在操作员控制台上。

(4) 实现列车运行所需的轨道区段的锁闭和轨道道岔的锁闭。

2) 列车自动运行

正常运行模式下，高速磁悬浮运行系统执行自动调度功能，依据时刻表确定驾驶参数，调度列车运行，无需人工干预，运行控制系统具有自动控制与防护能力。其主要功能要求包括：

(1) 时间表编辑：时间表数据中包含了列车的驾驶命令和特殊的控制指令。

(2) 自动进路设置：依据时间表中预先设计好的数据和列车运行的当前状况决定驾驶与控制命令的发布。

(3) 列车管理：实现与列车相关数据的更新，发送给操作员控制台进行显示。

3) 驾驶顺序控制

驾驶顺序控制功能对驾驶参数进行处理，分别得到列车参数、轨道参数和牵引参数，然后将列车参数、轨道参数和牵引参数分别传递给列车防护模块、进路防护模块和牵引系统。具体如下：

(1) 对来自中央控制子系统的控制指令(驾驶参数)进行正确性和逻辑性检查。如果检查通过，分别计算出列车参数、轨道参数和牵引参数，并将结果分别发送给列车防护模块、进路防护模块和牵引供电系统。

(2) 轨道参数包括进路设置和进路解锁请求等指令，列车参数包括列车悬浮和列车降落请求等指令，牵引参数是以驾驶图形式计算出的控制曲线，包括列车数据、线路数据和速度限界等。

4) 进路防护

为高速磁悬浮列车分配轨道区段，根据轨道参数设置、锁闭和解锁进路；从道岔防护中读取道岔的位置，并根据需要向道岔防护发送移位指令。列车运行信息用于轨道占用追踪和进路解锁。

5) 道岔防护

实现对道岔的安全控制与防护，依据进路防护功能模块发来的控制命令向道岔控制设备发出移动道岔的控制命令，实时地检测道岔的当前位置和状态，并将其发送给进路防护功能模块。

6) 列车防护

涉及系统中列车的登录、状态、安全悬浮、运行模式和安全制动等内容。具体如下：

(1) 高速磁悬浮列车加电和开始运行之前，必须在运行控制系统中登录，声明其位置和方向。当列车登录后，运行控制系统还需对其位置和方向进行校验，通过校验后，运行控制系统认为列车的定位数据是安全数据。

(2) 高速磁悬浮列车的状态可分为“运行”、“停止”和“存车”三种。在每一个牵引区段或分区控制区段内，每一时刻只允许一列磁悬浮列车处在“运行”状态，其他列车分别处于“停止”和“存车”状态。

(3) 在列车进入“运行”状态之前，运行控制系统必须为运行列车分配牵引供电系统、预锁闭轨道区段，并在通过规定的检查后允许列车悬浮。

(4) 列车的“停止”状态是指运行控制系统已为列车预锁闭好轨道区段，列车已准备运行或刚刚中止运行的状态。当一个分区内已有一列列车处于“运行”状态时，则该分区的控制系统将容许有一列列车处于“停止”状态；当一个分区内没有列车处于“运行”状态时，则分区控制系统可容许有两列列车处于“停止”状态。

(5) 列车的“存车”状态是指列车占用了一个轨道区段，列车的位置和方向等数据已被运行控制系统所知，但列车尚未执行插入运行。

(6) 控制指令使列车由“停止”状态进入“运行”状态时，不允许其他列车“运行”，只允许另外一列列车进入“停止”状态。当运行终止或列车离开所处的分区控制区段时，列车的“运行”状态对该分区来讲被视为结束。

(7) 在正常运行中，必须同时满足定位系统有效工作，列车防护功能中不存在强迫停车、停机和已为该列车分配好牵引供电系统三个条件后，才允许列车悬浮。

(8) 磁悬浮列车的运行模式包括自动运行模式、有牵引的维护运行模式和无牵引的维护运行模式三种。自动运行模式为默认运行模式，包括列车防护完全控制下的所有运行状况。有牵引的维护运行模式是一种特殊运行模式，允许列车在预定的轨道区段内以限定的速度移动，并且忽略来自列车控制单元的强迫停车或停机命令。

(9) 列车防护功能模块还可控制驾驶员操作台的显示并接收驾驶员的信息输入。

(10) 一旦实际运行速度超过允许速度，则立刻启动安全制动。紧急情况下，使用涡流制动系统实现列车的安全制动。在 10km/h 至 500km/h 的速度范围内，由运行控制系统控制车辆涡流制动系统实施安全制动，使列车在预定的停车点停车。

(11) 速度小于 10km/h 时，车辆降落，通过滑橇在轨面上滑行制动。

7) 安全定位

利用定位标志板和里程脉冲增量确定列车的当前位置和速度，实现运行控制系统的安全定位功能，并将该信息提供给速度距离曲线监控。

8) 速度距离曲线监控

速度距离曲线监控是运行控制系统的核心防护功能，根据列车数据和轨道数据计算出列车和线路的最大和最小允许速度，并根据列车位置和速度判断列车是否超过相应的速度限制。当列车速度超过速度限制时，速度距离曲线监控功能模块将切断轨旁的牵引供电系统，同时也报告给列车防护模块。在列车超过最大速度限制时，列车防护功能模块会启动列车安全制动。速度距离曲线监控功能同时监控到达当前辅助停车区的最小速度距离曲线。

9) 牵引切断

牵引切断具有电子切断和电气切断两种切断方式。

高速磁悬浮列车的加速和正常制动由牵引供电系统来执行。当列车速度超过最大速度距离曲线时，最大速度距离曲线监控功能将启动牵引切断让列车减速；当列车的速度小于最小速度距离曲线时，最小速度距离曲线监控请求安全牵引切断，确保列车能利用已有的动能和势能安全滑行至当前的辅助停车区；当运行控制系统出现故障，如车-地通信中断时，运行控制系统启动牵引切断，让列车停车，使系统导向安全。在紧急情况下操作员可通过控制台的手动操作方式，发送牵引切断命令，让列车停车。

6.4　磁悬浮系统运行模式

磁悬浮系统除了能按预先规定的时刻表正常运行外，还能执行在故障情况下降级运行的各种模式以及维护运行模式。磁悬浮系统运行模式包括 A 模式（正常运行模式），B 模式（降级运行模式）和 C 模式（维护运行模式），其中正常运行模式包括 A1 模式～A4 模式，降级运行模式包括 B1 模式和 B2 模式，维护运行模式包括 C1 模式～C3 模式。

所有在线正常运行和降级运行都受技术安全保证，此外，在维护区域的运行还需要由维护区域调度员（DMA）负责，以增加安全性。各种系统运行模式下的运行计划和责任人如表 6-1 所示。

表 6-1　系统运行模式

<table>
<tr><th colspan="2">运行模式</th><th>运行计划</th><th>责任人</th><th>运行线路</th><th>保障措施</th></tr>
<tr><td rowspan="4">A：正常运行</td><td>A1：自动正常运行</td><td>正常时刻表</td><td>列车运行经理（TOM）</td><td rowspan="4">正线</td><td rowspan="4">完全技术安全保证</td></tr>
<tr><td>A2：手动正常运行</td><td>正常时刻表</td><td>TOM</td></tr>
<tr><td>A3：人工启动和退出运营</td><td>计划或非计划时刻表</td><td>TOM 和驾驶员和 DMA</td></tr>
<tr><td>A4：人工调车</td><td>计划或非计划时刻表</td><td>DMA 和驾驶员</td></tr>
<tr><td rowspan="2">B：降级运行</td><td>B1：自动降级运行</td><td>备用时刻表</td><td>TOM</td><td rowspan="2">正线</td><td rowspan="2">完全技术安全保证</td></tr>
<tr><td>B2：手动降级运行</td><td>备用时间表或非计划时刻表</td><td>TOM 或 TOM 和驾驶员</td></tr>
<tr><td rowspan="3">C：维护运行</td><td>C1：带牵引的手动维护运行</td><td>计划或非计划时刻表</td><td>TOM 或 TOM 和驾驶员或 DMA 和驾驶员</td><td rowspan="3">正线或维护区域</td><td rowspan="3">非完全技术安全保证</td></tr>
<tr><td>C2：不带牵引的手动维护运行</td><td>计划或非计划时刻表</td><td>TOM 和驾驶员或 DMA 和驾驶员</td></tr>
<tr><td>C3：专用维护车辆的运行</td><td>计划或非计划时刻表</td><td>TOM 和驾驶员或 DMA 和驾驶员</td></tr>
</table>

6.4.1 A模式——正常运行模式

正常运行情况下，运行人员结合预先设定的时刻表选择运行模式(循环运行或者往返运行)，能提供对于正线的完全技术安全保证、对于维护区域的非完全技术安全保证，用于载客运营服务包括必需的各种准备。通常有以下四种模式：

(1) A1模式：自动正常运行模式。

运行控制系统(OCS)通过自动地、顺序地选择行车进路来启动行车指令，包括运行的启动、根据正常时刻表来进行的运行、最后任务和运行的退出。

(2) A2模式：手动正常运行模式。

A2模式是系统运行的备用等级，可采用计划外的正常时刻表来执行列车任务。通常在运行时可随时决定采用A1模式或是A2模式(除了由OCS安全控制以外)，也可叠加采用A1模式和A2模式。A2模式在优先级上要优于A1模式，所有被执行的程序必须按照"先来一先服务"的原则。

(3) A3模式：人工启动和退出运营模式。

A3模式用于在维护区域启动和退出运营任务，可以按照计划的或非计划的时刻表来进行。

(4) A4模式：人工调车操作模式。

A4模式用于在维修区域的人工调车操作，可以按照计划的或非计划的时刻表来进行。

6.4.2 B模式——降级运行模式

降级运行是指系统设备发生故障或人为及外界的影响而不能保证系统按原有的能力和方式运行时而采用的运行模式。能提供正线的完全技术安全保证，可用于载客运营服务。降级运行可使用事先定义的降级运行备用时刻表，也可不使用固定时刻表运行。降级运行模式有以下两种：

(1) B1模式：自动降级运行模式。

操作员根据具体的工况，选择相应的降级运行备用时刻表。运行控制系统根据选择的时刻表进行运行，所有工作的完成类似于A1模式。

(2) B2模式：人工手动降级运行模式。

设定路线和发布相关的手动任务命令，此时要按照当前的降级运行备用时刻表来运行，所有工作的完成类似于A2模式。

6.4.3　C 模式——维护运行模式

维护运行用于以保养维护为目的的运行(包括磁悬浮列车或专用维护车),可以采用计划的或非计划时刻表来进行。维护运行模式不提供完全技术安全保证,不允许用于载客运营服务。

(1) C1 模式:带牵引的手动维护运行模式。

因维护需要,需手动操作使列车在预定的线路上移动时采用该模式。例如由于列车自身原因导致无法正常运行,将以 C1 模式牵引车辆进入维修区域维修。

(2) C2 模式:不带牵引的手动维护运行模式。

为了系统保养维修需要,在维护区域或正线上需要使列车悬浮时采用该模式。在悬浮之前,牵引必须处于安全断开的状态。

(3) C3 模式:专用维护车辆的运行模式。

C3 模式用于专用维护列车的运行,需由专用维护车驾驶员完成专用维护列车的运行。通过严格的规章制度,使专用维护车驾驶员与 TOM 和 DMA 紧密合作,完成此模式下的运行。

6.5　列车运行模式和列车驾驶模式

列车运行模式是指车载控制子系统的工作模式,列车驾驶模式是指控制列车动作的指令操作方式。

6.5.1　列车运行模式

列车运行模式分为自动运行模式(ATO)、有牵引的维护模式(Maintenance operation with activated propulsion system,MwP)、无牵引的维护模式(Maintenance operation without activated propulsion system,MwoP)。

ATO 模式为默认运行模式,包括列车防护完全控制下的所有运行状况。操作命令来源中央控制子系统(CCS)或司机驾驶台。

MwP 模式允许列车在预定的区段内以限定的速度移动,来自列车控制单元的强迫停车或停机原因被较大限度地忽略,定位系统和速度距离曲线监控功能必须正常工作。

MwoP 模式在操作员愿意承担责任的情况下执行某些列车功能(如悬浮、开门等),操作命令来源中央控制子系统或司机驾驶台。

6.5.2　列车驾驶模式

列车驾驶模式包括CCS模式和Driver模式。CCS模式包括人工(Manual)模式和自动(ATO)模式。CCS控制列车操作，Manual模式下，操作指令来自操作员人工发出的控制命令；ATO模式下，操作指令来自时刻表自动发出的控制命令。

Driver模式下，驾驶员控制的列车操作，操作指令来自司机(驾驶台/控制台)。

6.5.3　列车运行模式转换条件

列车运行模式转换请求是通过故障安全钥匙开关发出的，只有车载安全计算机1才能请求模式转换。必须满足列车必须停止而且落下和分区控制子系统必须同意模式转换请求两个条件才能进行列车运行模式转换。

如需转入无牵引维修模式还需满足分区控制子系统必须保证在列车处于无牵引维修模式时该车所处区段的牵引供电系统已经安全切断的条件。

值得注意的是MwP和MwoP之间不能直接转换。

6.6　系统功能介绍

高速磁悬浮列车运行控制系统承担的运行控制、防护功能在列车运行过程中得到了全面体现。列车的一次完整运行过程可分为操作控制准备、列车运行准备和列车运行执行三个阶段。

6.6.1　操作控制准备

为实现对列车运行的控制，基于权限控制和身份识别，中央操作员与提供操作界面的操作员终端系统(OTS)建立联系。

1) 操作员登录

高速磁悬浮列车系统的运行操作员有“参考计算机”、“列车运行经理”和“系统管理员”三种身份。OTS启动/重启后或者在运行交接过程中，运行控制操作员需要根据其工作职责在OTS上完成登录。

以“参考计算机”身份登录时，OTS工作到参考计算机模式，操作员不能进行正常工作，只能进行对参考计算机的维护或管理。

以“列车运行经理”身份登录时，OTS显示应用程序界面，同时OTS自动向所有的分区控制子系统(DCS)发出加载数据请求，完成加载数据后OTS会自动更新显示。

如果需要在当前 OTS 中输入释放命令(CR 命令)还需要先以“系统管理员”身份登录启动故障探测计时器,以保证该终端系统可以执行 CR 命令。

2) 操作员注销

操作员完成正常工作,或完成参考计算机维护工作后可以在 OTS 中注销。

6.6.2 运行准备

运行准备包括系统运行准备和列车运行准备。

1) 系统运行准备

运行控制系统计算机和相关设备启动完毕,并且操作控制准备也已完成,即进入系统的运行准备。系统运行准备工作主要涉及分区控制子系统(DCS)运行准备和车载控制子系统(VCS)运行准备。

(1) 分区控制子系统(DCS)运行准备。

DCS 运行准备所涉及的部件主要是分区安全计算机(DSC)/分区传输计算机(DTC)、分区道岔模块(DSM)、分区牵引切断(DPS)和牵引系统几个核心功能模块,在 DCS 运行准备过程中也必须针对每一功能模块进行运行准备。

① 分区安全计算机/分区传输计算机(DSC/DTC)运行准备。

在 DSC/DTC 运行准备过程中主要涉及设置列车数目(DNS(CR)操作)、登录列车(VLOG(CR)操作)、分区列车完整性检查(DVC(CR)操作)、分区基本设置释放(DBS(CR)操作)等操作准备。

设置列车数目操作用于设置系统中列车的总数目,DCS 在进行完整性检查时将判断列车数目是否等于设置的系统中列车数目,如果不相等,DCS 无法自动完成完整性检查,整个系统不允许列车运行。

登录列车操作使系统认知未知的列车,准确获得所有位于轨道上的列车的有关信息。操作员通过人工输入列车的编号、位置、运行方向等列车相关信息,帮助 DCS 与列车建立联系并通过车地通信系统获取更多的列车相关数据,从而可以将未知列车变成系统已知的列车。列车的登录操作将触发系统内部的列车完整性检查。

分区列车完整性检查操作用来人工确认 DCS 通过完整性检查。系统无法自动通过完整性检查,而又需要列车运行时,操作员可以在人工负责的情况下使用 DVC 操作强制指定 DCS 认为其完整性检查成功。

在 DSC 启动完成后,轨道元素信息和列车信息都将被更新,轨道区段都将被锁闭,完整性检查被启动。然后执行 DBS 操作将 DSC 转入正常工作状态。

DBS 命令促使 DSC 进入正常工作状态。但是,其重要性在于该命令保证了运行安全防护原则得以实现。

在 DTC 启动后，分区内 DSC 进入运行就绪状态，DTC 就可以进入运行就绪状态。

② 分区道岔模块运行准备(DSM)。

DSM 启动后首先进行自检，如果自检发现硬件故障，则关闭相关的安全计算机通道；自检成功后，DSM 将道岔位置为“未知”。然后道岔操作员在本地操作台按指定操作程序移动道岔，DSM 根据道岔移动状态确认道岔可到达各位置并且可安全锁定，DSM 状态也将转入“安全”状态。与 DSC 建立连接后，DSM 将自动向 DSC 加载数据，不需要做额外的运行准备工作。

③ 分区牵引切断运行准备(DPS)。

DPS 启动后自动进行内部检查和外围设备检查，检查完成后 DPS 处于初始状态，然后操作员人工发出牵引切断复位(PSR)命令释放全部 DPS，DPS 从初始状态转入正常运行状态，开始正常工作。

④ 牵引系统运行准备。

牵引系统启动后，操作员可以通过牵引状态改变操作(PBS、PWSP、PPT 和 PTO 等指令)完成牵引系统的运行准备。牵引系统必须遵循特定的状态转换过程，到达“牵引列车运行”状态。

(2) 车载控制子系统运行准备(VCS)。

VCS 启动后必须完成相关运行准备工作后才能进行正常运行，其中包括启动过程中的一系列自检、列车登录、设定速度距离曲线、设定最小速度距离曲线监控和插入运行等工作。

① 列车启动检查。

列车上的安全部件加电后会进行自检，如果不通过将被自动关闭，并且禁止列车运行。列车硬件自检完成后，在列车降落并且处于“静止安全”状态的前提下启动 VCS(操作系统、应用软件初始化)，VSC1/2、VSC1/VTC 之间建立连接，启动 440V 车载供电，制动测试(操作员执行 VBT 操作)，检查 OBC 状态。

② 列车登录/重定位。

通过列车登录过程，一列新的列车可以被系统认知，如果由于某种故障导致系统中的列车定位不安全，则可以通过列车重定位过程让系统重新认知该列车(VLOG、VREL 命令)。执行列车登录/重定位操作的条件是列车处于“静止安全”状态，中央操作员知道列车编号、位置和运行方向，列车与地面已建立无线连接，列车所在的轨道区段必须是锁闭的或是已为该列车预定的。

在完成上述工作后，列车将被系统认知，通过完整性检查过程后所有 DCS 都将认知该列车，列车准备好进行插入运行。

③ 设定速度距离曲线。

运行速度距离曲线定义了高速磁悬浮列车运行的最大允许速度，根据线路的拓扑逻辑、列车参数和其他安全因素预定义了若干条运行速度距离曲线，操作员可以通过速度距离曲线设置(VPP)操作命令为某列车指定运行速度距离曲线，其相关信息将在传递线路数据时由 DCS 传给 VCS。

④ 设定最小速度距离曲线监控。

为了保证列车在牵引系统不能正常工作的情况下也能够到达当前停车点，列车必须储存足够的动能和势能。最小速度距离曲线监控功能监视列车的速度和到当前停车点的距离。

在正常运行中最小速度距离曲线监控功能是启用的，但是在某些特殊情况下，如需要列车在最小速度距离曲线之下运行，操作员可以通过最小速度距离曲线监控关闭(VMPF)操作关闭该列车的最小速度距离曲线监控功能，在恢复正常运行时可以通过最小速度距离曲线监控启用(VMPN)操作打开其监控功能。

⑤ 插入运行。

列车在完成登录或重定位后，列车的定位系统处于“非安全”状态，系统必须经过插入运行过程后才能确保列车安全定位。在执行插入运行之前操作员必须先为列车预定进路，之后列车定位系统将进行初始化检查，如果需要，还要通过列车制动测试(VBT)操作控制列车进行制动检查。完成操作后，中央操作员将发出列车驾驶设置(VDS)操作，为列车设置驾驶指令，然后由分区控制计算机(DCC)控制列车进行插入运行。整个插入运行过程中列车必须完成一次行驶方向改变，并且成功经过两个定位标志。在经过第一个定位标志后，定位通道会进行进一步的检查。如果以上过程全部成功完成，列车的定位系统将被认为是安全的。在 DCS 和 VCS 运行准备完成后，整个运行控制系统可以执行正常的运行任务。

2) 列车运行准备

在系统运行准备完成后，运行控制系统可以控制列车执行正常的运行任务。在每次列车运行前还需要进行正常运行准备。通常，正常运行准备包括执行运行命令和进路命令。

(1) 运行命令。

执行运行命令过程中，主要是设置列车运行模式、为列车准备载客运行以及在必要时进行制动测试。

① 设置运行模式。

在正常运行过程中列车运行模式必须处于 ATO 模式，而列车驾驶模式则可由中央操作员根据需要利用模式设置命令(VMC 和 VMD)选择 CCS 模式或 Driver 模式。CCS 模式下列车运行由中央操作员控制，发车和停车过程均由分区控制计算机(DCC)自动控制。Driver 模式下，发车和停车过程都要首先由驾驶员进行控制。

② 列车载客运行准备。

通过车载系统设置(VE)操作设置列车内设备(空调、车头灯等),通过车内照明电源控制(VILN/VILF)操作设置列车内部照明。

③ 制动测试。

当列车刚刚完成列车登录或重定位,或者上次制动检查已经超过系统定义的故障安全时间时,必须进行一次制动测试,否则列车将拒绝执行运行任务。在以后的运行停车间隙内,也可以执行制动测试。

(2) 进路命令。

高速磁悬浮列车有了预定进路后才能运行。高速磁悬浮列车的进路由一个或多个连续的轨道区段组成,一个轨道区段只能作为一列高速磁悬浮列车的进路,或进路的一部分,预定进路可以扩展,但扩展部分必须与预定的轨道区段是连续的。进路的起点和终点必须是固定轨道区段,不能是道岔。预定进路后,系统自动检查进路的可行性。每个 DCS 最多允许为两列高速磁悬浮列车预定进路。

① 预定进路。

进路预定可以保证列车运行过程中所经过的轨道是安全的。预定进路可以在运行准备时进行,也可以在运行后扩展进路,一列高速磁悬浮列车在一个 DCS 中只能有一条进路,如果扩展进路,必须与原方向一致,通过预定进路(RR)命令来实现。

② 预定进路通过封锁的轨道区段。

如果需要将一个被封闭的轨道区段作为预定进路,操作员可通过一个特殊的进路预定(RBR)命令为列车预定通过封锁轨道区段的进路。

③ 检查进路。

可以人工检查进路的可行性,操作员可通过进路检查(RC)命令检查轨道区段是否满足作为列车进路使用的条件。

6.6.3　列车运行执行

运行准备完成后,高速磁悬浮列车可以执行正常运行,分为开始运行、运行和结束运行三个阶段。

1) 开始运行

通常情况下高速磁悬浮列车在车站开始运行,但是由于某些特殊情况,如经过强制停车到当前停车点,也可以在非车站停车点开始运行。

(1) 在车站开始运行。

如果高速磁悬浮列车准备开始运行,整个磁悬浮系统必须满足的前提条件包括没有正在进行制动测试、没有正在执行的其他的设置/删除驾驶指令和列车系统运行就绪。除此之外，列车的运行准备必须已经全部成功完成，其中包括：

① 列车已登录当前 DCS，包括 DSC、DCC 和牵引系统；

② 已为列车预定进路；

③ DCC 和牵引系统已获得进路的线路数据，并且 DCC 获得了当前停车点的信息；

④ DCC 已计算出到当前停车点的最大速度距离曲线；

⑤ 牵引系统已经利用线路数据和来自 DCC 的最大速度距离曲线计算出驾驶曲线；

⑥ 到达进路方向上，牵引系统已计算出到达下一个停车点的速度距离曲线；

⑦ VSC 计算出最大速度距离曲线，DSC 计算出最小速度距离曲线。

以上条件全部满足后，中央操作员可以发出设置驾驶指令命令，高速磁悬浮列车可执行正常运行。此外，如果有必要，列车运行前操作员还要发出车门操作命令锁闭车门。成功开始运行后，列车将处于“运行”状态。

(2) 在非车站停车点开始运行。

由于车站本身也是一个停车点，因此，在车站开始运行仅是在停车点开始运行的一个特例。在非车站停车点开始运行不需要关闭车门，因为当列车因强制停车或其他系统原因停在运行停车点(非车站)时，系统不允许列车打开车门(除非通过紧急开门装置)。除此之外，在停车点开始运行与在车站开始运行所需满足的条件和进行的操作完全相同。

2) 运行

在列车正常运行过程中，列车定位系统和列车防护系统必须安全工作，系统自动释放列车已经通过的进路，操作员需要及时为正在运行的列车扩展进路，此外，系统还将根据线路配置数据控制受流器的放出/收起。

对于列车正常运行而言，有两种不同的情况，即在单一分区内运行和跨分区运行。

对于单一分区内运行，系统只要完成前面所描述的运行过程中系统所要执行的任务即可。对于跨分区运行，列车需要在进入下一分区前启动分区切换流程，列车只有在顺利完成分区切换过程后方可进入新的分区继续运行。

3) 结束运行

结束运行就是促使列车停止运行，并且完成整个停车序列。结束运行与开始运行相似，也有两种情况，即在停车点结束运行和在车站结束运行。

(1) 在停车点结束运行。

在停车点结束运行就是为了终止某次运行过程，是非正常的停车。系统产生强制停车原因或者因需要在指定停车点设置了停车指令，就会发生在停车点结束运行的情况。当列车停车后，系统自动执行列车降落、删除驾驶指令和删除停车指令等停车序列，完成停车过程。

(2) 在车站结束运行。

由于车站也是一个特殊的停车点，因此，在车站结束运行的过程与在停车点(非车站)结束运行基本相同，差别是在车站结束运行的流程中可根据需要释放列车车门操作。

6.7　38G无线通信

38G无线通信系统在高速磁悬浮列车与地面控制系统之间建立一种可靠的、双向、双通道的数据传输路径，传送操作控制数据、牵引磁轮角数据、诊断数据及旅客信息数据，同时为列车与控制中心的操作人员提供语音服务。

6.7.1　系统组成

38G无线通信系统从逻辑上可分成中央无线控制单元、分区无线控制单元、光纤网络、无线基站和车载无线控制单元，如图6-8所示。

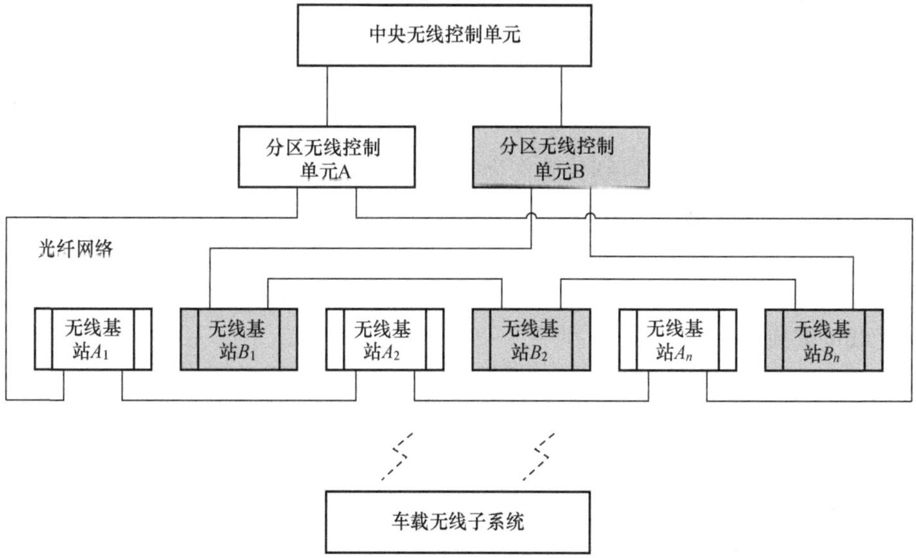

图6-8　38G无线通信系统组成

1) 中央无线控制单元

中央无线控制单元位于控制中心，是控制中心和列车之间进行旅客信息和诊断数据传输以及语音通信的接口，为话音通信提供了一个标准的E1接口。

中央无线控制单元收集38G无线通信系统的诊断数据、车载系统和地面系统的诊断数据，并向运行控制系统中央在线诊断设备提供诊断信息。

在中央无线控制单元计算机上对无线系统进行配置，如基站工作范围、IP地址等。

2）分区无线控制单元

位于运行控制系统分区设备的机房内，每个分区无线控制单元最多可连接两个分区控制子系统，并在一个可以由1个或多个轨道组成的特定的线路区段内控制无线传输，与车载无线设备共同完成车地数据传输，通过专用光纤网络对无线基站收集数据，控制连接的基站。

一个分区无线控制单元由一个冗余的控制器系统组成，控制无线基站连接，即仅触发列车所在的一个无线基站建立与列车的连接。诊断信息通过广域网从各个分区无线控制单元发送到中央无线控制单元。此外，通过固定的数据传输，传送中央无线控制单元需要的无线系统内部数据。

3）无线光纤网络

无线光纤网络用于连接无线基站和分区无线控制单元。无线基站以梳状连接成一个环结构，即2组无线基站内部相连并使用不同的光纤网络连接到分区无线控制单元，以实现较高的可用性。

4）无线基站

无线基站由基站控制器、基站组合天线、基站收发器等组成，其中，基站收发器负责信号的发送和接收。

当该无线基站没有激活时，就作为光纤信号的中继器（提供光电转换），将信号传送到下一个无线基站。基站组合天线包含4根天线。两根天线是作为两个相反方向的发送和接收用；另外两根天线（一个方向一根）是接收天线，是附加的接收通道以获得空间分集。每对天线（一个方向）能够单独调整以沿轨道方向获得最佳的无线电波束。

分区无线控制单元控制一组无线基站，基站沿线路安装并满足轨道上的每个点必须能够目视到相邻的两个无线基站，这也是毫米波无线通信的前提条件。为了增加可靠性，A通道无线基站与B通道的无线基站是交替设置，信号的辐射由双向的天线会聚，沿轨道发射。一个无线基站能够供应一个或多个通道。

5）车载无线子系统

车载无线子系统包括组合天线、车载无线控制单元等。为了空间分集和反方向的接收，组合天线提供4根天线。移动式天线设计成中等的方位发射角，在轨道的曲线和直线路段都能得到最佳的工作效果。数据和控制信号通过RS-422接口连接到车载无线控制单元。车载无线控制单元控制着无线系统的移动部分，提供移动用户的各种接口。

6.7.2 系统关键技术

1）双通道冗余技术

38G 无线通信系统有两个独立的通道，即 A 通道和 B 通道，如图 6-9 所示。每个通道各有一套独立的设备以及相关的接口设备，同时传输相同的数据。38G 无线通信系统的双通道冗余技术保证了在任何时刻，列车都在两个无线通道的覆盖范围内，单个通道故障不影响高速磁悬浮列车的正常运行。

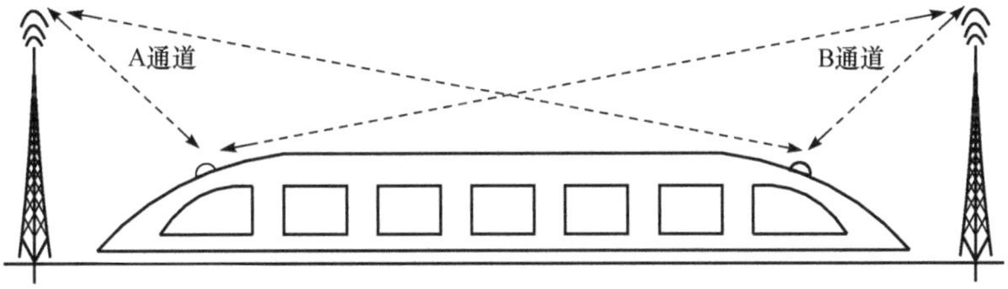

图 6-9　38G 无线通信系统的双通道冗余

2）频率复用和管理技术

38G 无线通信系统使用频率复用技术，通过适当设置分区无线控制单元的管辖范围，保证了使用相同频率的基站相隔距离足够远，不会导致相互干扰，如图 6-10 所示。由于 38G 无线通信系统中的 A 通道和 B 通道是冗余设计，同一个通道中的所有基站使用同一个频点发射信号。在一个无线电区域内，信道 A 的无线基站以频率 f_1 向车载电台发射信号，信道 B 的无线基站以频率 f_2 向车载电台发射信号；车载电台以频率 f_3 向信道 A 的基站发射信号，以频率 f_4 向信道 B 的基站发射信号。

根据列车位置，每个通道中只有一个基站在工作，所以随着列车运行方向，基站顺次开启和关闭。在图 6-10 中，A 通道的基站 A_n 和 B 通道的基站 B_n 先开启，A 通道的基站 A_{n+1} 和 B 通道的基站 B_{n+1} 关闭，随着列车向前运行，适时控制 A 通道的基站 A_n 和 B 通道的基站 B_n 的关闭程序，以及 A 通道的基站 A_{n+1} 和 B 通道的基站 B_{n+1} 的开启程序。

3）无线通信系统分区切换技术

由于无线基站是沿线设置的，当列车在轨道上运行时，列车将经过不同分区的无线基站。在列车跨区运行时，必须进行分区无线控制单元的切换、分区运行控制系统的切换和无线基站的切换。其切换原理是：在无线切换分区的范围和切换中点，当列车进入到切换区域时，开始进行无线分区的切换。切换工作包括分区无线强度的测试和无线频率的切换。

无线分区切换的原理如图 6-11 所示。

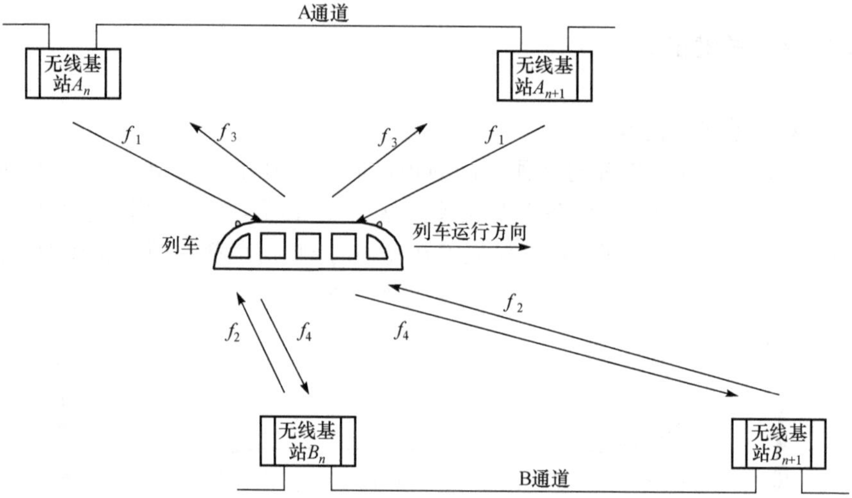

图 6-10　38G 无线通信系统的频率复用原理

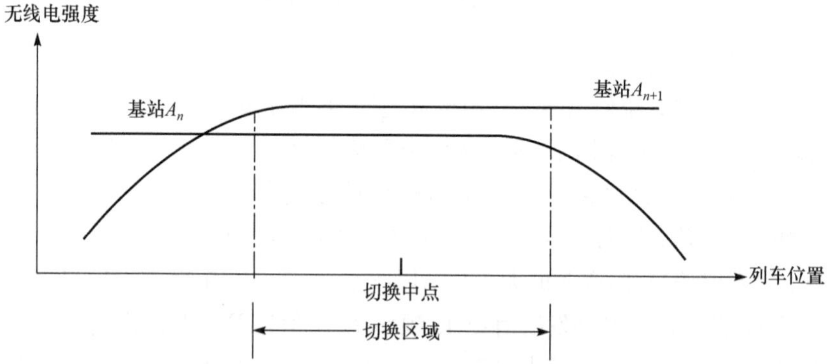

图 6-11　无线分区切换的原理图

4）时分复用技术

根据列车线路情况，38G 无线通信系统划分为多个无线分区，每个无线电分区由分区无线控制单元控制。

在每个无线分区，38G 无线通信提供了与 7 列列车通信的能力。对于 7 列列车，在每段轨道最多 1 列列车是“运行”状态和 1 列列车是“停止”状态。对于无线通信系统而言，旅客信息系统和旅客话音通信数据必须与运行控制系统和诊断数据融合发送。保留的 3 列列车是“存车”（没有固定分配给轨道），仅仅需要限制的数据传输容量。如果在一个无线分区多于 3 列“存车”的话，仅 2 列附加的列车能够使用“存车”列车的容量来处理，其余“存车”列车的通信以有限的容量采用询问方式处理。

无线控制单元与列车通信，在 38G 无线通信系统内使用时分多路访问方式，时隙(2.5ms)分配给每一列列车，并对各类列车赋予相应的识别码(列车识别码包括三个部分:列车的编号、列车的状态码及列车的轮询模式码:一个字节可以描述)，其中第 1 个到第 6 个时隙分配给 2 个“运行”列车、2 个“停止”列车、2 个“存车”列车，另一个时隙作为自动测试时隙，其内部测试独立于无线通信系统，被用来通知无线通信系统的硬件故障。报文帧的持续时间为 20ms，时分多路访问帧结构如图 6-12 所示。

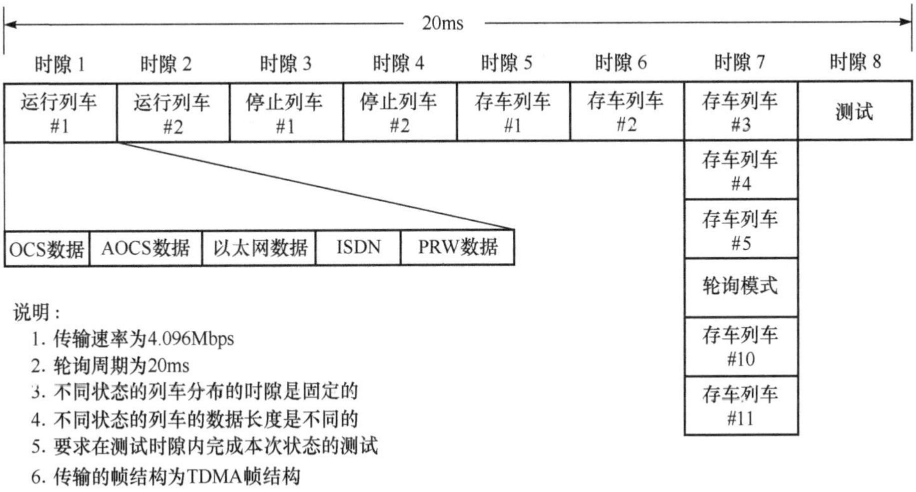

图 6-12　时分多路访问帧结构图

5) 分集技术

分集技术利用多条平均信号强度近似相等和衰落特性相互独立的路径传输相同信息，然后在接收端对多个信号进行合并处理。通过分集技术大大降低多径衰落的影响，从而改善无线信道传输的可靠性。

不同位置的天线构成不同的分集技术，38G 无线通信系统使用了两种分集方法。一种是地点分集，在高速磁悬浮列车的不同位置安装两个天线；另一种是空间分集，每个无线电收发器上有两根垂直天线，位置相距约 10cm。

6) 通道多路复用技术

38G 无线系统采用通道多路复用技术，结构如图 6-13 所示。分区无线控制单元 B 的数据复用到分区无线控制单元 A，同样，分区无线控制单元 A 的数据复用到分区无线控制单元 B，也就是说，分区无线电控制单元 B 的数据也通过无线 A 信道传输，分区无线电控制单元 A 的数据也通过无线 B 信道传输；另一方面，两个通道的基站之间、两个车载无线控制单元之间也交换接收到的信息。通道多路复用技术大大增加 38G 无线系统传输的可靠性。

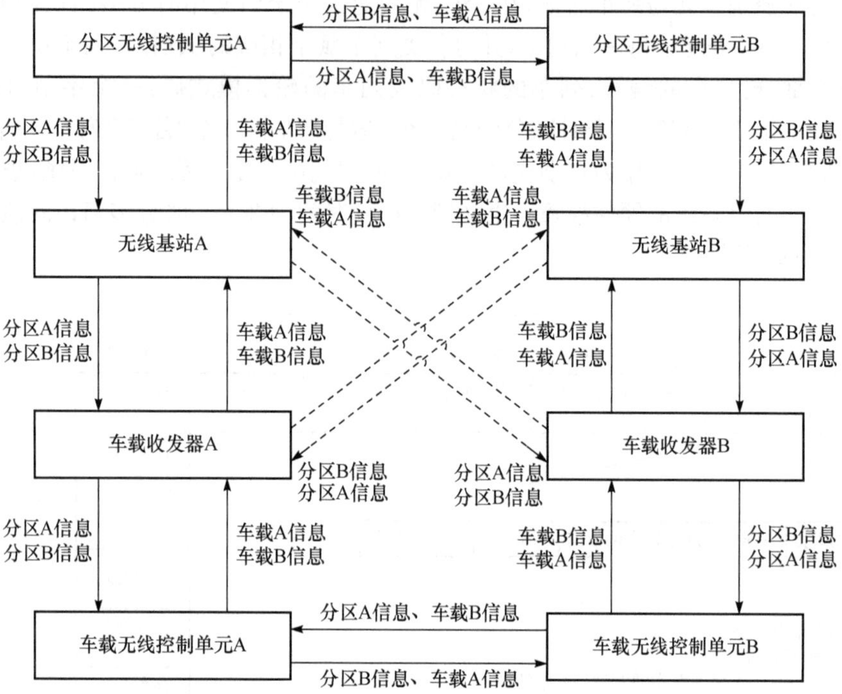

图 6-13　通道复用技术

总之,高速磁悬浮列车的运行控制系统,同高速轮轨列车运行控制系统从结构和工作原理上基本相似。但鉴于高速磁浮列车牵引机理不同,对其运行控制系统要做进一步的了解,可在阅读本书的基础上,再参阅有关专著。

第 7 章 高速列车运行控制系统的仿真与测试

系统仿真是通过分析系统各要素性质及其相互关系，建立描述系统结构或行为过程的，具有一定逻辑关系或数量关系的仿真模型，进行试验或定量分析从而检测和评估系统行为功能和性能的过程。

高速列车运行控制系统本身是一个功能强大、结构复杂的大系统，采用常规方法难以对系统进行分析、检测、评估和验证。尤其近年来，随着高速列车运行控制系统的发展加快，迫切需要采用先进的高可信度的仿真技术为高速列车运行控制系统的选型设计、方案评价、测试、优化等进行全生命周期服务。因为利用现场试验，存在着周期长、人员投入大和成本高等问题，甚至一些现场不可能重复也难以进行试验和模拟。若采用系统仿真的方法，则能够反映列车运行控制系统在各种条件下的行为和特性，包括极端条件下的各子系统和功能模块间相互作用，以及对整体系统性能的影响。通过对列车运行控制系统总体技术方案的仿真评估，可检验系统方案的关键性能指标，通过对不同技术方案进行比较获得高满意度的设计方案。仿真平台作为培训环境对系统操作、维护和管理人员进行培训，不仅可以熟悉正常情况下的操作和维护，而且可以掌握紧急和异常情况下的应急处理方法。因此，本章将对高速列车运行控制系统仿真的相关内容进行介绍，包括构建高速列车运行控制系统仿真平台和实现对系统的仿真测试等。

7.1 仿真平台总体架构

7.1.1 仿真目标

高速列车运行控制系统是高速铁路系统中用于保证行车安全和效率的系统，系统设备故障或异常将会直接影响行车安全和运营效率。随着列车速度越来越快、列车密度越来越大，高速列车运行控制系统呈现出系统化、网络化、信息化和智能化的特点。因此，必须对高速列车运行控制系统进行全面、细致地测试与验证。一般来说，列车运行控制系统仿真平台的设计过程包含如下几个方面：

1）功能和原理仿真

仿真平台的功能仿真和图形化界面可直观和动态地展示高速列车运行控制系统的功能原理和运行机制，并实时显示高速列车运行过程中各功能模块的数据传输。

2) 关键设备测试

通过在仿真平台中嵌入高速列车运行控制子系统，完成对子系统的半实物仿真与功能测试。根据不同测试需求，完成关键设备间的互联互通测试与验证。

3) 总体方案的验证

分析总体方案中的缺陷、潜在危险、发生故障的概率和故障带来的损失严重程度等，评估总体方案是否满足安全和运营要求。

4) 维护支持和仿真培训

高速铁路投入运营后，利用其仿真系统进行维护支持和仿真培训，包括软件维护和升级、特殊故障诊断等。在故障工况下对司机操作进行培训，提高司机应对突发场景的熟练程度，减少因操作失误带来的低效运行或事故。

除上述仿真平台外，系统辅助设计平台等一系列工具也属于仿真范畴的内容，限于篇幅，不再细述。

7.1.2 仿真模型与算法

建立高速列车运行系统的仿真系统，首先应根据仿真需求，建立系统的仿真模型及算法。通常情况下，列车的运行取决于行车计划，而信号系统则监督列车的运行。在仿真模型中，由 CTC 制订并发布行车计划，即列车时刻表等，地面系统（包括联锁、列控中心和 RBC 等），则根据时刻表和既定的规则生成行车许可等，并发送给相应的列车。车载系统收到行车许可后计算出列车运行的速度距离曲线，从而监督列车按行车许可运行，同时模拟司机的驾驶行为，控制列车运行速度等。显然，高速列车运行控制系统的仿真模型是一个多变量的复杂函数，将其分为多个模块，并分别按不同规则与需求进行建模和算法设计，最终实现整体的仿真功能需求。

高速列车运行控制系统仿真时，其发车、站停及多车间的追踪运行由 CTC、联锁、RBC、列控中心、轨旁系统仿真、ATP 和列车驾驶模拟等模块共同完成，即多车仿真模型，如图 7-1 所示。

各模块在仿真模型中的功能为：

(1) CTC 总机负责列车运行计划的制订和下达，设置临时限速命令等。

(2) 临时限速服务器负责验证、校验、保存 CTC 总机设置的临时限速命令。

(3) CTC 车站分机与车站一一对应，负责接收 CTC 总机的运行计划并执行。CTC 车站分机会根据运行计划的安排，在特定时机向车站联锁下达进路办理或取消命令，从而间接起到控制列车按时刻表运行的目的。

(4) 车站联锁接收到 CTC 分机的进路命令，根据车站的实际状况办理进路，同时反馈办理结果到 CTC 分机。此时，车站联锁会把车站和区间的列车占用信息

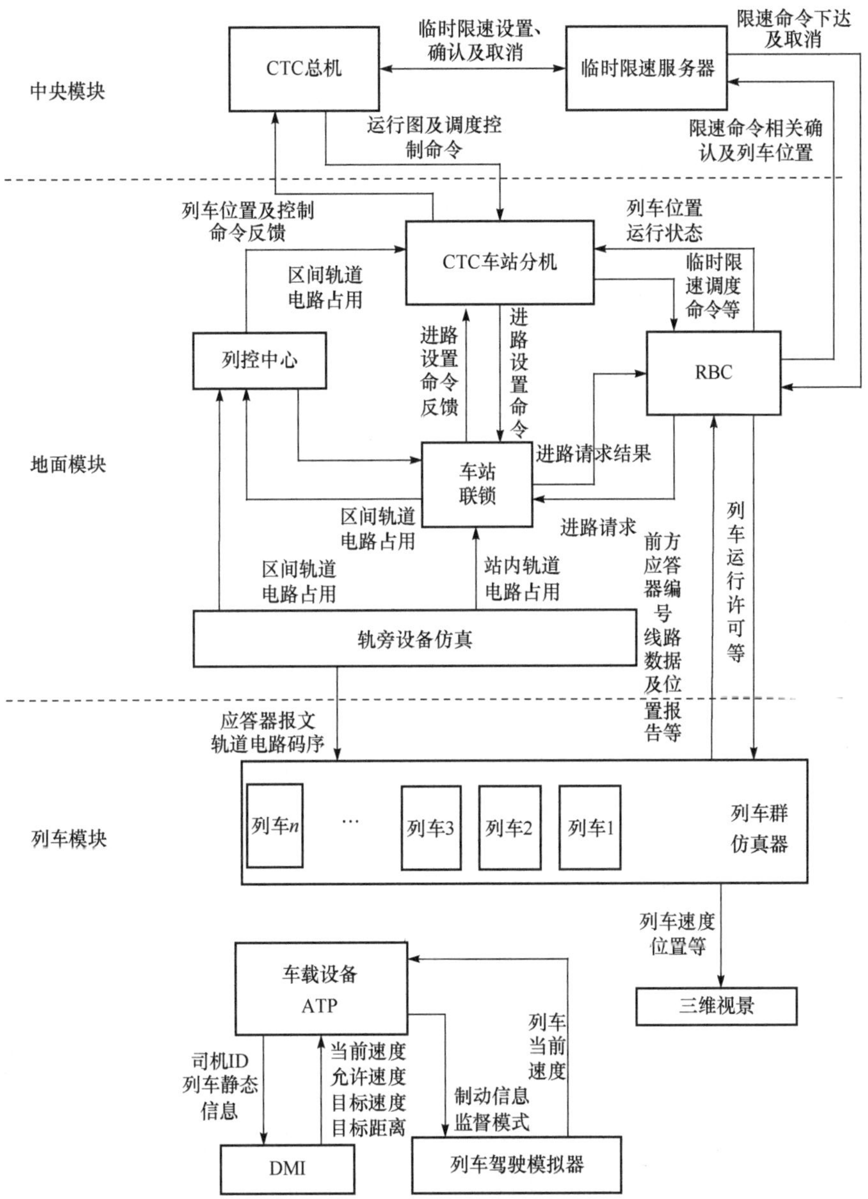

图 7-1　仿真模型示意图

汇总发送给 RBC，为列车运行许可提供计算依据。

(5) 列控中心接收轨旁模块的列车占用信息，根据占用情况计算需要发送的码序，把轨道电路码序传输给轨旁模块。列控中心生成 CTCS-2 级列车行车许可等。

(6) RBC 根据联锁系统提供的进路信息给 CTCS-3 级列车发送运行许可，同时根据区间的占用情况，控制列车之间的追踪距离。RBC 生成并向 CTCS-3 级列车车载控制子系统发送行车许可。

(7) 钢轨及应答器仿真采集列车的实际占用情况，将区间占用情况发送给列控中心，车站占用情况发送给车站联锁系统，应答器报文发送给对应的列车，轨道电路码序发送给列车车载系统，供 CTCS-2 级列车作为行车许可使用。

(8) 列车仿真群对线路上运行的多辆列车进行仿真。每辆仿真列车由车载 ATP 负责监督列车的运行速度，使其不超过限制速度。

仿真模型应具有列车运行仿真功能，灵活的列车增减功能和按照时刻表运行，驾驶信息输入、存储和应用等功能。列车根据既定的规则在不同时刻以规定的速度独立运行。根据牵引制动模型计算每个仿真车的实时速度，按照其他控制模块的设定，确定每列仿真列车在仿真系统中的运行状态。列车模型根据行车计划运行，按照仿真系统的设置进行驾驶信息的输入和存储，对车载系统进行配置。此外，在列车实时运行过程中，列车模型能根据系统的反馈输出自动进行数据输入。

7.1.3 基于最小系统的仿真平台

随着列车运行控制系统功能复杂度的不断增加，系统软件复杂度的增长往往远大于系统硬件复杂度的增长。系统硬件相对稳定，系统一旦投入使用，无需再对硬件部分做改动。而系统软件往往会在应用过程中或在一些特殊的场景下暴露出软件漏洞，而且用户也会提出系统功能完善和升级的需求。因此，高速列车运行控制系统的软件功能往往决定了系统运营的质量和安全，也是系统验证的重点和难点。

最小系统是指使高速列车运行控制系统能完成系统功能的最基本的硬件和软件环境，其构建目的就是实现硬件最小化和软件功能最大化。基于最小系统构建的仿真平台，可以以较低成本和较短建设周期，实现较为全面的系统仿真。以中国高速铁路 CTCS-3 级列车运行控制系统为例，仿真平台构建的最小系统包括车载 ATP 系统仿真样机、RBC 仿真样机和支持仿真样机间车地通信的 GSM-R 无线通信网络环境各一套，其余部分则为外围仿真环境，如图 7-2 所示。

基于最小系统建立的仿真平台，提供可视化线路和列车运行环境，确保系统所有状态可观可控，实现列车运行控制系统总体方案的仿真验证。采用分布式结构，仿真模块间接口实现应用层和协议层分离，通过增加协议层软件实现对真实设备的接入，从而实现其测试。

仿真系统分为仿真平台数据库、仿真综合管理器、各仿真节点和离线分析评估四大模块，仿真线路实际工程数据、仿真案例、故障注入案例库和验证结果为外部文档。与仿真综合管理器相连的仿真节点包括 CTC 总机仿真器、CTC 车站分机仿真器、联锁设备仿真器、TCC 仿真器、RBC 仿真器、轨旁仿真器、车载仿真器、

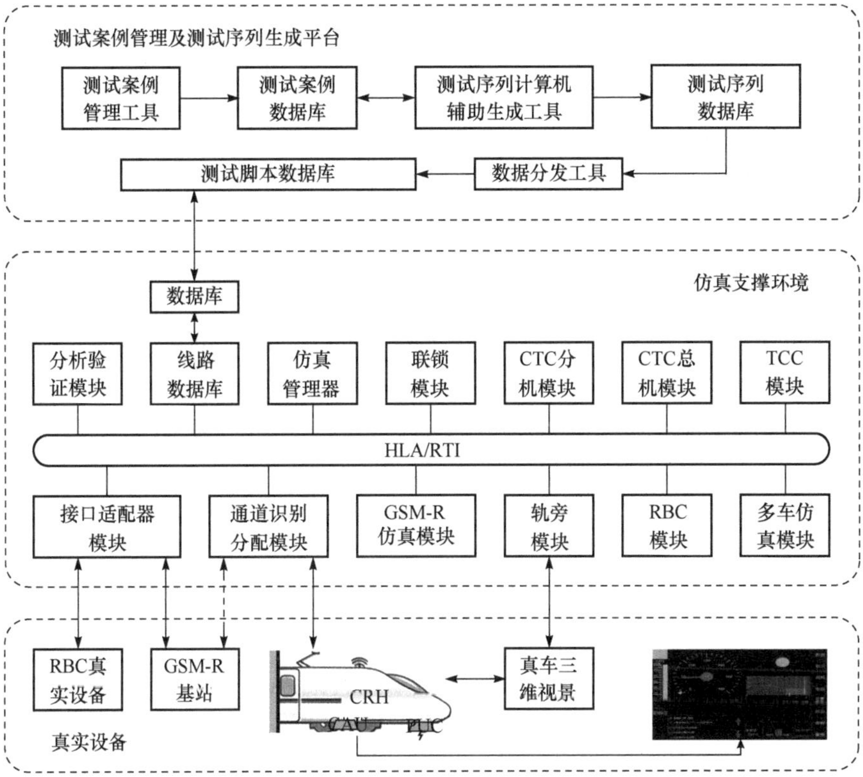

图 7-2　CTCS-3 级仿真系统结构图

GSM-R 仿真器和三维视景，如图 7-3 所示。图中 CTC 总机仿真器、CTC 车站分机仿真器、联锁设备仿真器、TCC 仿真器、RBC 仿真器、轨旁仿真器和三维视景需要根据仿真综合管理器的命令，从线路数据库下载相应方案的线路数据并生成站场图和线路信息。

仿真过程分为线路方案形式化、仿真前管理、仿真过程控制和离线分析评估四个流程，如图 7-4 所示。

1) 线路方案形式化

将被仿真的线路场景方案转化为仿真系统可识别的数据类型的过程，即将实际线路数据及仿真案例的电子文档转化为仿真平台可识别的 XML 文件，并将其载入线路数据库和列车运行管理数据库。整体的线路设计数据存入线路数据库，包括桥梁、隧道的设计地点、各个区段的坡度和曲线半径、轨道区段长度、信号机和应答器的设置、应答器位置和报文、RBC 的数量和控制区段等。仿真案例中包括列车运行控制系统的设计方案，如自动过分相命令下达时机、运营时刻表和 RBC 切换方案等。

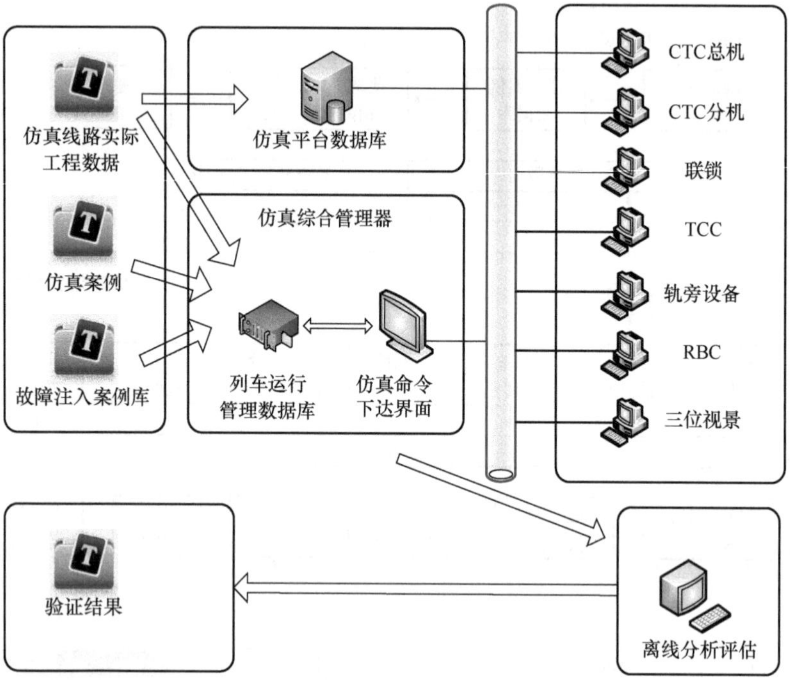

图 7-3 仿真平台管理模块划分

2）仿真前管理

为整个仿真系统和验证实际方案准备的过程。首先，仿真综合管理器根据实际方案进行仿真系统的配置，识别各个仿真节点，下达命令让其从线路数据库读取仿真过程所需的线路数据，通过线路数据转换模块生成站场图和线路信息。仿真系统获取了某一方案的线路数据，即可对该方案进行全方位的仿真和方案验证，使仿真系统具有可重用性。

仿真案例库和故障注入库是系统测试验证中至关重要的部分，通过仿真案例库和故障注入库实现了对实际方案的验证。其完备性直接关系到方案验证结果的可信度和权威性。

3）仿真过程控制

仿真综合管理器控制各仿真节点实现仿真的过程。例如，通过仿真综合管理器配置各仿真节点，实现 CTCS-3 级列车运行控制系统的主要运营场景，确保仿真系统的可信度。仿真过程控制包括注册与启动、注销、进出动车段、等级转换、行车许可、RBC 切换、自动过分相、重联与摘解、临时限速、降级情况、灾害防护、调车作业、人工解锁进路和特殊进路共十四个主要场景。以上可以通过仿真综合管理器下达控制命令或对各仿真节点进行手动操作来实现，相应仿真综合管理器与各仿真节点间的命令数据和关键数据记录在运行管理数据库中，以备仿真回放和离线分析。

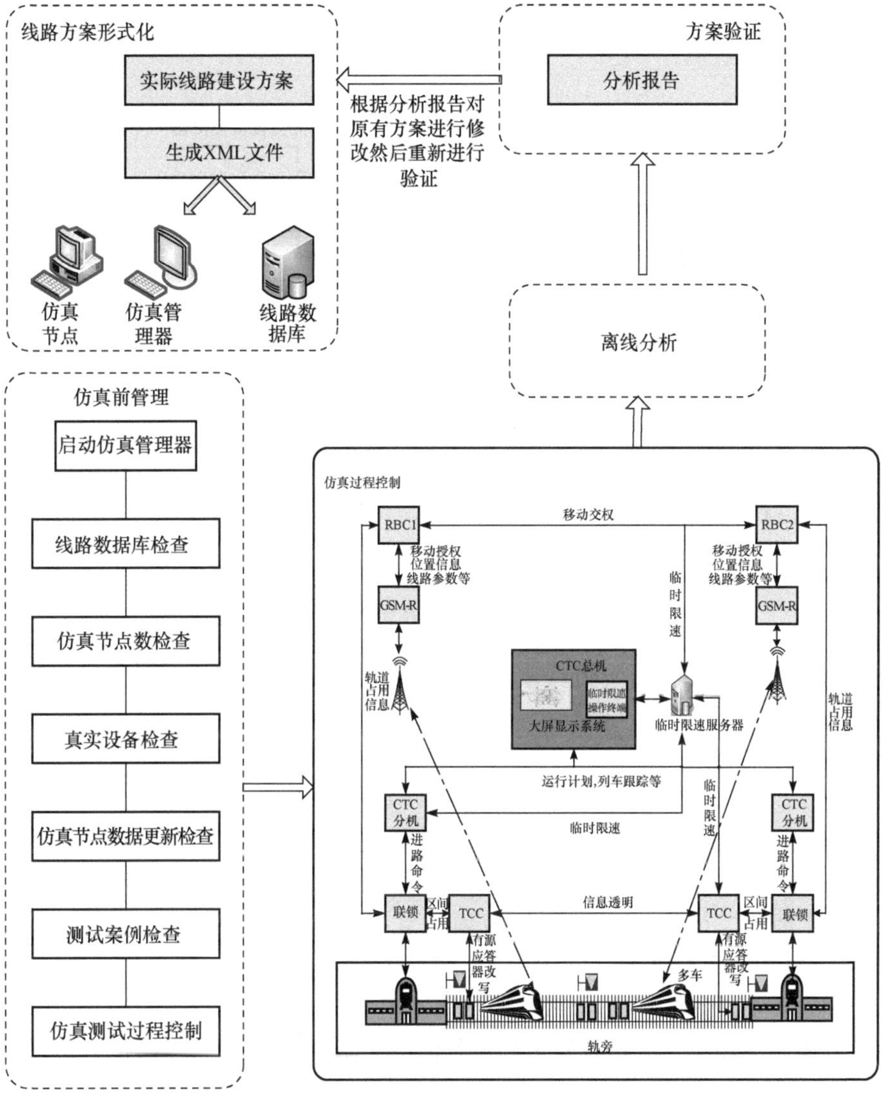

图 7-4　仿真流程图

仿真过程的控制还包括测试序列的执行和故障的注入。根据测试序列给相应的仿真节点发送控制命令,仿真节点响应该命令并做出相应的处理。故障的注入方法类似。

4) 离线分析

离线分析是根据仿真数据分析仿真结果的过程。离线分析模块获取仿真综合管理器的仿真数据,通过仿真回放定位仿真方案中发生问题的模块。根据离线分析模块的分析报告,对原有方案进行有针对性的修改,并重新在仿真系统中进行验证。如此往复,给出高速列车运行控制系统仿真最佳优化方案。图 7-5 给出仿真平台各模块在仿真流程中的位置。

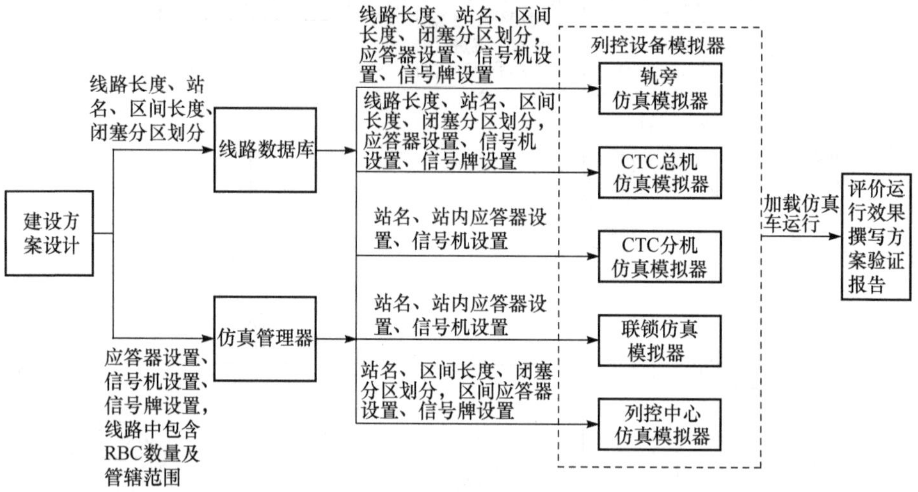

图 7-5　仿真平台各模块在仿真流程中的位置

除上述仿真外,还可对仿真管理器、验证分析模块、轨旁仿真器和多车仿真模块等进行分析。

7.1.3.1　仿真管理器

从仿真平台的总体结构来看,CTCS-3 级仿真系统是多节点分布式系统。随着仿真节点的增加和仿真任务的加重,设计了仿真过程规划管理角色的模块,即仿真综合管理器。仿真综合管理器规划仿真过程和管理各个仿真节点,保证了 CTCS-3 级仿真平台高效、可靠地工作。

仿真综合管理器与 CTCS-3 级仿真系统中的 RBC 仿真器、CTC 总机仿真器、CTC 分机仿真器、TCC 仿真器、联锁设备仿真器、GSM-R 仿真器、轨旁仿真器和多车仿真器等仿真节点相连。如图 7-6 所示,仿真综合管理器开始工作后,首先启动服务器端向线路数据库和各仿真节点请求建立连接。建立连接后,对节点进行识别,依次下达下载线路数据库中线路信息的命令,并在仿真综合管理器中为其创建界面。当所有节点都与仿真综合管理器建立连接后,仿真综合管理器进行对节点的时钟同步、测试场景初始化和网络参数配置。

仿真综合管理器启动和管理整个仿真过程,对各节点进行监控和记录,仿真期间进行故障注入和测试案例的执行,最后对记录的重要数据进行分析和仿真片段回放,实现对被仿真系统的方案和仿真系统自身的验证。

仿真综合管理器的主要功能为:识别各仿真节点、同步各仿真节点、各仿真节

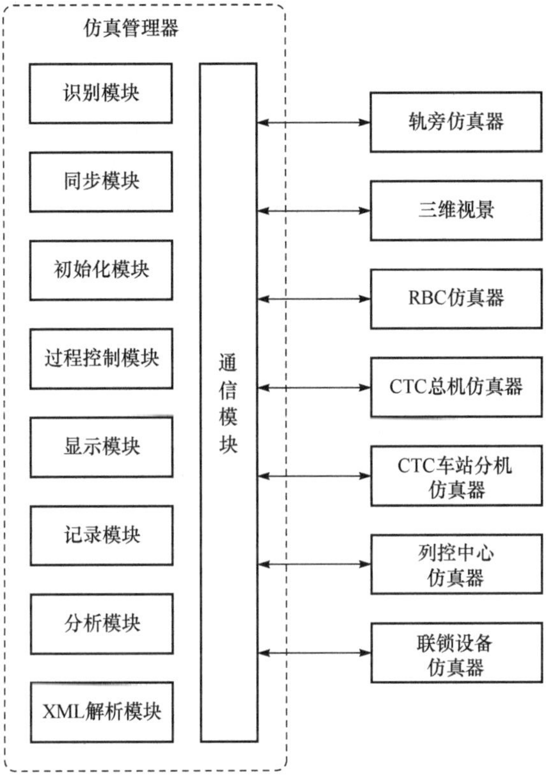

图 7-6　仿真管理器的内部构成及外围模块

点初始化设置、网络参数配置、仿真过程控制、信息记录、信息分析、故障注入和方案验证等，下面对其做进一步分析。

1）识别仿真节点

仿真综合管理器根据仿真节点向其发送信息进行识别，并根据其身份为其创建界面。与仿真节点连接的过程中，为避免长期与其断开连接，需要其发布定时动态信息。与仿真节点断开后，删除为其创建的界面。从仿真平台的可扩展性角度出发，仿真节点可以是动态变化的。因此，与仿真综合管理器相连的每类仿真节点的个数也是动态的。

2）各仿真节点初始化

仿真综合管理器负责不同场景的仿真实现，通过与仿真节点的通信协议，发送相应的参数完成各节点的初始化设置。

3）仿真节点同步

由于仿真节点的时钟漂移使得各个节点的时间不可能完全相同，时钟的不同步会给数据记录和分析等带来影响，必须在仿真开始前和仿真过程中对网络上的不同模块和节点进行时钟同步。

仿真综合管理器设置与列车运行图严格对应虚拟时间，该虚拟时间仿真开始时设为本地时间，同时每隔一段时间向仿真节点发送本地时间进行同步。

4）仿真过程控制

CTCS-3 级仿真系统是一个由多操作界面构成的多节点、分布式平台，引入仿真综合管理器可指挥协调各仿真节点的操作，以控制仿真过程。

5）信息记录

仿真过程中的数据与仿真过程相关，反映了仿真过程中节点间建立连接、列车到站等信息。由仿真节点发送数据给仿真综合管理器，实现对仿真过程的监控。仿真综合管理器界面上实时显示接收数据和发送时间，并一同存档。

6）过程回放

仿真的一个重要特点是可以重复进行，根据仿真过程中接收记录的信息，选择回放的时间区间，仿真综合管理器将相应的数据发送给各仿真节点，以实现回放功能。

7.1.3.2　验证分析模块

验证分析模块的任务是根据验证提供的结果，分析方案是否可行，评价被测设备是否实现了其应该具有的功能，如图 7-7 所示。

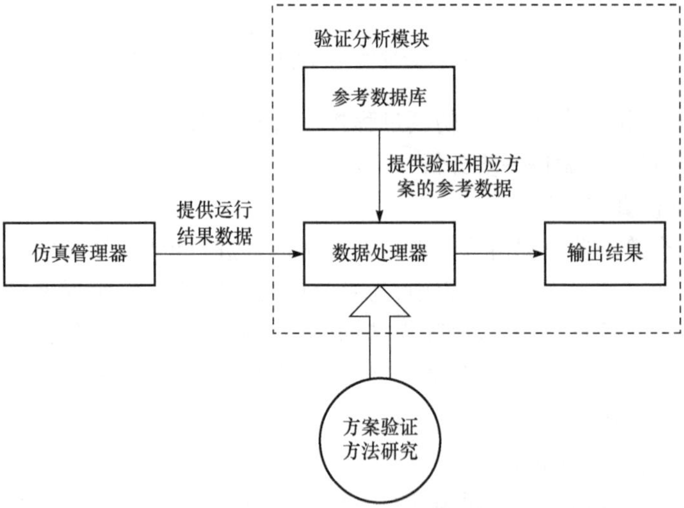

图 7-7　验证分析模块功能框图

设计 CTCS-3 级列车运行控制系统方案时考虑因素多，应对提出的多种方案进行综合评估并选出最优方案。传统的专家评估法和模糊综合评判法等都具有一定局限性。目前仿真平台的验证分析模块，大多基于加权平均法和熵权法机理进行验证分析。根据运营需求和列车运行效率等，应用加权系数法对各准则加权对设计方案进行综合评定。在构建评估指标体系基础上，提出用熵权法确定各指标权重建立评估模型。

参考数据库分为建设方案参考数据库和功能验证数据库，功能数据可根据不同的被测系统，提供其需要的特定数据，如图 7-8 所示。

数据处理器的任务是将仿真管理器传来的数据与参考数据库中的数据进行比较，按照一定的规则对结果进行评判，如图 7-9 所示。根据结果数据与参考数据比较结果进行判定，如果符合参考数据库的要求，则该方案可行或被测设备功能合格。

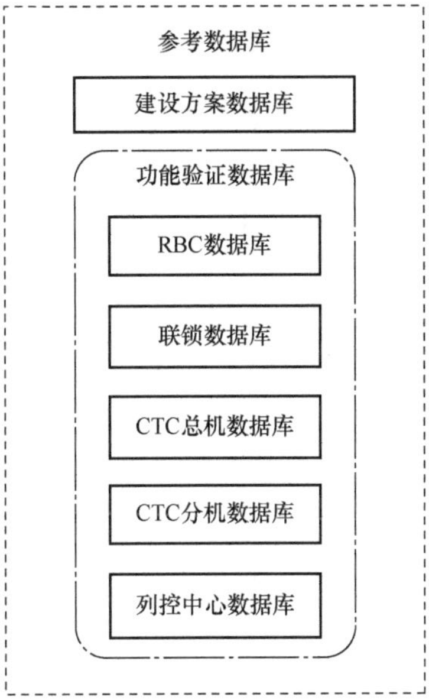

图 7-8　参考数据库的构成

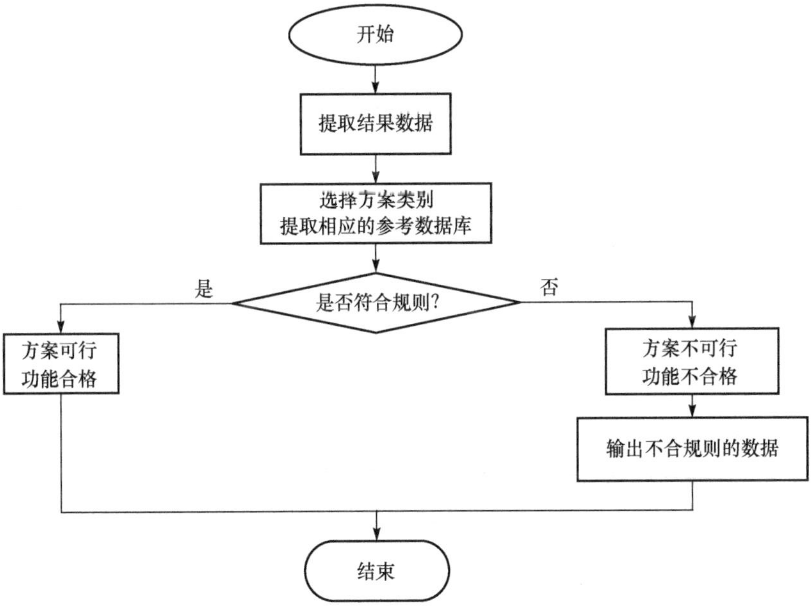

图 7-9　方案验证总体流程示意图

7.1.3.3 轨旁仿真器

轨旁仿真器负责管理轨旁系统状态，用于在仿真平台中模拟现场设备，其主要功能包括：

(1) 列车真实位置信息。

轨旁仿真器存储仿真系统中所有列车的真实位置信息，包括列车所在轨道区段和轨道区段中的精确位置。获得列车真实位置，是轨旁仿真器实现轨道电路发码、应答器发码和故障模拟等功能的前提条件。从三维视景模块或多车仿真模块接收列车当前走行距离，并根据当前存储的线路数据库(静态数据)和道岔状态(动态数据)计算列车所处的进路和轨道区段，以及在轨道区段中的精确位置。根据仿真管理器的命令，在特定位置任意增加一列车或删除一列车，作为列车仿真运行的开始和结束。特定位置可以是动车段出入口，也可以根据仿真需要选取全线任何地方。

(2) 道岔位置信息。

根据联锁设备或仿真管理器发送的进路控制命令，来控制线路上道岔动作，记录所有道岔状态，并将道岔状态信息实时发送给三维视景模块，控制三维视景显示。将道岔状态的表示信息实时反馈给对应的联锁设备。

故障仿真时，轨旁仿真器内部存储的道岔状态，可以和发送给联锁的道岔状态信息不一致。

(3) 轨道区段占用信息。

仿真器根据当前线路上列车位置信息和仿真信息(如轨道电路故障)，计算所有轨道区段的占用情况，将轨道区段占用情况实时发送给对应的联锁或 TCC 设备。

故障仿真时，轨旁仿真器内部存储的轨道区段占用信息，可与发送给联锁或 TCC 的占用信息不一致，适用于模拟轨道电路占用、虚假占用和分路不良等故障。

(4) 轨道电路发码。

实时接收 TCC 或联锁系统发送的轨道电路码序信息，并判断管辖范围内的所有列车的位置，实时发送轨道电路码位信息。轨道电路还可以模拟发码故障。

(5) 应答器发码。

轨旁仿真器管理其管辖范围内的应答器位置和报文信息，包括存储在数据库中的无源应答器(静态数据)和 TCC 动态发送的有源应答器编码信息(动态数据)，并判断管辖范围内的所有列车的位置，根据列车位置向列车发送应答器报文信息。

故障仿真时，故障设置可分为仿真前设置的故障(如应答器缺失和位置错误等，可通过修改数据库实现)和仿真过程中的动态故障(如偶然的应答器报文读取失败或读取有误等)。

(6) 轨旁系统故障注入功能。

轨旁仿真器可接收仿真管理器发送的故障信息,并在仿真过程中动态设置相应故障,实现对故障情况的模拟。

故障仿真时,轨旁仿真器可模拟轨道电路虚假占用或分路不良、道岔无法表示、无法锁闭、无法动作、轨道电路发码故障、应答器缺失、应答器位置错误和偶然的读应答器报文失败等。

轨旁仿真模拟器采用分布式结构,即一个轨旁模块管理若干个区间,在两个轨旁模块控制域的交界处,一个列车运行控制中心对应两个轨旁模块,而在轨旁模块控制域的中部,一个列车运行控制中心对应一个轨旁模块。这是因为如果使用一个轨旁模块管理整条线路,由于信息量比较大,可能出现信息丢失等状况,故采用多个轨旁模块来管理整条线路。轨旁模拟仿真器采用分布式架构,列车在越过两个轨旁仿真器管辖区域边界时,轨旁模块采用“套袖”方式实现管理权移交。结构如图 7-10 所示。

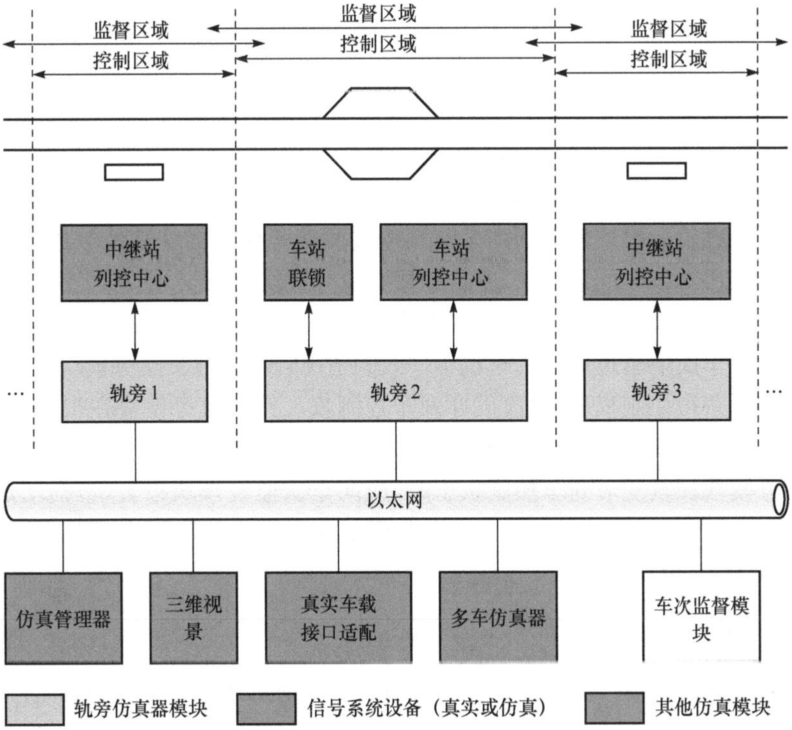

图 7-10　轨旁模拟器结构图

每个轨旁模块的管辖区域是指轨旁模块拥有信息发送权利的区域，即管辖区域内的所有区段的占用信息、轨道电路码信息、道岔信息、有源应答器信息和应答器发码信息，均由该轨旁模块负责向其他模块发送。管辖区域不能“套袖”，这样能保证外部其他模块只有一处信息源，不至于出现混乱和差错。

每个轨旁模块的监督区域是指轨旁模块需监视列车状态的区域，即检查监督区域内的列车占用轨道区段的信息，实现轨旁模块管辖区域边界的无缝切换，保证列车顺畅经过。

车次监督模块完成对全线列车数量的监督，其最主要的功能是确认全线列车完整，避免出现丢车和重复。车次监督模块应保证全线每一列车被一个轨旁模块所管辖。车次监督模块只负责监督，也就是说在发现问题时报警提示。

仿真管理器具有增加和删除列车的权限。当需要增加列车时，仿真管理器首先根据列车出现的位置查询对应的轨旁模块，然后向该模块发送增加列车命令。增加列车命令中应包含列车编号、初始位置、初始运行方向、IP 和端口号等信息。轨旁模块获得列车完整信息后，即获得该列车的控制权，设置列车占用轨道区段，并向车次监督模块报告该信息。删除列车的方法基本类似。

列车在经过两个轨旁模块边界时，当移交轨旁模块检测到列车进入接收轨旁模块的监督区域时，应向接收轨旁模块发送交接预告命令，交接预告命令应包括列车编号、IP 和端口号等。接收轨旁模块在接收到交接预告命令后，应开始主动向该列车发送位置查询帧，获得列车位置。当移交轨旁模块检测到列车前端越过两轨旁模块的管辖区域边界时，移交轨旁模块放弃对该车的控制权，并告知接收轨旁模块。当接收轨旁模块检测到列车前端越过两轨旁模块的管辖区域边界时，接收轨旁模块获得对该车的控制权，并告知移交轨旁模块。

另外，由于两轨旁模块发送位置查询帧的时机可能有差别，可能会出现两轨旁模块判断列车前端越过边界的时机不一致的情况，因此，移交轨旁模块在得知接收轨旁模块已获得控制权后，也应放弃列车控制权。接收轨旁模块在得知移交轨旁模块已放弃控制权后，应获取列车控制权。

轨旁模块在改变对列车控制状态时，应向车次监督模块报告，包括增加列车、删除列车、边界交接等情况时。车次监督模块在发现车次异常时，应向仿真管理器报警。

7.1.3.4 多车仿真模块

多车仿真模块可以在线路上模拟一辆仿真车或一个列车群，按照 CTC 的行车计划准时发车，实现真车、仿真车及仿真列车群按照行车许可正常运行并完成主要功能，与相关设备完成必要的信息交互。

模拟列车群应该具备列车注册功能，能按照 CTC 行车计划安排列车。对列车群而言，其中的单列车就是对车载系统的仿真，包括 DMI 界面，自动显示当前速度、允许速度、里程、目标距离、列车车次号和制动信息等。多车仿真模块的主要组成包括：

(1) ATP 模块：多车仿真模块的 ATP 模块和真实车载的 ATP 功能完全一致，其应用程序也直接采用真实车载系统的仿真样机的软件模块，以保证其功能的完善。

(2) 控制台模块：控制台模块实现对动车组列车模块的仿真，其功能是保存与列车相关的所有信息并控制列车运行。

① 数据库存储信息的功能：模拟车载的输入模块，为安全计算机(VC)提供所需的输入信息，如开关量信息、列车当前实际速度、列车当前运行方向、列车一个周期的走行距离、新收到的应答器接收延迟时间、上周期轮径值和两应答器之间测量距离等。模拟司机输入模块，为 DMI 提供列车相关静态信息。

② 判断功能：接收 CTC 的行车计划，判断列车的注册、注销、启动、到点发车和到站停车；接收 ATP 的信息，判断列车 ATP 是否隔离、受电弓状态和重启等。

(3) 动力学模块：根据列车动力特性、线路参数(坡度和曲线半径等)、驾驶状态和 ATP 输出等信息，计算列车的允许运行速度和行走距离。

(4) 列车手动驾驶模块：模拟列车控制手柄的功能，为操作人员手动控制列车提供条件。

(5) 列车自动驾驶模块：由于多车模块模拟的列车数量众多，为保证各列车按时刻表运行，实现列车自动驾驶仿真功能，根据时刻表及仿真序列的要求，自动控制列车的牵引和制动，控制列车加减速和行车。

(6) DMI 显示模块：给车载 ATP 模块提供相应列车的静态信息和司机输入信息(如车次号、列车长度、司机号和等级等信息)。接收车载系统数据，将控车信息以图形化方式显示，同时也显示报警信息(控车信息包括 VC 输出的列车允许速度、制动状态、目标距离和目标速度等)。为轨旁模块计算提供列车长度、车次、里程和方向等信息，搜索经过的应答器和占用的轨道区段并发给车载系统相关信息。

多车模块也采用分布式结构，当多车模块所仿真的列车数量增多时，可降低对仿真计算机性能的要求。同时，对单个计算机内仿真的多车，采用多线程方式仿真列车数量可动态配置。多车仿真模块结构和原理如图 7-11 所示。

多车信息分配子模块用来将从轨旁模块和 CTC 所接收的信息按照车次号分给不同的仿真车应用程序。以轨旁模块为例，其与多车仿真模块的交互框架图如图 7-12 所示。

运行过程中，不断判断列车重启标志，如需重启，则控制台重新初始化列车变量。多车仿真模块工作流程如图 7-13 所示，具体分析如下：

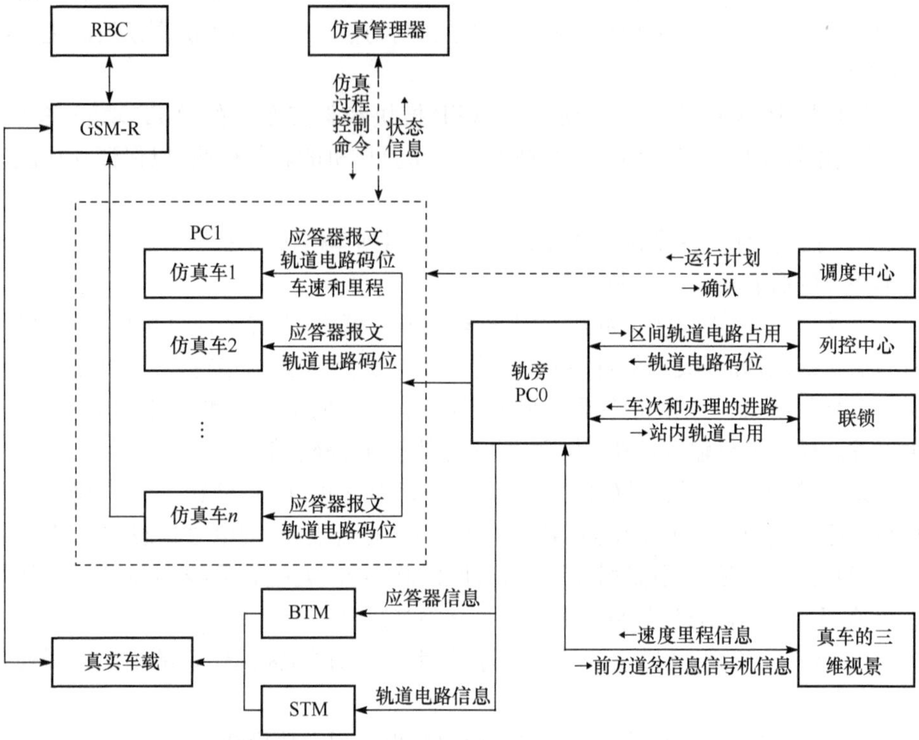

图 7-11　多车仿真模块结构框图

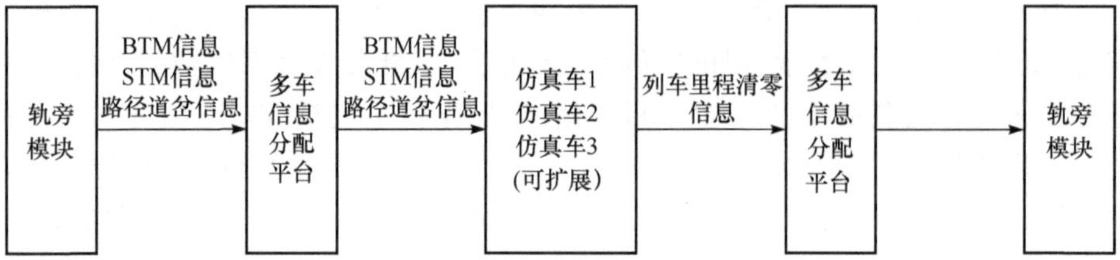

图 7-12　多车仿真模块与轨旁仿真器的交互关系

(1) 控制台接收 CTC 分机发送的单列车运行计划(主要涉及开车时间,车次等),完成司机输入,即从固定文本中读取对应车次的司机号等信息,初始化列车其他相关变量。

(2) 启动 ATP 应用程序,ATP 开始工作,完成车载的上电,给轨旁仿真器发送列车长度,车次,里程(初始值为 0)和方向等数据。

(3) ATP 完成和 GSM-R 的注册,轨旁仿真器给 VC 发送接收到的应答器信

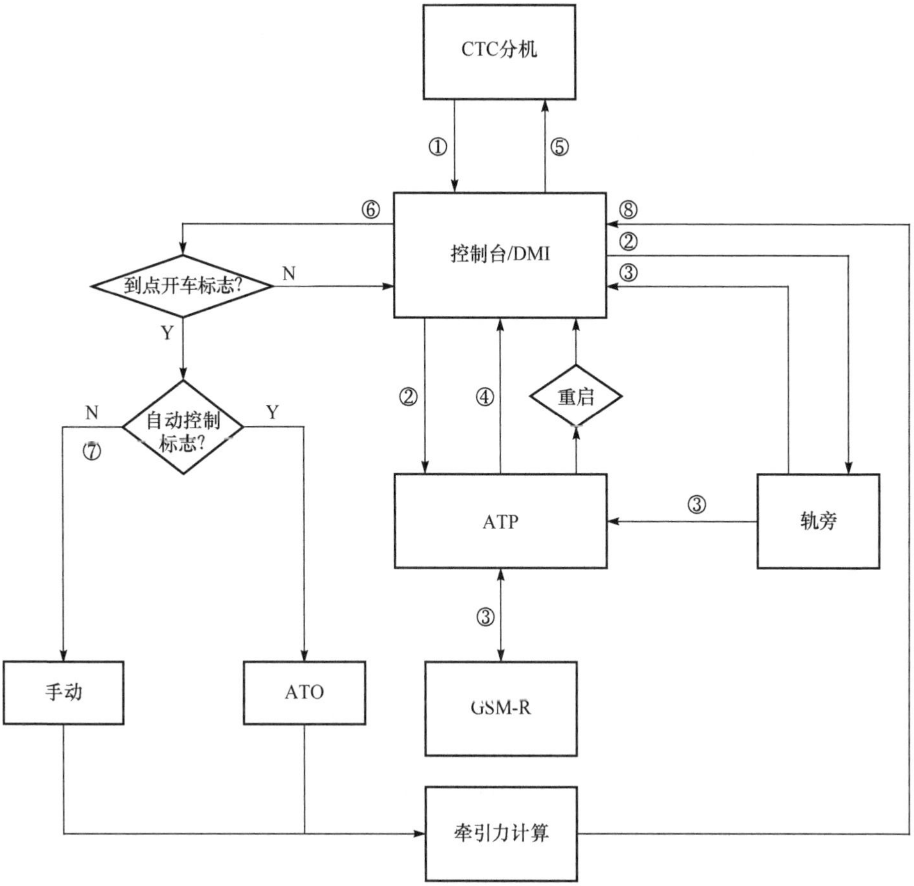

图7-13　多车仿真模块工作流程

息和轨道电路信息。

(4) ATP向DMI反馈控车信息,开始交互。

(5) 控制台向CTC分机反馈列车已经启动和注册的确认信息。

(6) 控制台不断采取仿真时间,如果获取发车时间,则设置开车标志,表示可以开车。

(7) 通过自动控制标志位,判断是自动控制还是手动控制。

(8) 牵引模块开始运行,表示列车发车,并给控制台反馈信息。

7.1.3.5　三维视景仿真

视景可视化是CTCS-3级列车运行控制系统仿真系统中的重要组成部分,不仅为系统提供一个可视化的列车运行状态仿真环境,生动地展示平台测试与评估所需要的高速列车三维运行场景，还可为高速列车运行控制系统的研究人员提供直观、生动和灵活多变的高速列车运行环境。同时，视景可视化也是系统最直接和最大的信息来源。

视景仿真系统一般都采用三维建模工具建立三维模型数据库，采用专业的高层虚拟现实视景仿真管理软件开发场景驱动程序，利用软件提供的场景管理功能进行图形编程，实现场景的显示及管理。视景仿真是实现信息的多维化、人机多维交互的最佳途径，可创造一个实时反映实体变化及实体之间相互作用的多维图形世界。仿真系统的三维视景仿真功能包括：

(1) 根据不同的仿真线路快速生成相应的三维铁路线路场景，以满足高速列车运行控制系统对不同高速铁路线路环境的仿真需求。

(2) 根据不同的信号数据快速生成线路的相关附属设施(包括信号机、应答器等)，实现灵活布置更新沿线控制设备的功能。

(3) 实现以运行时间或行走里程为参数任意回放前期的仿真场景，以满足高速列车运行控制系统的相关仿真需求。

(4) 根据列车运行控制仿真系统的指令，动态实现三维虚拟场景变化，包括列车的追踪、信号与道岔状态的改变等，实现列车运行控制仿真系统与被仿真系统之间的实时交互功能。

(5) 根据列车运行控制仿真需要，对场景中任意的线路位置与控制设备进行观察，实现高速列车运行控制系统的工作原理展示及相关设备实时监控。

(6) 根据列车运行控制仿真平台的仿真需求，实现对各种环境的模拟，如昼夜更替、天气变化、异常情况再现等。

(7) 采用三通道、宽视角投影显示屏幕，水平视场角达到 120°～150°，为后期进行列车运行控制系统关键设备的人因研究提供虚拟环境。

高速列车运行控制系统仿真中，高速列车仿真的重点为列车的实时位置信息。因此，在仿真平台中，可视化高速列车的生成及三维仿真主要侧重于：

(1) 驾驶员视野下的列车可视化：从高速列车司机室的驾驶员视角来观察整个 CTCS-3 测试仿真环境的运控情况，是高速列车运行控制系统可视化展示的主要窗口，逼真地感受高速列车的运行环境，再现高速列车运行控制系统车载系统对列车速度控制与管理的最直观反应，同时可充分展示前行或对行列车在线路直弯道、变坡等情况下动车间六个方向的运动特点及相互影响，属于精细粒度描述列车运动行为的可视化。

(2) 列车间追踪的运行可视化：以高空俯视视角来显示列车间的追踪情况，观察线路上列车间相对运动情况。展示列车在线路的车站和闭塞区间的轨道占用情况、列车间的追踪距离及整个线路上列车群运行分布情况等，从而为测试与评估高速列车运行控制系统相关设备、检验高速列车运行控制系统，保障行车安全提供了直观的图形化支持。该可视化模式属于粗糙粒度的列车运行行为可视化，此时，列车被抽象为以整个列车长度和宽度所构成的矩形盒模型的单质点（单粒度），线路中以不同的单质点列车盒来展示列车群间的相互关系与影响。

因此，在 CTCS-3 测试与仿真环境下，高速列车模型的生成需要考虑不同粒度下的可视化描述方式，即采取不同粒度的列车可视化生成方法，并描述系统或过程特性的一致性。

作为 CTCS-3 级列车运行控制系统的可视化展示平台，列车运控视景可视化必须能够再现虚拟高速铁路场景，并根据 CTCS-3 级列车运行控制测试与评估集成平台的运控指令，实时动态地控制场景内运控系统的变化。在 CTCS-3 仿真环境下，再现高速铁路系统的整体运转情况，包括地面系统状态变化、列车运行控制和环境场景动态变化等，从而为测试与评估高速列车运行控制系统各部件功能的有效性与安全性提供仿真环境。因此，高速铁路系统的场景控制包括以下内容：

(1) 列车的运行控制（如列车在不同股道的位置变化、反向列车的交会情境、同向列车的追踪过程和列车车门的开闭控制等）；

(2) 地面系统的控制与变化（如道岔定反位状态变化、信号机色灯变化和轨道电路的占用与否显示等）；

(3) 环境场景的控制（如天气变化、昼夜更替、车站时间牌变化、轨道障碍模拟和场景运动物体控制等）；

(4) 不同视角场景切换（如司机室视野、车站定点观察、高空俯视和近景观察等）。

真实再现高速铁路线路运行环境，除了高速铁路虚拟场景模型静态显示，还需将虚拟场景的某些物体进行动态实时驱动显示，将静态的三维模型显示并实现动态实时交互是视景可视化仿真的关键。针对 CTCS-3 级列车运行控制系统的视景控制需求，分析铁路线路拓扑结构特性，基于有向图的路径生成方法，实现基于道岔的列车动态寻径。为满足列车运行控制仿真系统对多车仿真及全线路列车运行控制总体案例仿真的要求，针对列车运行控制数据与视景可视化线路数据的不一致问题，确定列车位置描述的映射关系。高速铁路场景复杂，为平衡视景渲染的实时性与场景构成的复杂性之间矛盾关系，基于 CTCS-3 级列车运行控制视景高速度的特点，实现多分辨率场景分块数据调度方法。列车运控视景可视化仿真实例效果图如图 7-14 所示。

(a) 动车段视景

(b) 车站视景

(c) 区间视景

(d) 不同观察视角下的列车视景

图 7-14　列车运控视景可视化仿真实例图

7.2 测　　试

高速列车运行控制系统是一个典型的安全苛求系统,一旦设备故障或失效,将会引发重大人员伤亡和财产损失。对上线运营的高速列车运行控制系统进行充分的测试,是验证系统功能的正确性和完备性、保证系统安全运用的重要技术手段之一。良好的测试方案对于保障系统的安全性和可靠性有着极其重要的作用,因此,从规范系统设计、研发、测试和运用的角度出发,需要制订高速列车运行控制系统的测试方法和案例。一般来讲,测试包括投入运营前进行联调联试和试运营测试,运营中定期进行系统性能和功能测试,高速列车运行控制系统的全生命周期性能和功能的第三方测试。建立测试规范和测试案例库是进行这些测试的重要依据。

7.2.1　系统测试方法

高速列车运行控制系统的需求规范严格规定了系统具有的性能和功能。因此,对高速列车运行控制系统的测试,就是根据系统需求规范,对其性能和功能逐条确认的过程,即通过测试验证是否符合系统需求规范。

功能特征是高速列车运行控制系统能够实现的一些基本功能实体,包括基本的系统特征、功能、性能、基本性质或特点等。在这种意义下,"特征"可理解为操作员或用户希望系统所具有的特点,即系统需求规范中的一组需求的组合,通过系统的标准接口来检验需求是否被满足。因此,依据系统需求规范对设备进行全覆盖测试,只需将系统需求规范的每一个需求都至少反映到一个功能特征中,然后再依据功能特征设计测试案例,即可实现对设备的测试。这样,每一个功能特征都关联了一组需求,从而避免了对每条需求的逐一测试。同时,在提取功能特征时,通过保证其外部可测性,可实现对设备的"黑箱"测试。

为了使测试案例易于管理,功能特征应具备基本性和独立性。基本性是指被测对象在其标准接口上的直接激励和反应具有单一因果关系。独立性是指功能特征的测试应独立于所有可能被同时激励的其他功能特征,即对一个功能特征进行测试时,无需考虑其他功能特征对其产生的影响。

综上所述,根据系统需求规范按照特征进行分组形成需求功能。如果需要通过测试来完成对功能的确认,则包含在需求以及相应功能特征中的每个备选项,都需要自己的测试案例,并将测试案例串联成测试序列。每个功能特征可以给出一个以上的测试案例,其关系可用图 7-15 表示。

对系统的功能特征进行提取时,通常采用列表的方式对功能特征进行组合。参考功能特征的定义,根据高速铁路列车运行控制系统的基本功能实体的源头来

图 7-15　功能特征与相关实体的对应关系图

构造功能特征列表，对提取功能特征是非常有用的。图 7-16 说明了通过运营条件提取技术功能特征的过程。通过使用层次中的较低级别来收集高速铁路列车运行控制系统的必需功能，从而归纳到最高的层次，并且将该功能分解至在外部可见范围的基本功能。最基本的功能特征处于在层次的末端，即处于最低的层次级别，不具有从属的功能特征。

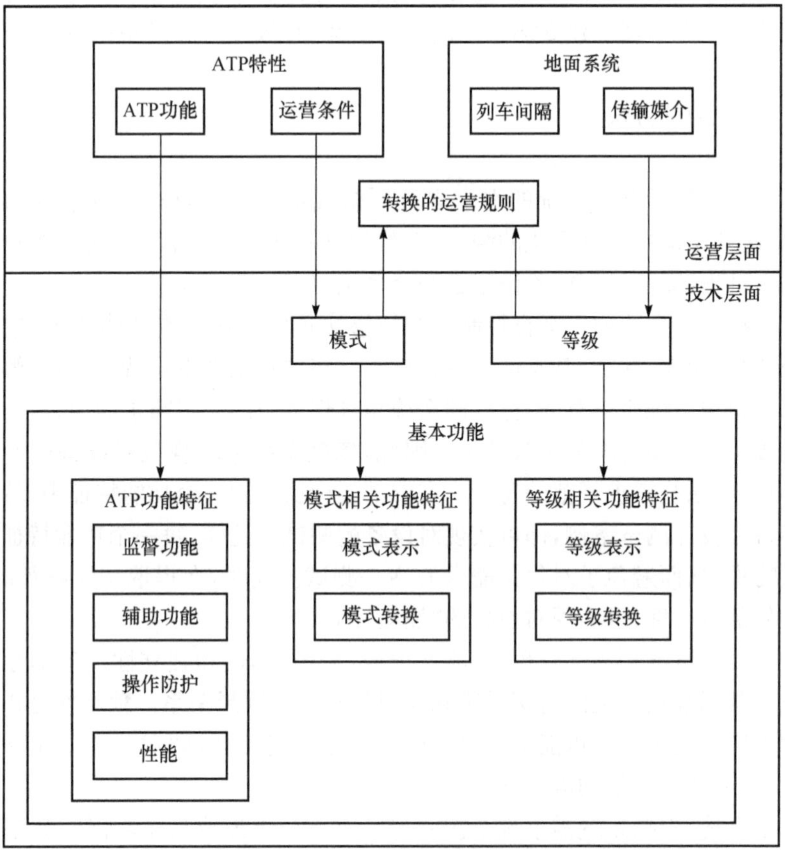

图 7-16　CTCS-3 级列车运行控制系统基本功能实体的源头

在提取功能特征时，需特别关注以下特性：

(1) 易理解性：要求在没有上下文的条件下，对认证机构的认证人员、测试人员、用户和开发人员等，功能特征都是易于理解的。

(2) 独立性：功能特征应独立于其他功能特征，不存在从属关系。严格来说，划分功能特征层次的唯一目的是提高可读性。

功能特性中经常使用的功能，可以从自身功能特性中分离出来。在特定软件架构允许的条件下，只需一次就能对功能特征进行全面测试。如果某些独立的功能特征必须在其他功能特征中被完整使用，那么功能特征是不能被单独测试的，必须与使用它们的功能特征一起被测试。

(3) 明确性：功能特征具有清楚的标识符并且唯一，用于和其他功能特征区分开。

(4) 可追溯性：功能特征列表必须包含与每一个指向 SRS 需求的功能特征的关联关系。每个测试案例包含了指向的需求的链接。在将需求进行组合生成功能特征的过程中，当需求发生变化时，功能特征必须依据其追溯关系进行相应修改。

(5) 易测试性：功能特征的实现必须能被充分证明。所有信息对用户而言是外部可见的，即可通过标准接口对信息进行测量。

(6) 完备性：创建需求和功能特征列表间的交叉列表，来证明功能特征列表对需求的完全覆盖。

(7) 一致性：功能特征中对一些关键概念的描述必须和系统需求规范相一致，即不存在对系统需求规范误解或误读。图 7-17 概括了功能特征列表与需求之间的链接。

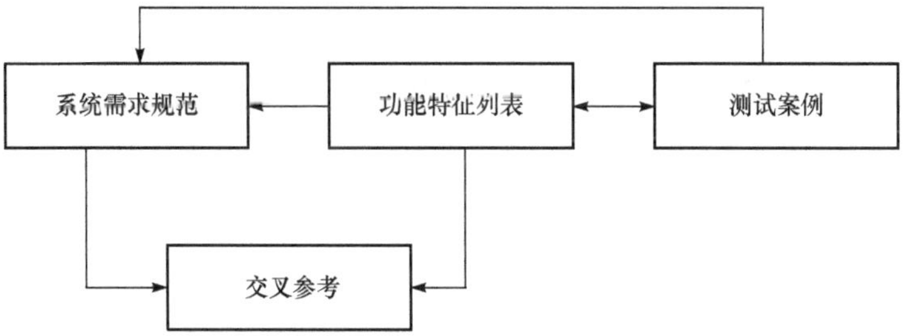

图 7-17　围绕功能特征列表的链接/参考

7.2.2　CTCS-3 测试案例

测试案例是根据高速列车运行控制系统的系统需求规范，针对某个特定的测试目标而编制的一组测试输入、前提条件以及预期输出结果的组合。设计测试案例用于相关认证机构对设备功能进行验证，并且尽可能完整地证明高速列车运行控制系统对系统需求的满足程度。一个完备的测试序列集应包含所有已定义的测试案例，即确保系统需求规范中所有可测试的需求都被测试到，且所有的测试案例至少通过一次,有时也称为测试的完备性。在高速铁路列车运行控制系统测试领域,一般要求测试案例采用标准化的方式进行设计和描述。采用标准化的描述方式,还可以达到如下目的:

(1) 当测试案例的创建通过分工完成时,提供一个统一的、可比较的结果。

(2) 测试过程的自动执行。

(3) 对认证机构或其他注册机构的评估提供等效的前提条件。

(4) 以模块化的方式来设计和构造测试序列。

(5) 可以灵活地修改测试序列,以便能根据相关的技术和运营需求对测试序列进行调整。

设计测试案例把被测对象看做一个“黑箱”,即不关心系统内部细节,只关心系统外部行为,以被测对象的外部视角生成测试案例,同时,被测对象具有确定的接口和输入取值。每个测试案例包括需要被证明的需求,被测对象、测试方法、对测试环境(接口)的易于理解的描述、输入和输出的取值、测试完成的检验标准、开始和结束的时间、错误的类型和含义及测试结果(协议,测试日志)记录等。表 7-1 和表 7-2 给出测试案例应包含内容。

表 7-1　一个功能特征的测试案例集的内容

1. 标题	◆ 待测功能特征的明确标识符
	◆ 待测功能特征的名称
	◆ 待测的测试案例的总数
2. 依赖部分	◆ 与测试案例集对应的功能特征的表识
	◆ 与测试案例集对应的功能特征的名称

表 7-2　测试案例内容

1. 标识	◆ 测试对象的编号
	◆ 测试对象的名称
	◆ 被测功能特征的编号
	◆ 被测功能特征的名称
	◆ 被测功能特征的测试案例编号
	◆ 被测功能特征的测试案例名称
	◆ 测试目标
	◆ SRS 需求的参考
	◆ 测试案例版本
	◆ 作者名称

续表

2. 测试方法	◆ 测试方法的文本描述
	◆ 测试条件的文本描述
3. 初始条件	◆ 测试对象的内部状态＜逻辑信息＞＝＜取值＞
	◆ 接口状态＜接口信息＞IN:信息|OUT:信息
4. 测试案例通过的标准	◆ IN:信息
	◆ OUT:信息
	◆ 信息由以下部分组成＜接口＞.＜结构＞.＜定时＞＝＜取值＞＜界面＞＝接口名称＜结构＞＝信息的结构＜定时＞＝带缓冲|不带缓冲|全部(全部＝可选的)
	◆ TIME≤:＜取值＞(必须在规定时刻内执行下一步骤) TIME＝:＜取值＞(必须在规定时刻执行下一步骤) TIME≥:＜取值＞(只有在规定时刻后才允许执行下一步骤)
5. 最终状态	◆ 测试对象的内部状态＜逻辑信息＞＝＜取值＞
	◆ 接口状态＜界面信息＞IN:信息|OUT:信息

7.2.3　CTCS-3 测试序列

测试案例对被测系统进行测试，通过在其外部接口上输入激励，期望被测系统执行相应的功能，从而产生实际输出。将实际输出和预期输出进行比对，即可评判被测系统是否执行正确。除了输入指定激励外，被测系统还应处于某些特定工作状态，即首先使被测系统执行某些功能(通过执行某些测试案例)并达到特定的工作状态后，才能利用测试案例进行测试。当其功能包含在其他测试案例中无法进行单独测试时，必须通过一组测试案例完成对被测系统的测试，即测试序列。

测试序列至少应包含一个测试案例，而可包含的测试案例数目没有上限，测试序列应可在测试平台上执行。完整的测试案例集覆盖高速列车运行控制系统需求规范中的所有可测试需求。通过优化设计每个测试序列，尽量减少相同测试案例的重复覆盖。

如前所述，必须将测试案例组成一个测试序列才能进行测试，即测试案例串接。串接测试案例在于定义一个内部状态集，覆盖了所有可能的等级和模式组合，两个内部状态之间的转移称为一个测试框架。将分配的或者与模式及(或)等级测试框架相关的测试案例进行串接，从而形成每个测试框架中的一个测试子序列集。

完整的测试子序列集应包括所有的测试案例至少一次，以便实现对所有的测试案例进行测试。测试序列由测试子序列串接形成，串接过程可以通过算法来实现，以确保所有测试子序列被至少使用一次并且使测试子序列的使用数量达到最

少。因此,可有以下结论:

(1) 一个测试序列由一组测试子序列串接而成;

(2) 一个测试子序列由一组测试案例串接而成;

(3) 一些测试子序列被组合成(不是相互串接)一个测试框架;

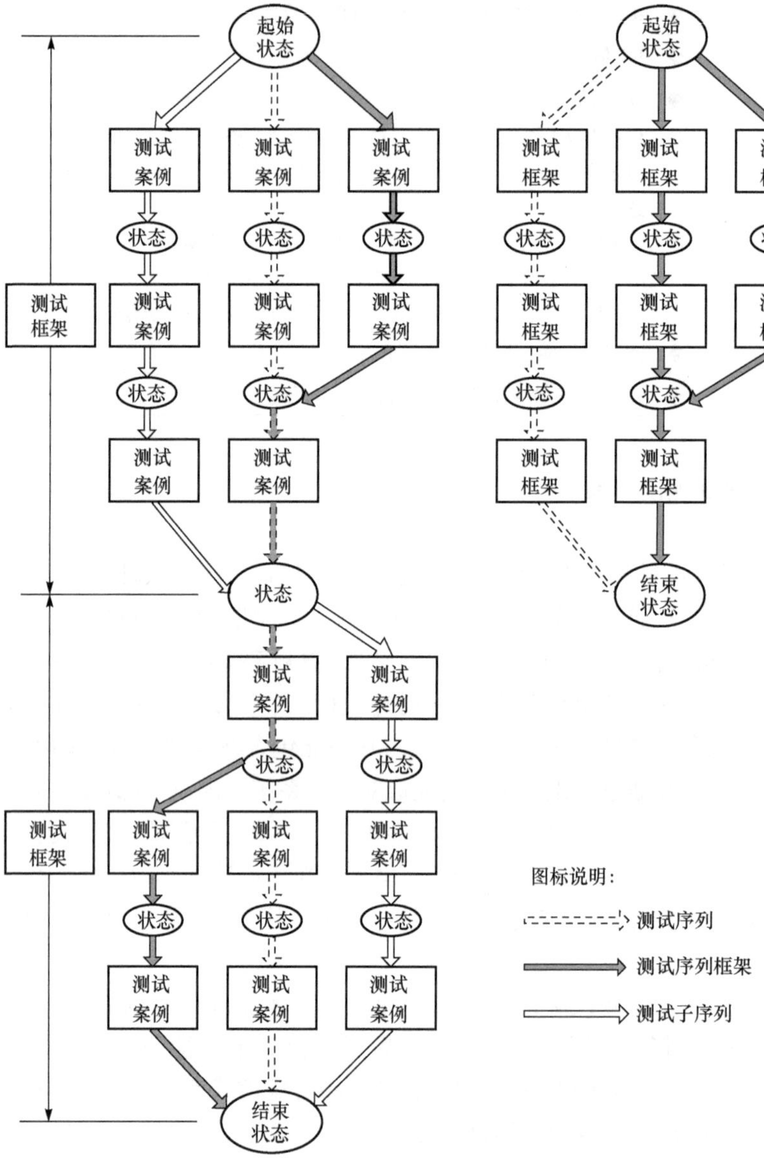

图 7-18　测试序列的形成示意图

(4) 一个测试框架定义了两个状态之间所有可能的转移,包含了一组从初始状态出发，结束于终止状态的测试子序列；

(5) 当测试框架的起始和终止状态相同时，该测试框架被称为一个标识；

(6) 完整的测试序列集必须覆盖所有的测试子序列；

(7) 完整的测试子序列集必须覆盖所有的测试案例。

为特定的测试框架选择测试案例时，选择标准必须保证与该测试框架相关的所有测试案例都被选中。事实上，通过定义全局和局部参数，可以对选择的结果进行约简，为测试框架选择适用于特定测试场合的测试案例集。

图 7-18 是对 CTCS-3 高速列车运行控制系统的仿真系统进行测试序列生成时使用的方法流程，展示了将测试案例串接成测试子序列的要点，通过将测试子序列组合成测试框架，最终将来自不同测试框架的测试子序列串成测试序列，图中包括三个测试子序列和一个测试序列。

7.3 互联互通测试

7.3.1 互联互通测试的重要性

为了提高高速铁路系统运营调度的灵活性、运能的可调配性和对突发事件(如天气变化等)的快速应对能力，根据目前线路的实际建设、运营和试验情况，装载任何一个设备供应商提供的 CTCS-3 车载控制系统的列车，都可以在高速铁路网上进行跨线无障碍运行，即要求在整个高速铁路网上能实现兼容运行。在列车跨线运行的过程中，需要保证 CTCS-3 既定的系统功能及性能指标不变。

所谓互联互通是指两个或更多的系统或部件能够交换信息并且能够使用所交换信息的能力。互联互通在电信、软件、医药工程和公共安全等各个领域都有各自细致的定义和解释。高速列车运行控制系统的互联互通，是指装备不同设备供应商的 CTCS-3 级列车运行控制车载系统的列车，能够在装备不同设备供应商提供的地面列车运行控制系统的线路上安全不间断运行，同时可以实现线路上 CTCS-3 系统所要求的功能需求和性能指标。

中国高速铁路系统在 300～350km/h 高速线路采用 CTCS-3 级列车运行控制系统，并制定了高速列车 CTCS-3 级列车运行控制系统总体技术方案、高速列车 CTCS-3 级列车运行控制系统功能需求规范和高速列车 CTCS-3 级列车运行控制系统系统需求规范等。目前正投入运营的 300～350km/h 高速铁路线路(武广、郑西、广深港)分别由三家公司，即通号公司与庞巴迪公司、和利时与安萨尔多、和利时与日立公司承担 CTCS-3 级列车运行控制系统的设计和工程应用。

随着 CTCS-3 级列车运行控制系统的应用，武广线和郑西线高速列车运行控制系统 CTCS-3 的全面测试已经完成并投入运营。同时，CTCS-3 级列车运行控制系统的功能需求规范、系统需求规范、总体技术方案、系统内部各部件之间及与外部系统的接口技术规范也已制定,均为 CTCS-3 互联互通的研究和测试奠定基础。除部分现场实验外,大部分工作都需借助仿真系统平台进行互联互通的测试及验证,这是中国高速铁路网络要解决的一个核心技术问题。

由于核心技术和设备来自三个不同厂商,每条线的具体方案又有差异,必须对不同厂商的车载系统进行互联互通测试,以检验是否满足互联互通的技术要求,否则将会限制整个高速铁路网络的整体运营及运输效率。互联互通可以分为以下两个范畴:

(1) 技术上互联互通:指车-地通信接口、通信报文内容及格式、通信规范的规范化,跨系统车载系统所应具备功能及技术指标的明确化,以及无线通信系统的透明化。

(2) 运营上互联互通:指跨线运营和车载 DMI 界面等方面。目前国内同一型号的列车由专门的司机进行驾驶,列车跨线运行时不会更换司机。DMI 界面的设计也有统一的规范,所以运营上的互联互通暂时不需要考虑。

基于互联互通在高速铁路网中的定义及目前各供货商所提供的 CTCS-3 级列车运行控制系统的总体技术解决方案,互联互通的技术关键点归纳如下:

(1) 不同设备供应商的 CTCS-3 车载系统需要能正确接收、解释并处理来自不同设备供应商提供的地面系统所传递的信息,包括无线消息、应答器信息、轨道电路信息等;

(2) 车载系统能按照已知的系统需求规范、接口技术规范、通信协议与地面系统进行信息交互,通过与地面系统的协调配合共同完成需求规范中所规定的车载系统功能,同时满足既定的系统性能指标。

7.3.2 互联互通测试方法

跨线运行测试是采用“黑箱”测试方法并借助建立的仿真系统进行的一致性测试。根据前述互联互通的定义,测试更多关注的是系统间正确交互和使用信息的能力,也就是说,跨线运行更关注车载系统和地面系统对信息交互流程的一致性和互操作性,是系统的外部行为。进行跨线运行测试时,厂商不用对系统进行特殊改动,如增加额外的测试接口和增加软件功能等,所有的测试都应在被测系统的可见接口上完成。

跨线运行测试在了解系统输入、输出和系统功能的条件下,从用户角度对被测系统进行测试,检查被测系统功能是否按照需求规范的规定正确实现跨线运行功能。根据《CTCS-3 级列车运行控制系统系统需求规范》规定,“系统需求规范从技术上详细规定了为实现互联互通所要求的专门规则和处理方法”。因此,跨线运行测试应基于系统需求规范进行设计和实施。

从理论上讲，“黑箱”测试只能采用穷举输入的方法进行测试，包括正常和异常情况下的输入，在实际中是难以实现的，因此需通过设计和制定测试案例来指导测试的实施，保证软件测试有组织、按步骤和有计划地进行。测试行为量化保证系统质量，制定测试案例就是将测试行为具体量化的方法之一。CTCS-3 级列车运行控制系统测试案例可作为互联互通测试的测试案例来源。

从测试方法的角度考虑，可考虑采用：①真实设备间互联的方法；②基于仿真的方法；③基于数据驱动的测试方法。

从互联互通需求看，要求所有设备提供商的设备之间都能够进行交互和互操作，即每两个厂商的设备都应该进行互联，以测试两两之间的互联互通性。这种方法比较直观，测试可信度高，但主要问题是测试次数过多。考虑到每一次测试均需要覆盖所有测试案例，当厂商数量增多时，不宜采用任两个厂商之间均进行互联的方式进行测试。

采用仿真系统进行测试，即模拟所有 CTCS-3 级列车运行控制系统的外部设备功能，从而测试被测列车运行控制车载系统在跨线运行时的系统行为。但是，由于仿真系统开发工作量大，测试条件设置很不灵活。由于 CTCS-3 级列车运行控制系统高度复杂，模拟列车运行控制系统的外部设备功能本身的工作量就较大。仿真系统还必须考虑各种故障情况的测试。另外，在测试过程中，需要按照测试案例和测试序列所规定的测试步骤进行测试，采用仿真的方式很难灵活的配置测试步骤。

针对互联互通(跨线运行)测试，还可采用数据驱动的测试方法。基于数据驱动的测试遵循以下步骤进行：

(1) 测试数据准备。

数据准备分为测试案例设计、测试序列设计和测试数据生成等几个步骤。其中，测试案例设计时不仅要考虑对被测功能特征的覆盖度，还应详细说明测试步骤和预期结果，如当前测试步骤要发送的信息和预期接收到的消息等。测试序列设计时，重点考虑如何将测试案例串联起来，形成可直接用于测试的测试步骤序列。测试序列应保证对所有被测案例的全覆盖。测试数据生成阶段，则结合具体线路数据和列车数据等参数，生成完整的测试数据，供测试平台执行使用。

(2) 测试数据执行。

测试平台负责测试数据的执行和测试结果的记录。测试平台中模块的主要功能是在测试执行过程中，根据测试序列实时发送测试数据，从而创造外部运行环境，使被测系统的功能得以执行。在线执行模块并不模拟与被测设备相连的外部设备的功能，只是严格按照测试序列中要求，如判断列车到达指定位置后发送相应数据，判断收到列车特定消息后发送测试序列中规定的数据。因此，在线执行模块功能相对简单，设计研发的工作量较小。测试平台能否正常配合被测系统完成相应测试场景，很大程度上取决于测试序列中给定的测试数据。

(3) 测试结果分析和判定。

测试平台控制被测系统完成对测试序列的执行后，需要通过数据分析来判断被测设备是否正确完成测试要求，是数据驱动测试的关键点。事实上，测试平台在执行测试序列的过程中，并不进行结果分析。采用数据驱动测试方法，可以在已颁布的测试案例的基础上开展后续测试工作，是较好的开展跨线运行测试的方式。事实上，欧洲已开展的互联互通测试也是基于这种方式开展的。

7.3.3 互联互通测试平台示例

参考欧洲 ETCS 规范 SUBSET 094 中提出的对 ETCS 车载系统的测试框架，并根据 CTCS-3 级高速列车运行控制系统的特点针对 CTCS-3 互联互通测试系统的构成进行设计，如图 7-19 所示。

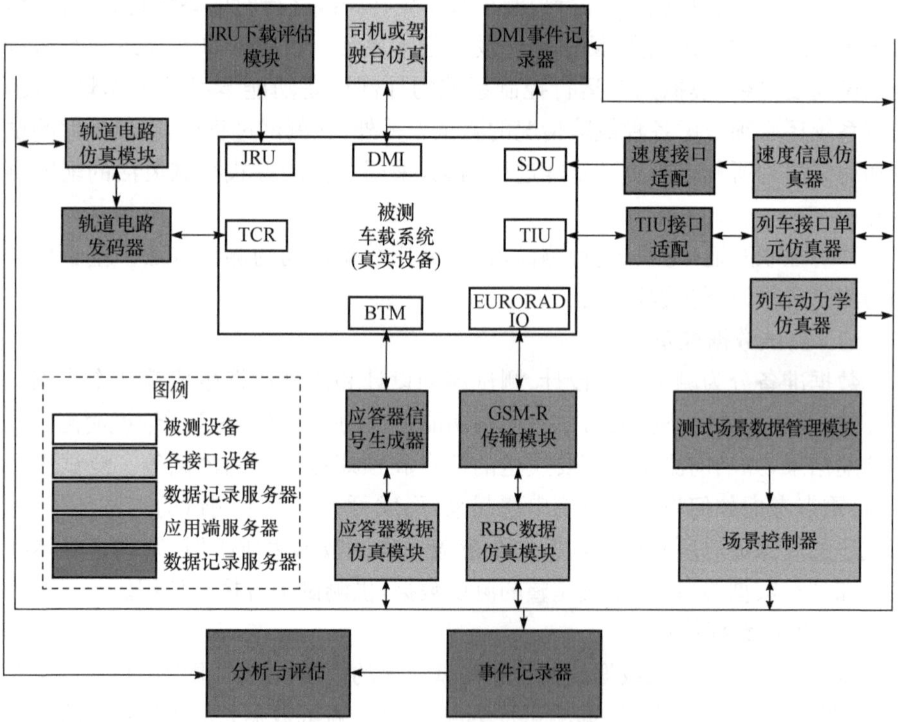

图 7-19　CTCS-3 互联互通测试平台构成示意图

测试平台和被测车载系统接口如图 7-20 所示。测试平台各部分模块功能简

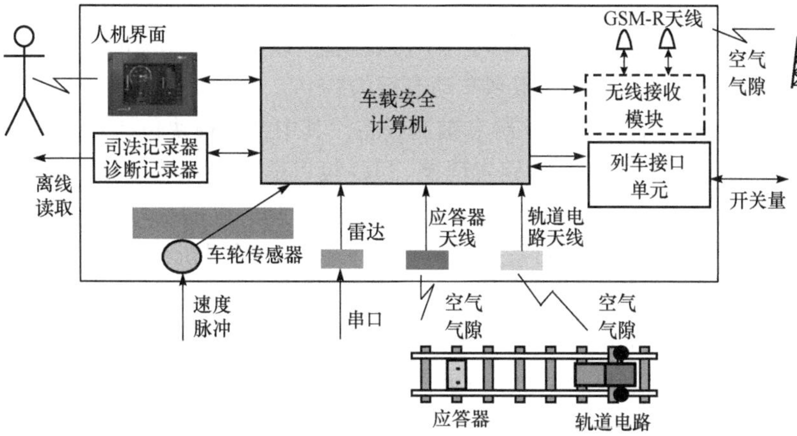

图 7-20　CTCS-3 测试平台和被测车载系统接口

介如下：

(1) 测试场景数据管理模块：在测试序列开始执行前，对测试执行所需的测试场景数据进行管理，包括测试序列生成、线路数据管理和测试数据准备等。

(2) 场景控制器：在线测试的主控模块，负责从测试场景数据管理模块读入本次测试所需的全部数据，并对其他在线执行模块进行数据配置，控制测试的开始和结束以及监控整个测试过程。

(3) RBC 数据仿真模块：向被测设备提供无线消息。根据既定流程与车载系统建立安全链接，接受场景控制器的初始配置。测试开始后，实时判断列车位置和接收相关消息，向车载系统发送配置信息。

(4) 应答器数据仿真模块：为被测设备提供应答器报文。在测试开始进行初始配置，测试开始后实时判断列车位置和速度等信息，当条件满足时根据配置数据控制发码器向车载系统发送应答器报文。

(5) 轨道电路仿真模块：为被测系统提供轨道电路信息。进行信息接收功能、信息处理功能和信息发送功能。

(6) 列车动力学仿真器：模拟实际列车的运行，为整个测试平台提供速度和加速度等信息。测试开始前接收场景控制器的配置参数，测试开始后，根据配置参数及从列车接口单元(TIU)接收到的干预信息，实时计算列车的速度和加速度，供平台使用。

(7) 速度信息仿真器：为其他模块实时提供列车走行距离信息。测试开始前接收场景控制器的配置数据；测试开始后从列车动力学仿真器读取速度信息后，实时计算列车的走行距离发送到相关模块。

(8) 列车接口单元仿真器：根据测试场景数据的要求，检测当前列车位置或已测试时间，当条件满足时向车载系统输出列车状态(如激活驾驶台、操作手柄等)。实时检测车载系统输出发给列车动力学仿真模块，以影响列车速度变化(如输出制动、切断牵引等)，从而真实模拟列车动态行为。

(9) 接口模块：连接测试平台和被测设备。其中接口模块包括 GSM-R 传输通道、应答器信号生成器、轨道电路发码器、TIU 接口适配器和速度接口适配器。由于测试不应要求被测设备增加额外接口和功能，因此所有的接口适配均应采用标准接口。另外，为保证测试过程的正常执行，还应包括司机驾驶部分，由司机在 DMI 界面上操作来完成。

(10) 数据记录和分析模块：用于记录测试过程中产生的测试数据，供离线分析使用。数据记录和分析模块包括事件记录器、JRU 下载评估模块和 DMI 事件记录器。

高速列车运行控制系统的仿真系统建立及有关测试，无论是 CTCS-2 还是 CTCS-3，都是一个伴随着系统全生命周期的系统性工作。本章仅对高速列车运行控制系统的仿真系统建立所涉及的一些关键问题，如建模和算法，仿真系统的类型等进行了介绍；对于测试问题，仅对仿真测试系统建立，测试案例及序列的生成，互联互通等问题进行了初步分析和介绍。有兴趣及从事该领域工作的有关人员，可在建立这些初步概念的基础上参阅其他专门文献进行深入研究。

第 8 章　高速列车运行控制系统安全保障

高速列车运行控制系统是集计算机、通信及控制(3C)技术与传统铁道信号技术为一体的复杂安全控制系统，同时也是保障高速列车安全高效运行的关键系统。系统运行的安全性直接与乘客生命财产安全，生态环境与社会安定相关联，因而在其设计、开发、制造和运营维护等全生命周期过程必然会将安全性放在首位。高速列车运行控制系统软硬件结构复杂，传统的面向继电逻辑、纯硬件的信号系统开发和测试方法已经难以保障其安全性。目前，世界上安全相关行业都已经引入系统工程的理念对由软硬件构成的复杂系统的安全性问题进行研究，在列车运行控制领域也已形成了面向系统全生命周期过程的安全保障体系。高速列车运行控制系统安全保障理论与方法的应用对于在全生命周期过程中确保高速列车运行控制系统本身及其在使用维护中的安全可靠性，以及确保高速列车安全高效运行具有重要意义。本章结合当今国际铁路领域的安全管理、认证和评估等理念，着重介绍集安全管理、安全论证与独立安全评估三位一体的高速列车运行控制系统安全保障体系。

8.1　高速列车运行控制系统安全保障总体架构

系统安全保障是针对系统特有的风险，在全生命周期过程中，从技术、管理、工程和人员等角度提出安全需求并制定相应的安全策略，保障系统实现预期安全目标的过程。高速列车运行控制系统的全生命周期过程可以划分为设计、开发、制造和运营维护等不同的阶段，各个阶段都涉及了对风险的管理，如研发单位对系统自身风险的规避行为、运营单位对残余风险的屏蔽行为，以及研发单位与运营单位之间的风险共担和交接，因此安全保障体系强调对系统的安全关注不应该仅仅局限在系统研发和交付过程，而应该在全生命周期过程以及各个节点上建立并实施统一的、合理的安全保障机制和措施。

高速列车运行控制系统的安全保障体系包括安全管理、安全论证和独立安全评估三部分，三位一体的系统安全保障体系是目前国际上对于高速列车运行控制系统所提出的保障系统高安全性的通用做法，如图 8-1 所示。

(1) 安全管理：系统、详细地定义了管理组织为保障高速列车运行控制系统达到可接受安全程度的各种安全管理活动。根据系统应用背景与条件给出“可接受风险”的定义和范畴，记录并整理针对降低系统风险所建立的各种安全责任流程和控制过程，包括风险评估、风险分解和控制、安全监督、事故调查纠正措施和安全文

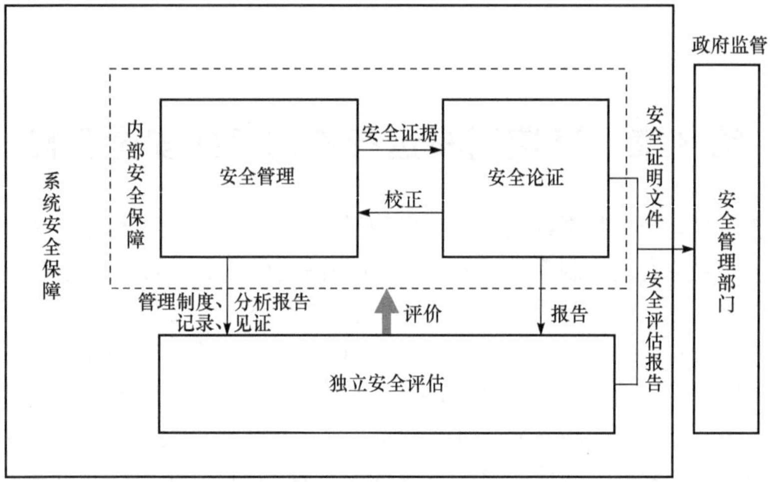

图 8-1　高速铁路运行控制系统安全保障架构示意图

档等，从而能以可视、可追溯的方式展示出系统能否达到可接受的安全等级。

(2) 安全论证：高速列车运行控制系统设计、开发或运营单位对安全管理执行结果进行分析、归纳和总结的活动，其目的在于阐明经过一系列设计、分析及流程管理，高速列车运行控制系统是否能够达到指定的安全需求。安全论证并不是安全管理活动证据的简单堆积，而是通过对安全证据内在逻辑性的梳理，达到为系统安全性辩护的目的。

(3) 独立安全评估：由独立于高速列车运行控制系统设计、开发或运营单位的授权组织机构对系统是否满足安全目标做出评价的活动。独立第三方的评估是一个全过程管理，其监管过程保障了系统的安全，起到对系统安全性监督的作用，增强管理部门和社会公众对高速列车运行控制系统安全性的“信心”。为了保障评估的独立性，独立安全评估方不能直接参与系统的开发过程。

安全论证过程是系统研发单位对自身安全活动进行稽查的过程，其输出结果是安全证明文件，而独立安全评估是独立于所有系统利益相关单位的安全审核过程，其输出成果是独立安全评估报告。上述过程目的不同，其输出成果的内容也不相同。安全证明文件的目的是研发单位为其自身采取的安全措施合理性和安全责任的完备性进行辩护；而独立安全评估报告的目的是对对象系统安全水平的客观判定。从某种意义上讲，独立安全评估报告可以看作是对安全证明文件的评审。安全证明文件和安全评估报告一起提交给安全权威机构，作为高速铁路运行控制系统开通许可的发放依据。安全论证有助于追踪并更正系统安全管理、设计及测试等行为中存在的缺陷或错误，因此，安全管理和安全论证相互补充，互相完善。独立安全评估提供专业、公正的安全监督评价机制，与安全管理和安全论证共同构成了三位一体的系统安全保障体系。

8.2 安全管理

8.2.1 安全管理的基本思想

高速列车运行控制系统的安全性是根据系统包含的风险程度来衡量的。对系统负有安全责任的法人称为安全管理责任人，例如系统研发单位、运营单位和监管单位等。安全管理责任人通过建立安全管理组织处理系统暴露的风险。常见的系统风险分为三种类型：内部风险是安全管理责任人独自负责的对象系统中的风险，以及安全管理组织本身产生的风险；外部风险，即来自于安全管理责任人职责之外的系统、人员或者组织机构产生的相关风险；共担风险是与安全管理责任人有共同安全责任一方的行为产生的风险。

安全管理根据一定的策略、利用一定的资源和遵循一定的流程来确保系统安全性的活动，以达到控制内部风险，最大程度降低外部风险，通过管理组织间的合作控制共担风险的目的。

高速列车运行控制系统的安全管理责任人在业务、行政和安全目标上存在差异，导致各安全管理责任人在安全管理的内容和效果上难以统一。因此，在国际上为了规范安全管理责任人的安全行为，提出了安全管理系统的概念。安全管理系统作为安全管理活动的实施平台，本质上是一种安全管理组织的规范性工作安排，通过提供政策、资源以及流程等信息来保证管理组织内部工作的安全性，辅助管理组织有效辨识与管理风险。

安全管理系统从内容上看是一套体系化、明确和综合的风险管理流程规范，类似于国际标准化组织（ISO）方法。与传统管理系统不同，安全管理系统不仅提供了有针对性和侧重点的安全方法，还设定了针对系统安全的目标、计划和质量评估等一系列流程。安全管理系统的行为还可以融入管理组织中，成为一种企业文化。一个运转良好、组织严谨的安全管理系统体现出下面 4 个基本原则：

(1) 安全理念：体现了一个管理组织的灵魂，也决定了管理组织对于系统安全性的态度。体现在安全管理行为的出发点是意识到威胁无处不在；通过制订组织标准来传达管理组织的安全理念；安全管理组织内部要明确安全是每个从业人员的职责。

(2) 安全政策：是阐述管理组织如何保障系统安全的纲领，对所有涉及系统安全活动的从业人员清晰划分责任、义务与权限，构建管理组织结构以明确安全相关人员的交互关系；制订完成安全工作所需的技能与知识水平。

(3) 安全业务流程：管理组织面向安全政策制定的实施细则，包括：制订安全管理人员业务流程指导说明；针对具体安全行为说明制订计划、组织运作、过程控制的具体方法，制订检测与评估安全状态与安全流程的具体方法。

(4) 实施效果：管理组织对其实施的安全行为进行自省式反馈，将修正意见落实到实际工作中，从而保证安全业务流程是遵循良好设计且行之有效的，不断规避由于管理组织自身短板导致安全管理行为质量降低，稳步提高安全管理人员对管理行为的信心。

安全管理业务的主要内容是处理各类必然会出现的系统风险，安全管理系统正是基于以上的原则，主张采取防患于未然的态度解决安全隐患。任何安全管理系统针对特定风险都应回答以下五个基本问题：

(1) 来源：风险属于什么业务？能够保障业务安全性的对应流程是什么？

(2) 后果：风险可能出现什么危险问题？安全隐患及导致事故的具体形式是什么？

(3) 原因：危险事件的诱因、根源是什么？发生的可能性有多大？

(4) 措施：能采取什么应对措施？可提出或采取什么样的应对方法、控制或缓解措施？

(5) 后效：措施效果如何？是否已解决问题？

任何安全相关行业的安全理念都是建立在行业经验总结的基础上，由于系统中已知和未知风险始终是对立统一，高速列车运行控制系统技术不断进步导致系统风险始终不断演变，而与系统技术相匹配的安全防护方法却需要经过一定周期的研究与积累才能成为广泛接受的标准，因此完全依赖既有的安全标准与规范不足以完全控制风险，通过事故调查则有助于发现系统新近发生的共性风险，通常包括：未得到解决的小事故，未考虑到的特殊事故及相应处置措施，安全意识的淡薄，工作中的不良习惯，对系统设备的擅自修改，对错误的隐瞒和缺乏上报机制等。安全管理强调采用防患于未然的方法处理上述共性风险，而不是在危害发生之后才进行处理。

8.2.2　安全管理的要素

安全管理责任人实施安全管理行为，可以在原有的管理业务与经验基础上随着系统安全目标的变更而相应调整完善，也可以遵照同行业内已经成型的安全管理系统范例重新建立自身的管理系统。无论以哪种方式实施，良好的安全管理行为都应强调精而全：精，能够体现自身安全管理的特色；全，能够包含与对象系统相关的所有安全管理要素，以保证与外部的安全管理行为完备的接口能力。完整的高速铁路运行控制系统安全管理行为应包含以下要素：

(1) 安全管理责任人的属性及范畴。

高速列车运行控制系统项目实施过程中应明确安全管理责任人(以下简称责

任人)负责的设计、开发、制造和运营维护等职责范围,同时需要声明责任人之间的相互关系,落实连带或共担责任。相关内容包括:确定责任人本身的技术、组织和组织管理范畴,制订责任人责任范畴内限定的与其他方的责任接口说明,明确为保护本责任人安全利益而管理自身业务活动的职责。声明应清晰、明确、公开,同时,对所负责的安全关键设备、系统及子系统定期进行检测、维护和更新。责任人需要强调与其他责任人沟通,特别是存在业务交叉时,需要与其他责任人认真协商安全管理接口,经双方同意并形成文档。

(2) 安全政策。

安全政策是安全管理组织对整体安全目标的框架性说明,其目的是明确为保障安全管理系统能够正常执行所需要的资源,以及相关的商业和财务等方面的综合需求,安全政策应与"安全管理责任人的属性及范畴"一致。安全政策应该细化说明管理组织如何承诺其安全责任,并概述兑现安全责任的策略和方法。同时,为保障所有员工都能意识到安全承诺,在安全政策中需要确保必要的手段来实施安全管理,从而形成一种内在的约束和策动力,以确保完成安全指标。安全政策是安全管理的核心,与其他的安全管理要素一样,必须通过定期的回溯和检测,才能保障安全策略能够在技术上、具体实施上、组织结构上以及法规和社会准则等方面不断完善。

(3) 组织结构与责任划分。

为保障系统的安全性应该在管理组织内部的各层次上建立并维护明晰的监控及问责机制,同时建立与外部管理组织交涉的责任机制。该机制本质上是在组织内部建立安全相关人事关系,包括人员报告机制、责任明细、监控权和问责权。通过责任划分,可以明确在管理组织中相关各方如何共同管理安全。在组织结构和责任划分中应该说明:员工能力资质,员工承担安全工作、制定决策所需的信息。员工在管理组织中承担职务所需的能力资质,组织内约束管理员工行为的体制。需要特别注意的是以上各项细节说明需要提供相应的法律标准、企业规章制度或者合同条款,并以组织结构图的形式描述以便交流沟通,同时要保障管理组织服从安全政策承诺的内容。应制订一套专门的组织结构变更管理流程,任何结构变化所导致的安全方面的影响都应该得到控制。

(4) 能力资质与专业培训。

责任人需要保障团队员工拥有与项目相匹配的知识、经验、能力及身体素质,定期评估员工的能力,通过培训、补充招聘或者重组调整的方式解决雇员能力不足的问题。由于在组织结构和能力划分中已经明确员工在管理组织中承担职务所需的能力资质,因此应配备相应系统来记录员工能力资质和专业训练过程,以确保安全工作参与者能各司其职、各负其责。资质与能力管理包括:安全任务分析,人才招聘,筛选及安置,上岗及晋升培训和承包商评估与筛选等。员工资质能力与身体健康状况应当与其承担的工作相匹配，并通过文件形式建立对应档案记录。当有第三方人员承担安全责任时，应对其实施与其内部员工同等的资质评定，同时还要求提供相应的证据文件。

(5) 风险管理。

责任人通过设置相关流程辨识安全管理组织中的风险区域，评估风险等级和通过有效的控制手段减轻或消除风险，使用安全分析方法进行风险评估，并通过安全目标来处置残余风险。风险管理与安全管理系统的监督和回溯过程紧密结合，管理组织制定规章流程完成风险识别、风险分析、风险分解和风险控制措施。一般可将风险划分成个体风险和社会风险，同时制订评定准则进行辨识和评估。对于安全管理责任人，应遵循上述准则确定自身的安全目标，根据安全权威部门的指导意见采用适当的技术和衡量手段来实现安全目标。

(6) 安全担保。

当责任人不能直接控制所负责范围内的风险时，可以通过安全担保来保障这些风险得到适当的控制，并保证与整体安全管理目标一致。安全担保可通过与承担风险处理的分包商签订承诺合同来实现，而且在合同订立之前评估分包商的资质和能力。系统集成过程中总包商都希望与其他分包商(供货商)共同承担产品及设备的安全风险，要求所有项目分包商(包括运营服务商、子系统产品供货商及其他合作单位)承诺其所开发系统或所负责工作的安全性。责任人需保证分包商的安全承诺遵循安全管理体系要求并达到可容忍风险目标。

(7) 紧急情况与事故调查。

责任人应制定定期报告和事故调查的流程，激励员工及时报告紧急情况，认真吸取事故的经验教训，及时在单位内通报事故调查情况，发现问题并上报有关部门。事故报告应能够:向公众及监管部门提供系统性能信息，根据不同的对象提供不同程度的信息，使责任人了解如何加强系统风险控制，应对数据适当处理以保证数据匿名性、机密性和合法性，防止信息的完全开放和自由传播。

(8) 应急管理。

通过制订通用流程管理突发事件，制订特定流程管理可预见的突发情况，紧急事件处理的风险可最小化，保障高速列车运行控制系统安全平稳运营或从事故中得以快速恢复。安全管理包含与法律、法规相契合的突发事件管理流程，应急处置和恢复正常运营的流程，应急处置流程旨在减少突发情况发生时的原生灾害严重度(包括保障系统免于次生灾害，便于受害人员从现场逃逸和获得医疗救助的能力)，并在灾后或者稳定运营后控制再次诱发风险。正常运营恢复流程应能保障系统在突发事件后能够平稳修复到正常运营状态。

(9) 沟通与信息安全性。

责任人之间应建立行之有效的信息沟通方式，以保障各自安全管理行为的信息安全性。信息沟通需要通过文档实现，并且信息安全性等级要与沟通内容所涉及的系统安全关键度相匹配。安全管理需沟通的信息包括所开发或运用的列控系统的基本原理及技术性能、实际项目的进展情况（尤其是安全责任的变化情况）、标准及流程变化的情况、故障及事故信息和其他人在工作过程发现的问题等。单位或团队内的信息沟通应是双向的，领导应掌握安全相关决策所需的信息，确定这些决策已传达给了单位或团队内所有相关人员。类似地，信息的安全性也要通过流程保障。运营命令的沟通是信息沟通中很重要的一环，这类沟通通常基于惯例和公认方法进行，与运营质量息息相关，经常被认为是安全关键信息。责任人应确定不同类型沟通的关键程度，通过制订沟通的配置管理、所需信息和沟通形式，实现沟通流程与风险评价相关联，而不同责任人之间的沟通和信息的标准化有助于最终完善安全沟通的管理。

(10) 规范标准管理。

责任人应制订流程获取相关的立法、法规、标准和技术规范，并保障需求规范间的一致性。对于需求与标准规范不一致之处，应该通过建立与整体安全管理及风险判据相一致的约束准则进行排除。已有法规和标准中都给出可接受的和稳妥的安全管理方法，其中大多数来源于高速列车运行控制系统实际的设计、维护和运营经验。参考标准在应用过程中会随时出现新问题，例如系统的技术设备变更，应用条件的变化等。当对现有标准提出新问题时，应该通过基于风险的辨识结果向安全权威机构提出异议。责任人为应对此类特殊情况，需要制订特定流程处理规范标准例外的风险控制措施，并通过专业人员将可参考标准和例外情况联系起来。需求和标准之间不可能完全匹配，一定程度上的解释是必要的，安全管理行为要能够提供相应的解决方案，否则将造成所采纳技术标准与本地法律和法规体系的抵触。管理组织的安全文化对此类问题解决有重要影响。

(11) 检测、稽查及纠正措施。

制定流程定期监督和稽查安全管理系统，同时确保通过监督和稽查发现的问题采取有效的措施纠正并及时反馈。责任人可以制订流程进行周期性的内部安全稽查和管理回溯，同时也要收集分析分包商和下属部门的安全管理水平。定期的自我回溯以确保安全管理系统的适用性、充足性和有效性，回溯的内容包括安全管理的改进完善、变更提升，特别是安全政策和安全目标的完善和提高。回溯活动需要记录在案并随时维护，必要的时候需要接受安全权威机构的稽查。

8.2.3　安全管理的实施框架与模式

安全管理组织应将安全管理的要素通过一套稳固的结构关联起来，以便于在组织内部自上而下贯彻执行，从而体现出安全管理过程的控制机制。图 8-2 展示了其中一种框架，该框架是以管理组织定义的安全原则为核心。安全原则在明确风险可接受准则的同时，也体现在生命周期的每一个阶段对安全管理活动进行指导。安全管理中的主要任务是将安全原则通过风险评估和风险控制两种活动体现出来。由于安全管理系统与组织所处的国家、社会、文化背景以及政治法律体制相关联，因此实现安全原则要遵照并蕴含当地法律法规，以及管理组织自身安全责任边界。最后，这样的活动要以文档或管理组织机制等形式形成证据。安全管理组织不但要形成自身完善的证据文档，而且要与其他组织进行安全管理沟通，保障外部管理组织证据的可兼容性。

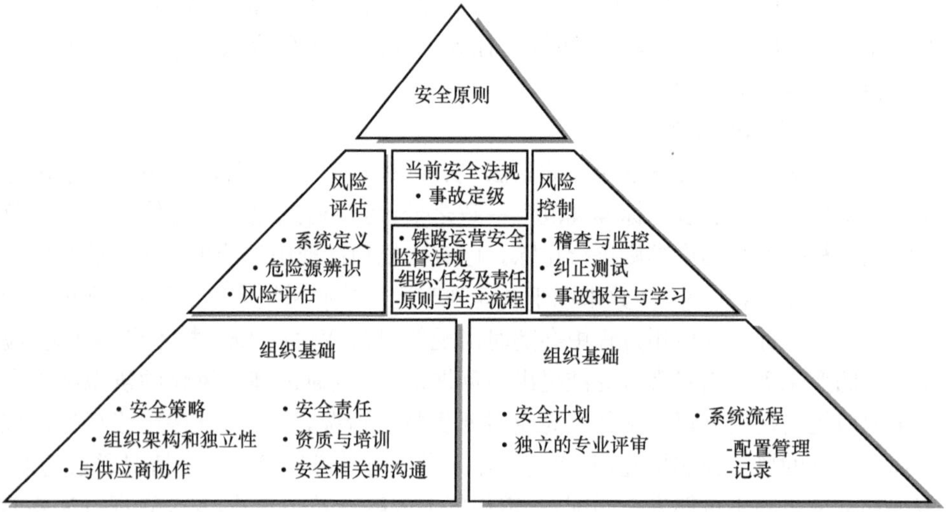

图 8-2　安全管理系统的实施框架

安全管理组织应规范安全相关工作的计划、分析、记录和检查，保障危险的可追溯性。在此基础上，根据系统的工程特点和人员资质，选取合适的危险辨识和分析技术来实施技术层面的风险管理流程。一旦确定了系统危险源的风险等级，就可以有的放矢地选择针对性的风险降低技术。与此同时，为安全论证的需要，与风险降低技术相关的质量管理和过程确认活动也应该逐步实施。

安全管理的实施过程可以通过戴明循环或 PDCA 循环方式体现，如图 8-3 所示。戴明循环包括持续改进与不断学习的四个步骤，即计划、执行、检查和实施。责任人安全政策体现在项目安全计划之中，在执行过程中通过应急管理流程的补充得到不断完善，在安全审查过程中获得同行评审的认同，并在安全权威机构的授权下获得进一步实施的资格。

安全管理要素在实施的过程中，同样要遵循戴明循环反复完善，如表 8-1。其由于循环本身就是发现问题、解决问题的过程，责任人在此过程中可以不断完善各

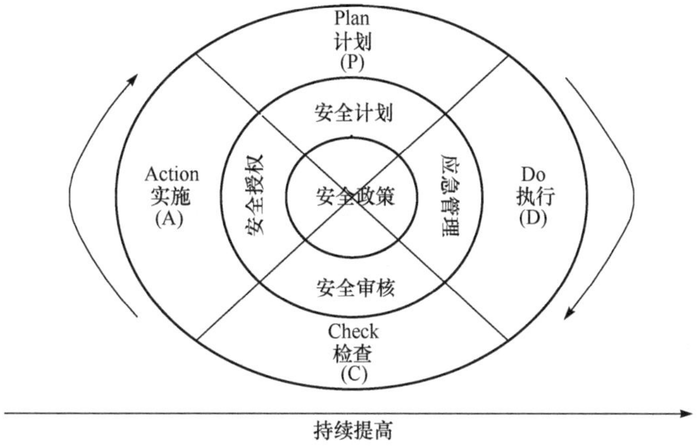

图 8-3 戴明(PDCA)循环

要素的执行质量,并逐步建立要素之间的一致性关系。戴明循环在安全管理组织中的循环实践也可以持续提高个体资质与团队管理水平。戴明循环作为保障管理系统持续改进的有效模式,已被 ISO 9001、ISO 14001 等国际管理体系标准广泛采用。

表 8-1 安全管理系统要素的 PDCA 流程

戴明过程	安全管理系统的要素	
计划	安全管理责任人的属性	
	风险管理	危险源辨识
		风险控制
		安全保证
执行	安全管理责任人的属性及范畴	
	能力资质与专业训练	
检查	紧急情况、事故报告与总结	
	应急管理	
	安全沟通与信息整合	
实施	检测、稽查、纠正措施	

8.2.4 安全管理的过程要素

安全管理系统作为安全管理组织提供安全管理服务功能的载体,虽然不具备直观的物理设施和信息交互过程,但伴随着高速列车运行控制系统的全生命周期过程,时刻运行在安全管理组织内部。为了将安全管理系统实施的证据提取出来,并为系统安全保障活动提供支持，需要对安全管理的过程要素进行概括，将过程要素作为安全管理系统运行质量的采样信息和安全评估与验收的重要依据。

EN 50129 中规定“安全验收必须满足的条件之一就是系统的安全已经并将继续由一个有效的、且与 EN 50126 中规定的 RAMS 管理过程一致的安全管理过程进行管理”。安全管理报告中需要提供证明全生命周期过程中与安全管理过程所有要素相一致的文档证据。安全管理报告作为认证机构对管理组织安全管理行为的评审依据，会重点关注安全管理过程中的一系列过程要素信息，因为这些过程要素能够进一步降低全生命周期过程中与安全相关的人为错误发生概率，从而降低系统故障的残留风险。过程要素也是安全管理报告的组成部分，主要包括如下内容：

(1) 安全生命周期：安全管理过程由基于系统全生命周期过程的安全管理活动组成，将这些活动执行的关键点关联起来就形成了安全生命周期。安全生命周期可视为自顶向下的设计阶段并伴随自底向上的确认阶段。

(2) 角色分配：在安全组织中，明确的权责分配保障了安全责任能够覆盖安全保障行为的各个方面。高速列车运行控制系统的任何组件都需要有专人负责记录并更新其信息，包括建立原则、设计思路、维护方法和执行的安全可靠程度等。这些信息还有助于评估后续变更行为可能带来的影响。在安全管理组织内部要重点体现五个角色：

① 项目经理：安全管理组织中的工作需要规划成独立项目，由项目经理负责监督运营，保障安全工作按照其所设定的方向进行；

② 项目安全经理：设立项目安全经理与项目经理共同承担安全责任；

③ 安全评估师：负责参与项目并核查项目安全性是否满足安全需求；

④ 安全稽查师：分配到指定项目中开展安全稽查工作的人员，核查项目中安全管理活动是否已经参照安全计划及其他相关标准和流程执行，并记录执行情况；

⑤ 安全认证师：为高速列车运行控制系统上线服务之前提供安全认证的任何独立授权团体或者个人。

(3) 安全评审：在全生命周期过程的适当阶段要进行安全评审，其内容必须在安全计划中明确，并分类归档评审结果。系统的任何改动和更新都需要进行评审。

(4) 安全验证和确认：制订验证计划验证全生命周期过程的每阶段之间所需安全计划的一致性；制订确认计划确认所实现的系统功能满足初始的安全需求规范，包含适当的安全测试和安全分析，并进行文档化。如后续对系统进行改动或扩充，必须充分重复执行。验证与确认所需的独立程度必须与系统的安全完整性等级要求一致。评估员可由安全权威机构授权，也可以完全独立于项目团队。参照安全权威机构的意见，评估员可以属于研发单位，也可以属于运营单位。

(5) 系统交付：系统在向运营和使用单位交付之前，必须满足安全验收和安全审批条件,提交安全证明文件和安全评估报告。

(6) 运行和维护:系统交付使用之后,必须遵循安全计划和技术安全报告所定义的安全监控过程。在一个系统的操作周期中,对于每一项改动,其对安全的影响都要依据安全证明文档的相关部分进行评估。当改动会导致系统的安全受影响时,安全生命周期的相应部分要重新实施,以保障既定安全完整度等级不受影响。

(7) 系统停运和处理:系统运行周期结束时,必须按照安全计划和技术安全报告所定义的方法进行停运和处理。

8.2.5　安全管理中的配置管理

负责高速列车运行控制系统开发的安全管理组织能够追踪所有与系统安全性相关的变更行为,以及变更行为之间的相互关系,被称为安全管理系统的配置管理。配置管理可以实现参与开发的各管理机构间的信息交互内容与形式的统一。配置管理应该包括:唯一辨识各项安全相关事宜的版本,记录各项安全相关事宜版本的历史记录和当前状态,记录各项安全相关事宜的所有内容,记录各项安全相关事宜之间的关系,准确标示出实际变更和建议变更。

通过以上信息,安全管理组织可以决定变更的细节内容与层次,以此来判断需要全部还是部分信息。如果不能获得充足的细节,或者信息追踪轨迹上存在疑点,那么就不能确定所有的风险都得到了控制,也就不能论证系统是安全的。系统中的任何变更都需要准确标记,并以系统安全的名义进行评价,以方便后续的监察。配置管理就是要辨识需要跟踪的记录并加以控制的系统安全事项。从系统安全的角度来讲,行为记录有三个主要目的:可以用来展示风险已经降低到可接受的水平,后续变更时报备为什么当前需要这样决定的原因和有助于安全责任的移交。

作为为系统提供组件或服务的组织或个人(如供货商),是系统开发过程中与责任人发生责任移交行为的主要参与者。责任人可以与供货商分担安全责任,但不能将安全责任完全移交,并注意分清与供货商所应分担的安全责任。

责任人在向供应商提出配置管理要求之前,结合自身安全政策制定具体的需求,核查供应商是否有能力将需求传达给下一级供应商,但责任人将安全相关的工作分配出去并不能减少本身的安全职责。责任人有责任和义务确保供应商能够胜任,这可以通过以下几个步骤得以实现:

(1) 供应商的选择:供应商通常提供产品、人员以及服务。责任人通过与其合作以提高安全性,并且处理好工作所需的能力和供应商可以提供的能力之间的缺口,并确定是否需要做其他的工作来提高安全性,建立合适的控制机制来监督安全,如抽检、产品检验、监督和审核等。

(2) 对供应商的评估:评估的工作量应该与涉及的风险相适应并与其成正比。

对供应商圆满执行任务的能力设立标准,一般来说,对供应商的要求包括以下几点:拥有一批有能力的员工;拥有妥善保存的必要设备;与工作相适应的安全与健康生产方针;能够承诺进行适当充分的评估;对已识别的风险进行控制的高效安排;高效的质量控制过程;执行合同的能力。同时应搜集证据证实供应商已符合上述标准,以下文件可以提供:投标前的安全计划,对于安全稽查的响应;安全方针和流程的复印件,事故与突发事件的详尽记录,培训记录,执行任务的员工的简历,质量评估的流程,项目评审与监控文件,来自其他供应商的资料。

如果项目需要经常将同一类型的工作外包出去,使用一些已获得许可的供应商可以节省许多时间。如果要使用一些已得到许可的供应商,要表述清楚获得许可的工作属于以下哪种类型:

(1) 工作的确定与监控:制订由供应商完成工作的详细说明,并检查供应商是否符合要求。应当确定每一个供应商都充分意识到负责控制的风险范畴,并且完全承担相应的安全责任。责任人不能将安全责任转移给供应商,但是可以共担安全责任。责任人要确定供应商具备满足责任人所提出的安全、质量和实施标准的方法和流程,如应确认用于铁路安全的材料和测试器材都符合标准并达到安全需求,并且都得到妥善的处理、维护和校准。责任人还应确定供应商的团队成员满足其提出的能力和资质要求,并且遵从工作时间要求。

(2) 人的因素管理:当协同工作时,就共用的人力资源因素达成一致,并明确相应责任。同时,还应确保所有涉及人的因素的工作协议是清晰、没有歧义的。在需要供应商执行有关人力因素管理的工作时,应在供应商的合同中明确规定相应的目标和要求。

(3)产品的供应:若责任人通过检验产品本身确定产品是否安全,则无须对供应商进行评估,否则责任人应该不断地检验产品以保障产品质量。产品的检验或供应商的评估力度取决于产品引起危险的可能性大小。

(4) 服务的供应:可以依靠供应商提供维护保障等相关工作(如维修或更换磨损或报废的组件),但是应就维护需求达成协议,这包括对经过修复后重新使用的组件进行安全需求测试。

(5) 单个员工的供应:供应商是用来弥补责任人管理组织的人员不足时,可以在安全管理系统中纳入外部员工,同时要制订好相关工作包括能力管理和工作移交管理。

8.3 安全论证

安全论证是一种以系统满足所有安全需求为结论,以系统开发、运营和维护的流程、结果和记录为证据的论证过程,是论证推理与系统安全理论结合的产物,最初由安全案例制度引入系统安全保障体系，由研发单位完成后向安全管理部门提交。

安全案例 Safety Case 源于法律领域术语 Legal Case(案件)一词，通过将安全证据进行合理的逻辑组合实现系统安全性论证文档。在国内，Safety Case 被译为安全证明文件，即证明安全的一系列的文件，包括所采用的安全标准、安全管理规范、系统安全设计、测试和分析等文件。

EN 50126-1 标准中安全证明文件定义：通过证据文档阐述产品符合指定的安全需求。高速列车运行控制系统通过测试等手段证明其安全性，但一直缺乏相关技术方法以及实施过程的文档。铁路安全国际标准提出了文档化的需求，EN 50126-2中指出“书面的安全证明文件是为了说明系统满足安全需求”，EN 50129标准也将安全证明文件解释为“将证据记录在一种结构化的安全辩护文档中”。安全证明文件不仅仅是一套文件材料，更是一种以推动系统安全性论证为目的的文档撰写过程，符合“谁制造风险，谁负责控制或消除风险、谁负责举证已达到安全要求”的原则。因此，本书将安全论证提升为一种安全行为，旨在突出安全证明文件制度的内涵。

8.3.1　安全论证的作用

安全论证为研发单位提供了证明系统安全性的阐述方式，为安全管理部门提供了系统检验安全性的证据形式，作为业内以及公众对产品安全责任的法律监督，安全论证也为政府管理提供了完整和系统的评判依据。在英国军用标准 DS 00-56 中，安全论证被提升到一种强制性的、易于理解的和合理有效的论证方式，英国学者 Kelly 的博士论文中阐述安全论证应该是“通过表达出一种清晰的、便于理解的、可辩护的论据，来说明系统在特定的背景下的安全性是可接受的”，这里重点强调了以下几点：

(1) 论据：安全论证的首要目的就是要表达安全证据，即让人能够从证据中得出系统满足可接受安全程度的结论。

(2) 清晰：安全论证通常是向第三方表达意见或信息，因此表达方式越直观通俗越好。

(3) 可接受：绝对安全是一个不可企及的目标，安全论证是要说服对方相信系统相对于可容忍风险而言是足够安全的。

(4) 背景：任何系统在不适当的条件下使用都可能是不安全的，因此在安全论证中应当说明应用背景和条件。

安全论证通常由需求、论据和证据三要素构成。安全论据表述证据与安全目标之间的逻辑关系，如图 8-4 所示。论据与证据在安全论证过程中是密切相关的，

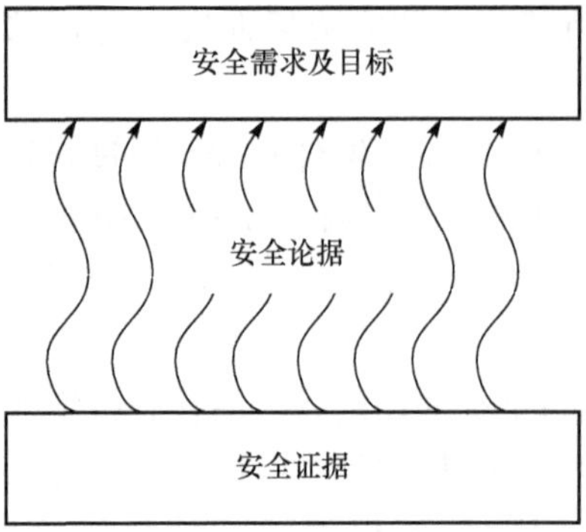

图 8-4　安全论证三要素之间的关系

没有证据支撑的论据是不足信的，而不经过论证的证据是无法解释的。安全论据被忽略会导致安全论证成为纯粹的证据罗列(如几百页的故障树，或者故障模式与后果分析表格)，这样的安全证据还需要对隐含其中的安全论据进行解读。

采用安全论证许可准入的方法使得风险制造者在事故发生前就需要证明其行为是满足安全性的。安全论证经过管理部门核准，但不会转移风险制造者所承担的风险。

安全性证明可被供应商用来证实系统的安全性，并以此阐明其履行相关法律中的责任。安全性证明的结论称为安全论证，是文档化证据的载体，结构良好或经过机构认可的安全证明文件能提升安全性证明的价值。供应商通过向相关的安全部门递交安全论证，从而获得对通用产品或者特定应用的安全许可。安全论证的优点体现在：

(1) 便于贯彻理解：安全论证的主要优点是开发人员要通过贯穿整个流程的活动来准备，不是一个被动的、改善硬件材料、或者调整文本编排的过程，而是安全论证规程的成果。其准备过程要求开发人员系统地分析产品是如何设计安装的，不仅对改善自身开发流程起到督促作用，还形成自我规章保障与法规管理者监督之间的同步。

(2) 成为改善计划：任何系统都不是完美无瑕的，仍具有改善的空间。准备安全论证的过程为其辨识和评价提供了平台和原动力。实践过程中，任何安全论证都不能看作安全行为的终点，现代社会对质量的理解催生了没有最好只有更好的观点，在安全性的改善上也是同理。

(3) 改进管理者介入方式：安全论证使管理者的介入更加有效，因为安全论证可以指明问题所在，使管理者能够专注于安全关键点。对安全论证进行质量评估也导致了干预过程的改善。管理者通常在特定应用条件下采用相应的干预措施，如评估安全论证的文档、验证实际情况与安全论证的一致性和紧急事件调查等。针对特殊的配置环境，还需要进行安全认证与实际安装进行对比验证。安全论证不是万能的，不能避免主要事故的发生，但却有助于减少重大事故发生的概率，弱化事故发生的严重后果。

(4) 便于事故调查：通过安全论证，事故调查人员可以知道导致事故的危险条件是否预先已知、针对事故采取了何种措施，以及相应措施为什么没有生效。此外，调查人员还要了解开发团队和管理组织的结构，以确定相应措施是否由于受限于公司的组织结构而无法实施。

8.3.2　安全论证中的证据与假设

安全论证不是通过理论分析和数据验证产生，而是对多种形式的证据进行融合，包括前期使用情况（如事故、紧急事件、故障率记录等）；与相关标准、法规和指导方针的一致性；计算结果（如压力与疲劳度的有限元计算）；测试（例如性能测试、疲劳度测试、软件测试等）；仿真；分析结果（如：危害及操作性研究（HAZOP）、失效模式影响及危害性分析（FMECA）、故障树分析（FTA）等）；专家复审，运营效果，以及认证结果等。

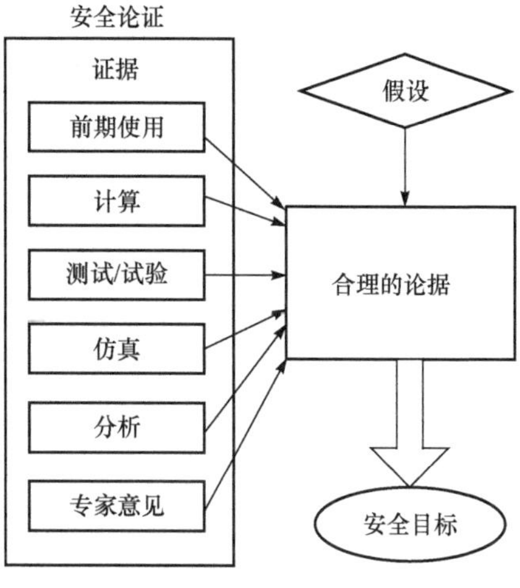

图 8-5　安全论证与证据、假设的关系

图 8-5 是将证据和假设条件组合成合理的安全论据的示意图。在安全项目中，关键性的假设需要经过确认，而且假设条件甚至比证据更能展示安全论据的含义。由于大量信息的存在，在某些安全论证中正确理解安全论据很不容易，以目标结构语义为代表的安全论据表达技术可以提供严格、清晰的安全论据结构，并在安全证据等信息的管理过程中发挥越来越重要的作用。

8.3.3　安全证明文件的定义与类型

安全证明文件作为安全论证活动的输出结果，为高速列车运行控制系统领域安全相关系统在其指定的应用中获得安全审批而向相关安全权威机构提交的一种文档化证据，可以针对通用产品，也可对特定等级或特殊条件下的应用。例如：EN 50129中定义了三种不同类型的安全证明文件：一般产品安全证明文件提供一般产品在各种应用中是安全的证据；一般应用安全证明文件提供一般产品在一般应用中是安全的证据；特定应用安全证明文件与特定的应用相关。

安全证明文件通过安全论证展示内部元素的相互关联关系，构成安全性认证的内容，其制定步骤包括：通过风险评估确保对所有的危险采取足够的危险控制与减轻措施，通过证据论证以上措施的充分有效性。安全证明文件主要展示以下内容：

（1）支持性证据：为推断安全性而对系统进行的观测、分析、测试、仿真以及评估结果等基础性信息；

(2) 概括性论证：论述可使用的证据如何能够合理的表明系统具备可接受的安全性。通常这种论述从以下方面展开：说明证据与需求的一致性；申辩证据已经规避了危险；或者强调采取了足够的危害减轻措施。缺乏证据支持的论证是未展开的论证，而没有经过论证的证据是未知的证据。

为满足安全认证部门的接受条件，安全证明文件应该提供三方面证据：质量管理证据；安全管理证据；功能和技术安全的证据。而且，系统在具备安全验收条件前，这三方面证据必须在设备级、子系统级和系统级同时加以完善。

8.3.4 安全证明文件开发需求

安全标准对安全证明文件相关的需求有如下两种表达方式：

(1) 安全证明文件产品需求——关注于安全证明文件的作用、内容和结构。安全证明文件是一个全面的、结构完善的安全文档集，其目的在于确保对象系统依照安全标准和规范进行了安全分析，接受了测试、稽核、检查以及使用了紧急情况防备等措施。相关内容应基于客观事实、组织良好并论述有力。

(2) 安全证明文件流程需求——关注于安全证明文件的开发和维护生命周期。鉴于安全证明文件开发是一种面向安全周期全过程的活动，当今业界一致赞同安全证明文件应采取渐进式开发方式，即安全证明文件开发应在安全计划阶段启动。安全证明文件在全部需求表述中要进行概括准备，在主要的生命周期关键节点处(例如从交付到维护的交接过程)都要求及时更新。总而言之，安全证明的流程需求就是要在系统生命周期的任何阶段实现安全证明文件的无缝开发。

在安全标准中普遍采用的管理安全证明文件渐近开发方法结合不同的开发阶段，可以相应建立早期、中期和最终三种安全证明文件版本。

此外，还有两类需求在新近的标准中逐渐明确：

(1) 关于安全证明文件维护的需求：安全证明文件需要通过更新来反映设计或者运营过程中影响到安全性的变更内容，如来自运营阶段的新危险源和处理方式，因此安全证明文件就成为变更环节中控制安全的主要媒介。

(2) 可重用的证据格式：安全证明文件的开发过程应积极采用标准格式的安全性论证结构，特别是针对特定行业特定领域的安全证明文件开发过程。

8.3.5 安全证明文件的结构

在安全管理相关的文档体系中，安全证明文件是与危险源日志、安全计划和测试报告等一起处于核心位置的重要文档，作为系统研发单位申请安全认证的主要依据和递交物，在不同的安全行业标准中都有特定标准阐述安全证明文件的内容与格式，以及生成安全证明文件中的证据应该采用的方法。本节根据高速铁路运行控制系统安全论证遵守的 EN 50129 标准，详细阐述安全证明文件内容的结构。EN 50129 标准对安全证明文件的章节、对应内容都有明确的规定，尽管在某些情况下可以有选择性地修改项目标题，但是必须包含所要求的内容。以下是安全证明文件的一种规范的结构：

(1) 摘要：概述安全证明文件中的关键信息；安全证明文件版本变更信息的简要描述，包括变更目的、变更内容和位置；制定本安全证明文件时对应的安全计划和开发进程的简要介绍；针对安全证明文件需要进行的安全审核与评估的摘要信息；结合本安全证明文件进行系统测试与上线运行的摘要信息；安全证明文件所获得的论证证据，以及系统残留风险状态的摘要信息。

(2) 简介：介绍安全证明文件的制定目的、用途、应用范围和组织结构。

(3) 系统的定义：安全证明文件的对象系统功能、目的、结构、设计、实施和评审结构等信息，特别是使用条件发生变化的说明，衍生安全问题的提出，以及其他应当引用或涉及的支撑信息，如：系统的实际部署位置；负责运输、承载的其他支持系统、服务与设备；系统所包含的(如来自供应商)子系统认证情况，同时提供子系统安全证明文件。

安全证明文件所申请的对象系统必须具备唯一识别的结构和应用条件，如有需要，还应该论述系统可以进行何种有效的变更控制，以及变更条件是否符合安全计划中的声明。

(4) 质量管理报告：制定一份有效的安全证明文件的先决条件是系统开发工作的质量须通过有效的质量管理系统控制。质量管理报告记录质量管理系统的活动，同时证明在项目中的实施是适当的。如果质量管理系统相关的文档已经给出执行的质量管理活动的精确描述和证明，那么安全证明文件中不必详细记录。

(5) 安全管理报告：安全管理报告需要证明系统的安全行为已经通过一套合理的安全管理系统进行管理，并将在开发运营过程中继续进行，内容包括：

① 引言：描述并总结系统的安全管理行为是遵照安全计划实施的，通过证据证明实施过程是适当且充分的。

② 安全角色与责任：提供证据表明项目中的关键安全人员完成安全计划中所明确的任务，并且证明关键的安全人员具有相应的工作经验和能力。

③ 安全生命周期：证明安全管理过程的所有要素与项目所遵循的安全生命周期相一致。

④ 安全分析：详细介绍项目的安全分析过程，通过提供证据说明可预知的危险源都已被识别，无法接受的危险源已被排除，而其他危险源的风险都控制在可接受的程度上。安全分析考虑系统的全部活动范围以及正常与不正常的操作情况，包括系统与组件故障、程序故障，以及人为失误和环境条件等；必须对所有发生过

的影响安全的紧急事件进行评审，阐述事件发生的原因、潜在的后果以及实际的影响，以及总结以往经验中为防止类似事件制定的措施；准备一套基于以往运营经验和危险源日志的可靠性数据，运用在定量安全分析及证明上；论述如何将风险控制在可以接受程度内的方法；记录安全政策中与安全分析相关的元素，以确保系统变更时安全分析的完整性。

⑤ 安全需求：阐述安全证明文件需要论证的安全目标，重申系统或设备的安全需求规范内容，或通过查阅安全需求规范抽取出系统需求；阐述安全需求中有关安全含义的探讨，指出每个安全需求是如何对整个项目或者系统产生影响的；任何应用假设条件都必须按照规定陈述在此，并且阐明其合理性。

⑥ 安全标准：制定安全计划所依据的所有规范、流程以及安全标准。如有与安全标准规定不一致的内容应提供证据并说明理由。

⑦ 安全审核与评估：提供执行安全审核与评估过程的证据是安全证明文件中的重要部分。在审核与评估中发现的问题一般会在独立的文档中另加陈述，包括：描述并证明选择进行审核和评估的时机；证明审核员与评估员有能力独立完成工作；证明对于所有发现的有关事宜所采取的行为是合理恰当的。

⑧ 供应商管理：证明合同方和供应商的工作在要求的安全等级下，符合安全标准，并按照供应商的安全计划规定执行。

⑨ 安全控制：给出安全计划中提出的安全控制认证已投入系统应用的证明。

⑩ 组织管理：证明项目所使用的组织管理体系运行正确，提供在组织管理下的其他安全相关项目的证明。

⑪ 项目安全培训：表明从事与安全活动相关的人员都接受了按规定执行的培训内容，并通过考核。

(6) 技术安全报告：需提供保障系统设计安全性的技术原理，包括所有支持证据文档(如设计原理、计算测试规范与结果以及安全分析结果)。若已包括准确的证明材料，则其他大量细节文件和支持文件可以不予考虑。技术安全报告通常采用以下结构：

① 引言：描述并概括系统所有相关危险源及其风险已经经过充足的，合理的处理，并降低到了可接受的安全范围，满足系统安全需求。

② 正确功能操作、故障影响和外部影响操作：描述项目中相应阶段对系统功能做出的分析与改进行为，证明满足安全需求；提及安全计划中与以上行为对应的安全活动，提供证据证明其实施的合理性。危险源日志作为证据的原始来源，给出将风险控制在可接受范围内的具体方法介绍。

③ 安全相关应用条件：说明对象系统在投入使用时必须满足的操作规则和约束条件，系统中相关子系统或设备在安全证明文件中的应用条件。

④ 安全质量测试：安全质量测试受到运营条件引导，可被称为现场试验或列

车引导运行，是使系统更好地达到安全需求。虽不能独立充分地证明系统的安全性，但可以通过给出实际中能够达到分析预测的结果，作为对前述部分证据的巩固。如果系统在得到最终安全审批之前投入运行，必须采取适当的预防与监测措施以保障系统在测试期间的安全性，包括必要的预防措施应对监测时产生的风险，因此在安全质量测试开始之前必须具有临时安全审批文件，但是安全质量测试不能成为安全证明文件完成之前无限制使用系统的理由。注意记录进行测试的时间、采用的方法、合适的预防措施、运行时有无乘客以及各阶段已获得何种安全审批等信息，同时附带测试的详细描述和测试结果。

⑤ 其他显著安全问题：所有在安全需求文件中没有提到的只要研发单位认为可能会影响到操作的安全性的显著安全问题。

(7) 相关安全证明文件：声明该安全证明文件的安全论证过程中所依赖的其他安全证明文件，并说明在其他安全证明文件中已完成的论证内容，或援引自其他安全证明文件中的系统应用假设、限制或约束条件。

(8) 结论：针对系统的安全需求对系统的可接受性作一个总结声明，包括如下内容：安全证明文件所作假设列表，尤其是关于安全需求所做的假设；系统仍然存在风险的声明；系统可能缺陷的声明；所有未解决的危险源和其他显著问题的鉴定；为保障安全所制定的运营约束及其影响；为后续工作所作的建议或说明。

结论部分还应包括警告文件，包含投入使用时的假设、限制与约束条件等。

8.4　独立安全评估(ISA)

8.4.1　独立安全评估的定义

EN 50126 标准定义中“评估为获得对产品适用性基于证据的评价所进行的调查工作”。在 EN 50129 标准中，人的独立性被描述为“不属于同一专业、商业或管理实体”。独立安全评估(Independent Safety Assess，ISA)是一种独立于系统设计、开发与运营人员的安全评估，主要评价安全需求对于系统应用是否充足合理，系统本身是否满足安全需求。安全评估报告评价系统及相关的风险是否已经被降低到可接受的水平，是否提供必要的应对措施。独立安全评估的工作包括：获得评估背景方面的认可，选择并规划一套有成本收益的策略，收集相关证据，形成评判意见和管理评估成果。

ISA 包括所有与独立安全评估相关的活动，英国铁路工业的“黄皮书”则建议为独立专业评审，包括独立安全评估和独立安全稽查。其中，独立安全稽查用于检查安全管理计划是否被履行，而独立安全评估用于检查安全需求是否被满足，英国工程技术学会的独立安全保障机构采用安全保障一词作为所有安全评估活动的统称。EN 50128 标准中定义独立安全评估员是负责汇报软件开发流程是否满足标准规定的人员。在英国国防部，ISA 发挥安全管理责任人的作用，根据英国军标 DS 00-56 的定义，ISA 是一个来自独立组织的团队，对安全活动是否满足规定的要求、有效执行、达到目标和形成正确合理的输出文档等问题进行认定。

8.4.2 独立安全评估的作用

高速列车运行控制系统及相关技术发展的目的是借助先进的技术把调度员和列车驾驶者等有关人员逐渐从繁重复杂的重复劳动中解放出来，并符合“故障-安全”原则，提高铁路运输的安全性和效率。联锁设备和自动闭塞设备实现了列车进路控制自动化，列车自动防护系统实现了列车运行速度的自动控制。列车运行控制自动化过程中，安全的责任并非转移到值得信赖的系统设备上，而是由运营管理和操作人员转移到自动化设备的设计、测试和维护人员。与调度员、驾驶者等操作人员一样，系统设计、测试、操作及维护中也会出现人为错误，从而导致严重的事故。由于人们工作过程中受到文化背景和组织结构等诸多因素的影响，往往会发生各种类型的错误，包括行为错误(对错误的对象做正确的事)、检查错误(在正确的对象上做错误的事)和回馈错误(不正确的理解信息)等。

专业技术人员应通过同事或者技术领导的核查，遵照相关标准签字保障或审核技术文件以确保自己工作正确无误。高速列车运行控制系统设计中广泛采用的最为有效的安全机制即“双人”规则，每个设计、图纸或者代码都至少经过另外一个人的独立检查。随着系统复杂性的增加，同行复核变得更加重要，而且延伸到安全复核的整个过程、活动的选定以及安全论证本身。导致人为错误的原因还会来自机构安全文化，引入第三方复核的机制可以有效消除相同机构内相同安全文化的影响。发生错误后造成的伤亡损失越大，采用系统且严格的 ISA 方法的重要性就会越大。

ISA 的作用是系统用户通过寻找第三方获得系统足够安全的担保，包括审核与所计划的安排的一致性和复核项目文档等。ISA 没有仲裁权，只能建议各方对标准和类似经验给予充分重视，同时提醒注意残余风险的可接受性，这样不仅增加了安全评估的客观性，同时也说明独立安全评估对系统安全性不应该负有责任。ISA 所关注的不仅仅是系统的安全特性，还应该包括开发系统的过程，包括评估与分析等辅助过程。所寻求的安全证据包括合理的安全管理系统，合理的质量管理系统，合理的技术安全论据，与维护人员和使用者的信息沟通以便安全地运营与维护设备。

项目团队在向运营方和用户提供安全设备与工作环境的过程中必须履行安全职责，而项目承包人在提供安全的设备或服务时也必须担负起安全责任。处于商业环境之中的双方都会受到从安全角度来讲不必要的压力，如项目必须在时间、造价和性能要求的框架内交付。当工程项目由铁路专业工程单位负责时，也有可能因为对系统本身的熟悉而忽略某些危险，从这个意义上说，ISA 的作用就是克服可能的利益冲突和由单一机构引起的忽视问题。

除了有利于保障安全目标外，ISA 也有利于项目管理。在保障项目安全的同时，责任人还需关注有效的交付问题，如交付是否按时和经费是否满足预算等。ISA 还要帮助责任人尽可能多地识别出可能影响工程的安全问题。如果安全问题是系统性的，那么项目早期很容易通过更改设计而加以解决。当系统设计定型和生产之后，变更会变得比较困难。后期识别出问题，可能会导致延迟交付，增加成本，或者其他不可避免的影响。早期发现的安全问题可以通过技术手段有效解决，使用户在缩减项目交付成本和进一步降低危险源等方面节省支出。从工程项目早期开始进行独立安全评估，可以有效消除事故隐患，提高安全性和降低全生命周期过程的成本。

8.4.3　安全评估各方的职责和任务

安全评估主要在安全授权部门、独立安全评估机构和项目承担单位三个组织机构形成的安全保障系统中进行，如图 8-6 所示。

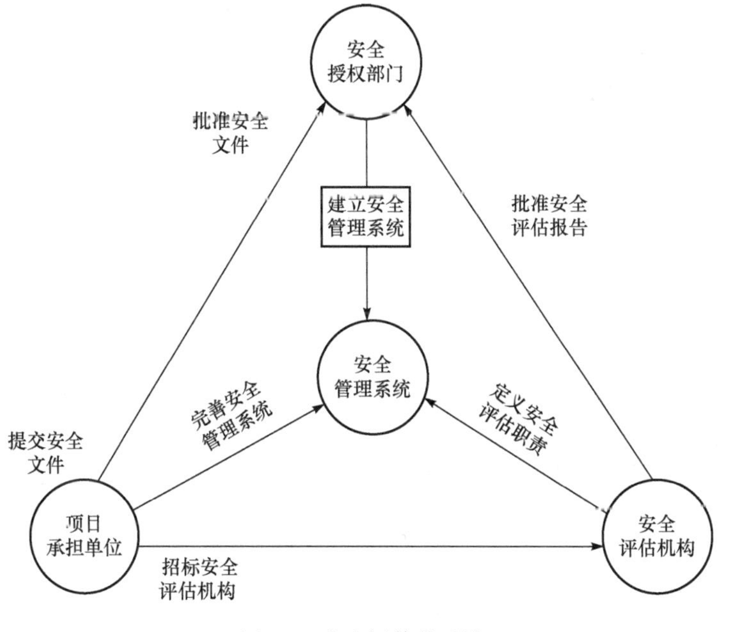

图 8-6　安全评估关系图

具有独立安全评估资质的机构通过竞标承担项目的安全评估任务，独立安全评估机构根据评估任务要求，组建由专业评估员组成的安全评估项目组负责实施评估工作，客观、公正地出具安全评估报告。

项目承担单位及相关各方，如设计、设备供应商和施工单位等，积极配合独立安全评估工作，向安全评估机构开放所有必需的技术资料和生产现场，配合现场检查，对独立安全评估机构提出的问题或要求及时做出答复，并及时进行必要的整改。

项目承担单位可以分为业主(或用户)和项目实施单位。业主是支付独立安全评估服务的实体，项目实施单位是向安全评估机构交付修改以进行安全评估的实体。业主和项目实施单位可以是同一个实体，也可以是不同的实体。

安全评估相关各方在安全全生命周期过程中所承担的任务，如图 8-7 所示。其中，项目承担单位扩充为客户与项目，增加指定机构用于验证项目更改是否符合相关标准。

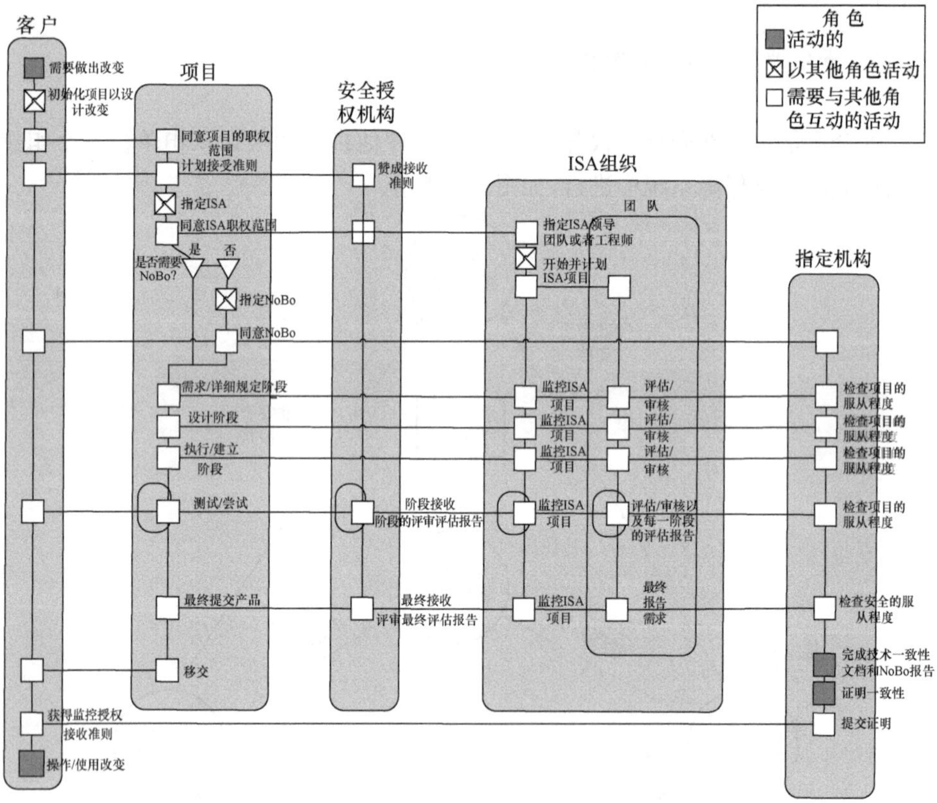

图 8-7　安全评估中不同角色关系图

1) 项目承担单位

项目承担单位的职责如图 8-8 所示，包括三方面：

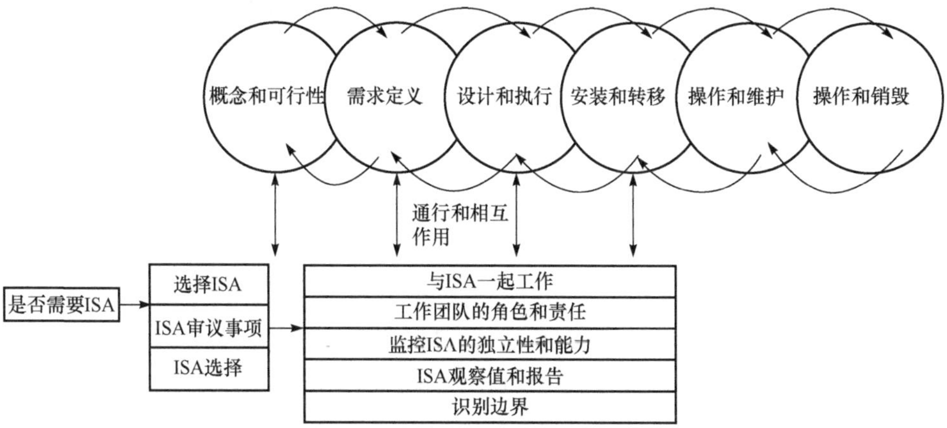

图 8-8　项目承担单位的责任

(1) 确定是否需要 ISA。

项目承担单位根据安全管理规范及项目(或系统)的安全性要求确定是否需要进行 ISA。如果需要，再需进一步根据项目安全完整性等级要求确定应进行内部还是外部 ISA。IEC 61508 标准中给出不同的安全完整性等级系统及其适合的独立程度。表 8-2 给出了独立性等级建议，其中“HR”表示强烈推荐，“NR”表示不推荐，“—”表示无建议，但是此表仅在安全完整性等级应用于系统的情况下才能使用。对于项目的安全完整性尚未确定的系统来说，其独立程度由系统或设备引起事故的可能后果决定。

表 8-2　独立性等级建议

最低等级的独立性	安全完整性				后果			
	1	2	3	4	1	2	3	4
独立的人员	HR	HR	NR	NR	HR	HR	NR	NR
独立的部门	—	HR	HR	NR	—	HR	HR	—
独立的组织	—	—	HR	HR	—	—	HR	HR

考虑到安全审批可能会选择较低等级的独立性，对于高风险的项目，由独立的组织进行安全审核和评估，对于低风险项目，安全审核/评估人员与项目更加紧密，但是不应属于项目团队。对于多种独立性都可被应用的情况(如在表 8-2 中，对于安全完整性等级为 2 的系统，独立的人员和独立的部门都是被强烈推荐的)，确定

适当的独立等级，应考虑的因素包括以前类似设计的经验，项目的复杂程度，设计的创新程度，技术含量和设计的标准化程度。上述对安全评估过程中的决策具有重要影响，如与运用成熟技术的系统相比，需进行更为全面的安全审核和评估。

项目承担单位征询安全授权机构意见以确定独立性的程度是否可以被接受，无论内部还是外部 ISA，在进行安全评估时的职责要求相同，不同的是当使用内部 ISA 时不需考虑商业信用问题。

(2) 如何选择 ISA。

在选择合适的 ISA 机构时，项目应考虑 ISA 的资质、ISA 的独立性和 ISA 的技术评估三个主要方面。

ISA 的能力，即考虑 ISA 是否有能力胜任项目的安全评估工作，项目承担单位应该对 ISA 的能力进行评审和验证，并确保鉴定结果可被安全授权部门接受。评审了解各个 ISA 能力上的缺陷，如 ISA 可能在所要求的设计领域提出专业意见但却缺少行业运用方面的能力。ISA 在能力上的缺陷是不允许的，应该阐明在聘用期间将如何提供和管理所有被要求具有的能力。项目中会要求 ISA 采用不同的技术，包括工程安全管理策略、质量保障流程、系统组件设计、应用设计、项目开发知识(如:行业应用经验、运营维护规则等)、系统故障与紧急事件响应策略和采用不同行业标准应根据项目的特性和需要而变化。项目应该避免过度依赖于任何一个独立的 ISA 工程师，而引入额外的项目风险。因此，项目应该确保 ISA 提供不同的员工而不是使用首选的工作人员，或者 ISA 应该以小组的方式进行安全评估工作。

独立性要证明 ISA 是否提供可论证的独立性，项目执行者应该验证所有关于独立性的 ISA 声明并确保 ISA 机构没有参与项目的设计。如果不能确保，ISA 机构应通过管理设计相关成员以充分保障设计的独立性。

最后还要考虑独立的安全评估员是否提出可靠的评估策略。项目执行者对 ISA 建议的技术评估方法进行评审，在某些情况下，ISA 提供做出最终判断所用技术的证明，采用的方法根据已知的安全风险集中解决问题，其评估策略提出工作计划并辨识其相互作用，搜集证据与搜集证据的机制和 ISA 评估的项目风险的理解与管理风险的方式。

(3) 如何与 ISA 一起工作。

ISA 和指定机构的角色看似相似却有细微的差别。ISA 用于评审提交材料，并对提出的安全论据的完整性和稳健性进行观察。指定机构用于评估互用性的重要要求是否满足技术互操作性规定以及国家技术规则。由于互用性的范围比安全性宽(如可靠性、可维修性、环境保护和健康等)，因而指定机构的角色不同于 ISA。另外，不论评价条款是否合乎标准，指定机构均不要求提供对一致性的观察值。

为提供综合的审议事项，项目执行者应当使用结构化的检查表，要求 ISA 能够证明对于项目中的每一事项的理解都符合要求，其中最重要的而又经常被忽视的提交审议的信息主要有：

① 项目背景。如果项目是工作中较大程序的一部分，那么项目执行者应该提供整个程序的项目背景，包括审批程序和技术范围，并在项目之前和之后进行详细的分级。同时，还应提供项目的组织结构并详细描述其角色和责任。

② ISA 支持。ISA 可以在不同的途径上支持项目开发，例如完成安全计划中详细规定的流程。项目应该明确其要求的 ISA 的帮助类型，决定 ISA 评估的性质和严苛程度，如果这两者不能明确，ISA 提交审议的事项可能对安全审批来说不充分，或者过多且不符合实际。客户和项目执行者应该注意移交 ISA 的审议事项，以便提出对建议更改的正面材料。

项目执行者在进行 ISA 管理范围内的审批时应向安全授权部门寻求指导，可减少不充分管理带来的风险，从而有助于审批的通过。项目安全方法和策略的 ISA 支持可以减少项目重复设计时的风险，因此在项目全生命周期过程的第一阶段应及时发布 ISA 的管理范围。根据 ISA 提供管理范围的反馈，客户和项目向 ISA 询问反馈结果的原因，以保障 ISA 修正后的管理范围有助于优化评估活动。

客户和项目执行者的重要责任是在项目开发的过程中与 ISA 共同工作完成开发。当项目中有 ISA 的参与时项目经理的责任应该包括：

① 维护 ISA 管理范围。项目经理评审 ISA 管理范围以确保相应事项依然适合项目的当前状况，否则独立安全评估措施不能获得预期效果。如果项目的更改产生影响，那么审议事项应该根据更改做出更新，并得到安全授权部门的同意。

② 传达项目计划。为使 ISA 执行的措施能够及时地更改而不导致项目的延迟或风险，项目经理应让 ISA 了解项目的流程和计划，了解关键的项目措施和会议内容，以便有机会作为观察者了解决策的制定过程。

③ 协调文档。项目经理根据相关的标准和项目计划向 ISA 提供必要的项目文档，并且保障独立安全评估文档(报告和观察值)合理地分布在项目中，协助 ISA 判断系统文档并提供有价值的反馈。

④ 管理独立安全评估人员。项目经理与 ISA 沟通以获知安全评估过程是否符合计划和相关风险，从而及时处理可能产生的偏差行为。从 ISA 处获得现状报告以便与 ISA 会议时能够及时了解处于 ISA 管理范围之外的风险。

⑤ 与 ISA 保持联络。项目经理和工程师应该在 ISA 上花费足够的时间以辅助评估措施和参与 ISA 审核。

⑥ 处理 ISA 的观察结果。项目经理对 ISA 的观察结果做出反应以保障其审核行为不会延误项目进程。

客户和项目执行者与 ISA 一起认同彼此的关系，考虑 ISA 的责任独立性，客户和工程支付独立的安全评估活动，但不能以任何会减弱其独立性和评估强度的方法命令来影响 ISA。客户和工程师经常性地向 ISA 寻求建议会违反独立性要求，ISA 在评估过程中不能提供建议，仅能提供指导。这里，建议是 ISA 帮助客户和工程师明确说明安全论据，而指导是 ISA 论述安全论据是否可以被接受。

2) ISA 机构

ISA 机构是指提供 ISA 服务的机构，有义务保障所提供的服务符合规定的商业要求，并且坚持工程安全管理的独立专业评审原则。ISA 机构应该注意能力、独立性和商业置信度三个问题，如图 8-9 所示。

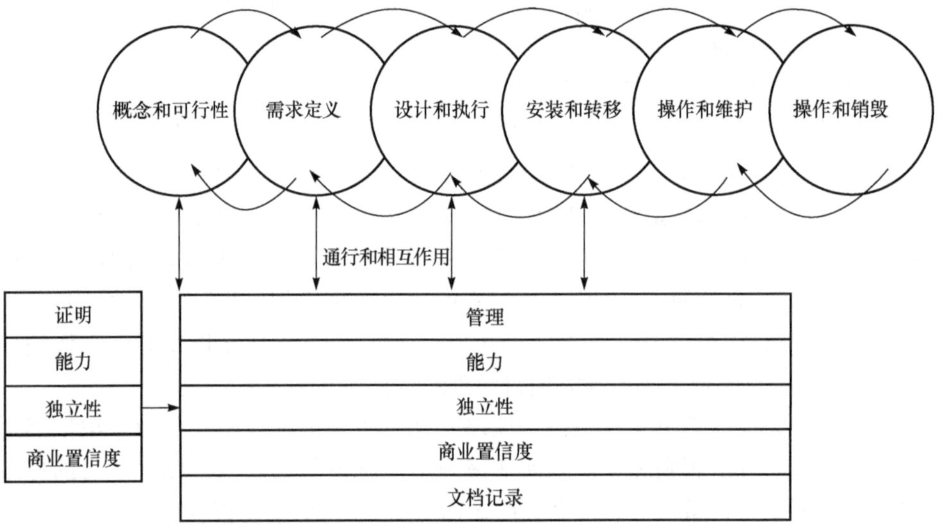

图 8-9　ISA 机构在系统生命周期中的角色和责任

ISA 应该提供可信的方法证明其能力。如向专业部门购买认证计划，比如电子工程师机构(IEE)及铁路网络等，通过外部部门认证 ISA 特定技术能力，如向铁路信号工程机构申请许可。ISA 机构还应保障资格认证是可维护的，并不时进行评审和审核，同时提供证据支持维护。如果一个 ISA 机构将独立安全评估活动进行外包，就有责任证明分包商的 ISA 可以胜任外包的任务。

ISA 的作用是执行单一的工程安全管理活动，即独立专业的评审，因此 ISA 机构需要根据角色和责任，证明管理制度的充分性，并明确指出内部安全审批的流程和职能。ISA 机构还需对项目安全文化进行证明，即证明通过对员工的管理和培训，项目的安全理念已经嵌入到每一道流程中。

对于每一项外部的 ISA 活动，ISA 机构应该证明其满足必要的独立性。基于 ISA 的经验对需求建立进行专业的判断，检查分配的安全目标是否适合工程项目需求。所有的 ISA 机构都执行商业领域的保密协议，保障组织内的团体和个人都遵守此项行为准则，在不泄露商业秘密的前提下获悉并利用有关行业的知识和经验。

ISA 机构应该识别在系统全生命周期过程中可能发生的改变对安全评估能力的需求，如果不能满足新的或者改变的能力需求，ISA 机构有责任立即通知客户。当被指派进行项目的评估后，ISA 机构应该保障其身份与用户的独立性需求一致，避免在系统的全生命周期过程中改变。通过监督独立性，声明其独立性与用户利益冲突的范畴与阶段，并解释规避冲突的可能性。例如，当不同组织承担相同的项目咨询工作时可能产生利益的冲突，一旦了解到有利益冲突可能产生时，项目需要立即获知并做出其他的 ISA 安排。

ISA 应与系统用户和安全授权机构讨论自身独立性的冲突问题，如果经过讨论不能解决其独立性需求，那么 ISA 机构应该要求解除其职责及合约。此时应该采用一套系统移交过程来保证 ISA 的变更不会为系统引入新的风险。ISA 定期进行自我监督，检查是否违背承诺，能证明如何维护其商业置信度并提供职员在不违背商业信誉的情况下使用相关领域知识和经验的证据。对于在 ISA 过程中产生的文档，原则上都要保留。

3）安全授权机构

安全授权机构是指实施工程项目验收，审批系统提供商或运营商资格的个人或组织，其中安全授权在生命周期中所扮演的角色和承担的责任如图 8-10 所示。

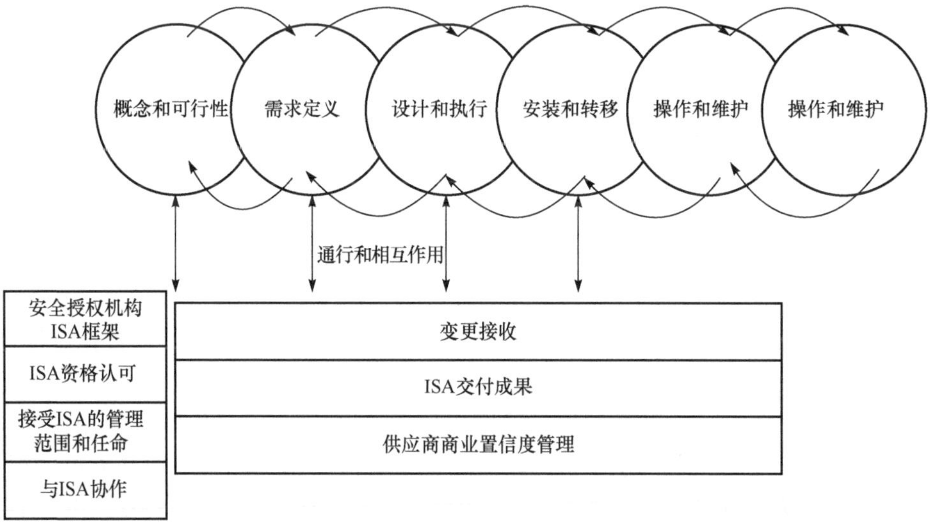

图 8-10　安全授权机构的角色和责任

安全授权机构在系统全生命周期过程的概念阶段需要构建一个 ISA 框架，包括 ISA 的资格认可、接受 ISA 的管理范围和任命，以及与 ISA 协作完成系统的安全评估等。

安全评估实施者需要获得资格和能力上的认可才能进行工作，为了协助工程和顾客选择有能力的 ISA，安全授权机构应对 ISA 的资格认证提供推荐的认可机构。安全授权机构应定期验证推荐的认可机构是否对 ISA 进行严格的检查，如通过定期审查或提交意见的方式进行。ISA 作为一个机构或独立的个体进行资格认证，同时作为特定的工程或任务中的特定评估类型进行资格认可。

确定 ISA 后，安全授权机构应进行认可或批准，并保障任命中涉及的工作 ISA 能够胜任。安全授权机构应该批准或接受 ISA 的管理范围，通过指导为工程上的 ISA 选择提供帮助。安全授权机构要求 ISA 证明其在项目全生命周期过程中的能力和独立性，了解 ISA 工程安全性评估的各个关键阶段，在主要的关键点寻找相应的指导支持。通过陈述准则为 ISA 提供相关的指导以验收工程的变更，并要求 ISA 能够清晰地表达其在工程生命周期所有阶段中对于安全性的观点。

当 ISA 的交付结果在结论和建议上的观点明确时，安全授权机构对 ISA 的交付结果进行验收。任何模糊观点都可能隐含安全风险或者评估过程中的疏忽，因此安全授权机构需要严格检查 ISA 交付结果是否清晰明确。

安全授权机构应提供安全评估中获得经验总结的各种方法，从而改进对于相关安全角色的安全评估水平，包括系统运营方、研发方和 ISA。例如提供特定类型设备或者系统的风险信息库。安全授权机构应该平衡安全性改进和供应商竞争优势之间的关系。

8.4.4　独立安全评估中的活动

在安全评估框架中除了包含上述三个主要的框架角色之外，还包括与安全评估相关的活动。有关文献指出，安全评估和管理过程中需要进行独立的专业人员评审，包括一系列的安全评估和安全审核。系统投入运行使用之前，客户或者项目执行者需要为其所开发的产品或者系统获得相关的验收和审批许可。

安全审核提供证据证明项目依照安全计划执行，安全评估则提供证据证明项目的执行满足安全标准。安全审核主要着眼于工程安全管理的流程，检查是否适合并被遵照执行。安全评估侧重于项目产品本身，检查是否已发现系统相关的风险并将其降低至可接受的水平。两者虽然有差别，但在实际中会出现重叠的状况。实施评审的方式、频度、深度和评审人员的独立程度将取决于工程的复杂度、创新程度和风险的级别。

1）安全审核

安全审核的目的是检查所实施的项目安全管理是否适当，是否与安全计划相一致。审核检查计划中的或者正在实施的项目是否符合安全计划所表述的标准。在进行审核时需要考虑审核前所有工作、下一步的审核计划以及上一次的审核建议,并通过个别会谈、项目文件检查以及对工程实践、项目行动和状况的观察检测等方式进行检查。审核员还应检查安全计划中要求的所有标准和程序是否被正确应用,同时具备追踪能力以检查所实施的项目是否源于安全计划。审核员在做出以上工作的总结并记录所有客观错误之后,形成系统的安全审核报告,从而提出证据证明系统的安全性。报告中应包括对项目与安全计划一致性程度的判断、对安全计划是否合适的判断和对如何遵循计划或者改进计划提出的建议。审核结论中所有符合或者不符合安全计划的证据都应该被记录到安全审核报告中。

2) 安全评估

安全评估的目的是发现系统中的相关风险并判断其是否已降低至可接受的水平,包括安全设计的使用、审核技术和由富有经验的专家进行的实际评估。

对于安全评估来说,系统的安全需求条件是核心。评估人员应通过对安全需求规格的评审来确定是否能够控制风险,通过对系统的评审来判断系统是否满足安全需求,同时对项目过程和所雇佣的组织进行评审。如果近期没有充分地进行安全审核,就应该在进行安全评估之前进行安全审核,以确保被评估的文件以正确的安全计划执行。如果审核的结论不满意,那么评估可能需要推迟到直至采取了相应的整改措施为止。

实施安全评估最主要的目的是确保有足够的信息来支持对风险可接受度的判断,检查项目发展和应用的过程,检查具有安全意识的项目人员所做出的设计决定,并证明风险被控制在与安全条件相符合的可接受的级别或程度。如果评估的风险不可接受,应该在采取调整措施后对系统进行再次评估。

安全评估工作通过个别会谈、项目文件检查以及对项目实践、项目行动和状况的观察检测进行,对于特别重要的部分或者评估员认为有问题的部分,为了保障评估准确性需再次进行部分安全分析。重点注意危险源日志并检查是否存在实施的安全行为的文件证据,在评估过程中通过实际开发的数据了解危险识别、风险分类、安全条件和操作形式的变化等,从而得到安全评估的结论。

安全评估的结论是一份安全评估报告。包括是否已发现系统相关的风险并将其降低至可接受的水平,以及在必要情况下采取整改措施的建议。

3) 安全验收和审批许可

安全验收和审批许可直接与安全证据相关,其表现形式通常为接受安全证明文件或者拥有技术文档的报告。当安全证明文件的内容通过安全授权机构的审核批准后,开发单位将获得相关审核批准证书,并在证书中阐述开发的限制条件和未来的使用说明。

投入使用之前需要获得产品的授权许可以及维护计划和方法的授权。当对所应用的轨道交通产品做出更改时,需要通过安全授权部门的授权,从而证明所做更改符合安全计划和安全需求。

8.4.5　独立安全评估的专业资质需求

ISA需要在安全性上提供权威性和专家性的意见，因此需要合适的资质认证，不仅包括技术上的水平，还包括管理和社会上的技能，如安全稽查计划、会议控制、协调能力和在公司中采用非对抗方式保护自身职位的能力。通常ISA要求有以下三类能力：

(1) 技术能力。安全性与技术知识支撑安全稽查活动。稽查经验，是指保障将系统安全相关的专家意见贯彻下去的能力。通常技术能力分为两类：一类是特定系统应用和技术中的安全稽查能力。如能够理解法律与安全法规知识，明白安全管理的原则与概念，了解安全分析技术，评估执行分析所需要的资源等。另一类是能够理解系统所应用的条件和背景，包括安全工程技术，安全实践经验和相关的系统应用领域的经验知识以及其他相关的系统工程原则，如人因工程等。

(2) 稽查能力。与技术能力相比，稽查能力涉及实施某一项稽查工作所需的活动，包括确定安全稽查的目标和管理，收集并分析证据来支撑专家意见，调查可能的证据，开展针对相关标准的流程，对系统整体安全性做出评价和在输出文档中发现问题。

(3) 执行能力。ISA的角色是紧张严肃的，特别是当处于复审的项目出现问题或者在时间和资金短缺时，ISA需要进行有效引导并积极推动项目实施进程。相应的能力要求包括交际能力，与公司各层的沟通能力，报告与陈述的能力和正直无私的个性等。

ISA根据能力水平可以划分为以下三级：

(1) 受监督的从业者。具备充足的专业知识，了解组织结构和相关部门的协作实践经验，可以在从业者和专家的指导下完成任务。

(2) 从业者。具备充足的专业知识与良好的实践经验，能够独立完成任务并根据工作进展不断提高专业水平。

(3) 专家。具备充足的专业知识并能通晓其机理，熟悉先前的经验总结并能与最新技术、架构和标准保持同步，能够以创新的方式完成工作。

而对于ISA从业人员资质的评估可以通过以下三种方式完成：

(1) 自我评估。ISA通过提供证据说明自身能力，需要在项目的实施过程中根据案例进行评估。

(2) 组织内评估。ISA组织内部通过相关标准或项目实施方案进行评估，邀请任何与实施方案相关的第三方参与评审。

(3) 第三方评审。通过设计实施方案的第三方进行独立评审，但是目前这样的第三方很稀少。

如果对 ISA 的正式资质评审存在局限，可以在组织内部对项目的完成情况进行评估，通过自我评估的方式引入 ISA 并完善资质评审机制。

8.5 列车运行控制系统安全保障案例分析

前面几节介绍了复杂系统安全保障体系的定义及相关概念等，然而安全管理、安全认证和安全评估这一安全保障体系如何在高速列车运行控制系统中应用，确保其在全生命周期中安全可靠，则少有论述。本章试图通过一个应用的案例分析做进一步说明。

CBTC(Communication Based Train Control)系统是一个基于计算机技术的功能完善和层次分明的城轨列车运行控制系统，并称为复杂安全苛求系统，系统的复杂程度使得传统的研发方法和安全分析理论难以保障系统的安全运行。为保障研发的 CBTC 系统的安全性，首先成功构建满足 CENELEC 标准的、最高安全完善度等级 SIL4 的城轨列车运行控制系统安全保障管理体系和集成研发平台，在此基础上成功地研制 CBTC 系统及成套技术装备并投入运用。上述整套产品和应用工程均通过国际独立第三方 SIL4 级安全认证(由英国劳氏公司完成)。北京亦庄线、昌平线等运营考核表明，所研发的 CBTC 系统技术先进、安全可靠，各项性能指标均达到或超过国际标准。高速列车运行控制系统 CTCS-2 与 CTCS-3 系统与城轨 CBTC 系统在安全分析与评估方面有着相同之处，通过对 CBTC 系统安全管理与评估体系的介绍，有助于完善对 CTCS-2 与 CTCS-3 系统的安全管理与评估。

8.5.1 CBTC 系统的安全管理体系

1) 相对独立的项目团队和组织架构

根据 CBTC 系统的安全完善度等级的要求，构建如图 8-11 所示的涵盖系统开发与工程应用全过程的安全保障组织架构。由于 CBTC 列车运行控制系统的安全性要求很高，为实现 SIL4 级的安全功能，测试团队和设计团队保持独立，安全质量保证团队和验证与确认(Verification and Validation，V&V)团队也要具有独立性，如果出现安全相关问题，可以直接向项目负责人进行汇报。在项目实施过程中，聘请国外公司进行独立第三方安全评估工作。

2) 符合国际安全标准的产品研发和工程实施全生命周期过程安全管理

安全苛求系统的生命周期是一个阶段序列(每一阶段均包含有任务)，全生命周期过程包含从初始概念阶段到停用及处置阶段的各个不同阶段，提供一个规划、管理、控制和监控系统所有方面(包括 RAMS)的结构，在系统各阶段中不断完善，

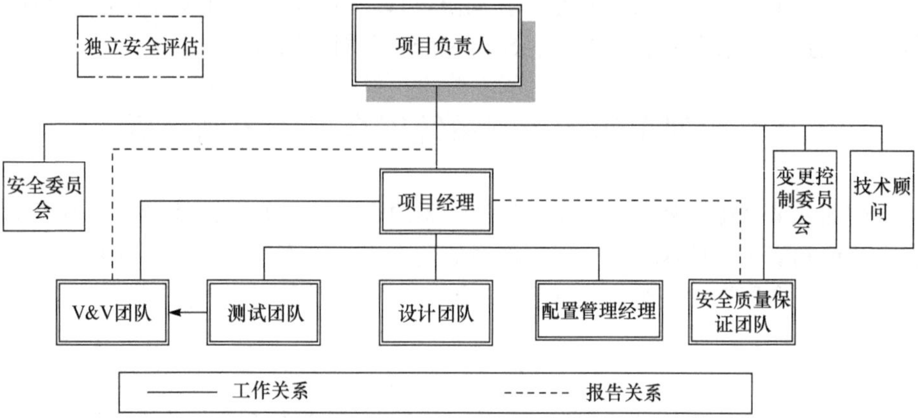

图 8-11　项目组织架构图

以便在协商的时间阶段内交付价格合理且功能完备的产品。结合 CBTC 系统的特点，提出如图 8-12 所示的 CBTC 系统全生命周期过程。

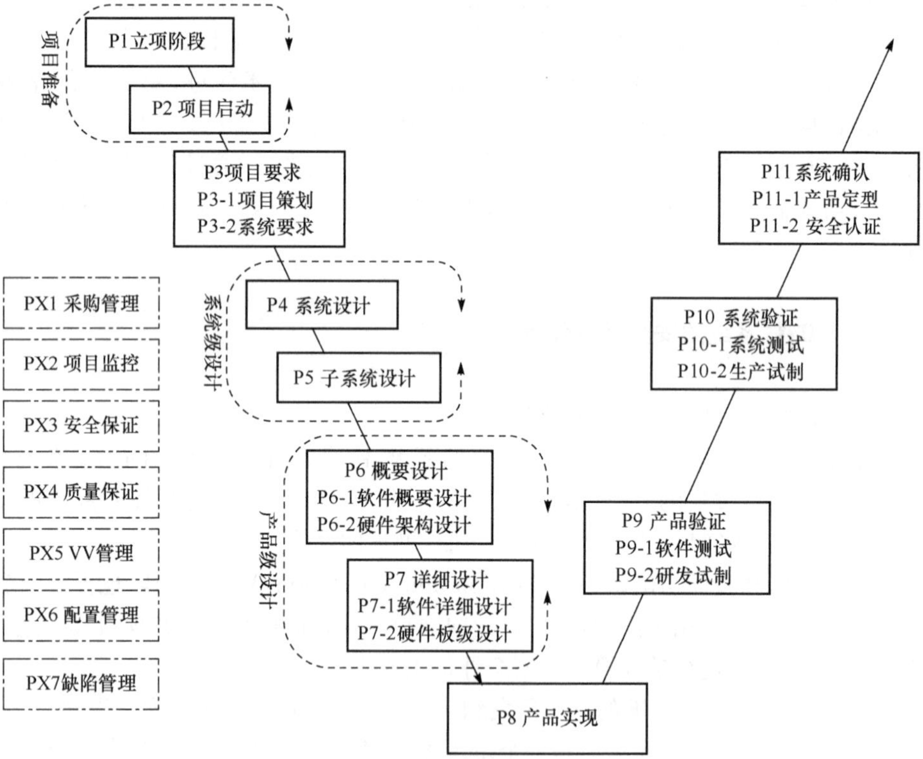

图 8-12　CBTC 系统全生命周期过程

根据国际安全标准的要求，上述 CBTC 系统全生命周期过程研发工作和工程实施分为 11 个阶段，包含从项目立项一直到系统确认的整个过程，其中系统和子系统设计阶段构成系统设计工作，概要和详细设计阶段构成产品设计内容。另外还有 7 个阶段，分别是采购管理、项目监控、安全保证、质量保证、V&V 管理、配置管理和缺陷管理，覆盖了全生命周期过程，在各阶段实施过程中都具有相应的活动。

3）全方位多层次辨识 CBTC 系统危险源

CBTC 系统研发项目中采用基于 HAZOP 的危险源辨识方法，通过明确系统的运行原理，采用运营场景描述轨道交通运营的工作流程。主要体现系统的整体功能与原理，以及流程过程中的顺序关系。将系统领域的相关引导词和系统偏差行为相结合，探索系统潜在危险源。最后分析危险源产生的原因和带来的后果。

危险源辨识过程采用运营场景图描述系统的原理与工作方式，而不是详细的流程图设计。这是因为辨识过程仅仅需要突出说明该过程中涉及的对象在做什么，而不需要明确如何实现。以列车定位场景为例进行说明，详见图 8-13，对于场景图中的信息流应用引导词进行分析，共发现 16 个危险源。

在 CBTC 系统研发项目中共建立 50 多个场景图，辨识出 387 个危险源并纳入危险源日志进行管理。经过合并处理后，最终形成 135 个核心危险源。基于辨识出的危险源，确定相应的安全需求共有 172 条，其中 15 条与运营相关的安全需求，157 条与产品设计和测试相关的安全需求。

4）安全验证和确认

安全计划包括了用于验证全生命周期过程每个阶段的内容是否满足前一阶段所规定的安全需求计划，确认所完成的系统或子系统是否满足初始安全需求的计划，或给出验证或确认计划的参考索引。项目生命周期内的每个阶段，都由 V&V 团队人员对其进行验证，确保每个阶段所完成的工作针对上一阶段的工作是正确的，相应分阶段产生验证报告。系统的开发和测试工作完成后，V&V 团队人员对其进行确认，以确保开发出正确的产品满足用户要求。此外，还需对系统中采用的 COTS 产品进行安全确认。

5）全面彻底的集成测试验证

在 CBTC 系统开发的每个阶段，都需要编制相应的测试规格书，以用于对系统各阶段的测试工作进行验证。其中，软件单元及集成测试是由独立于研发人员的测试团队采用了国际上比较先进的安全苛求系统的静态测试工具和动态测试工具进行测试的；从子系统集成测试开始到系统确认测试，测试人员在测试过程中使用测试规格书中的测试用例逐一对每个功能和性能进行测试，直至完成。对于其中的安全相关功能，安全保证人员还须对其进行见证测试和抽样测试，以确保实现所有的安全功能。完成室内确认测试工作后，将进行现场测试，其中包

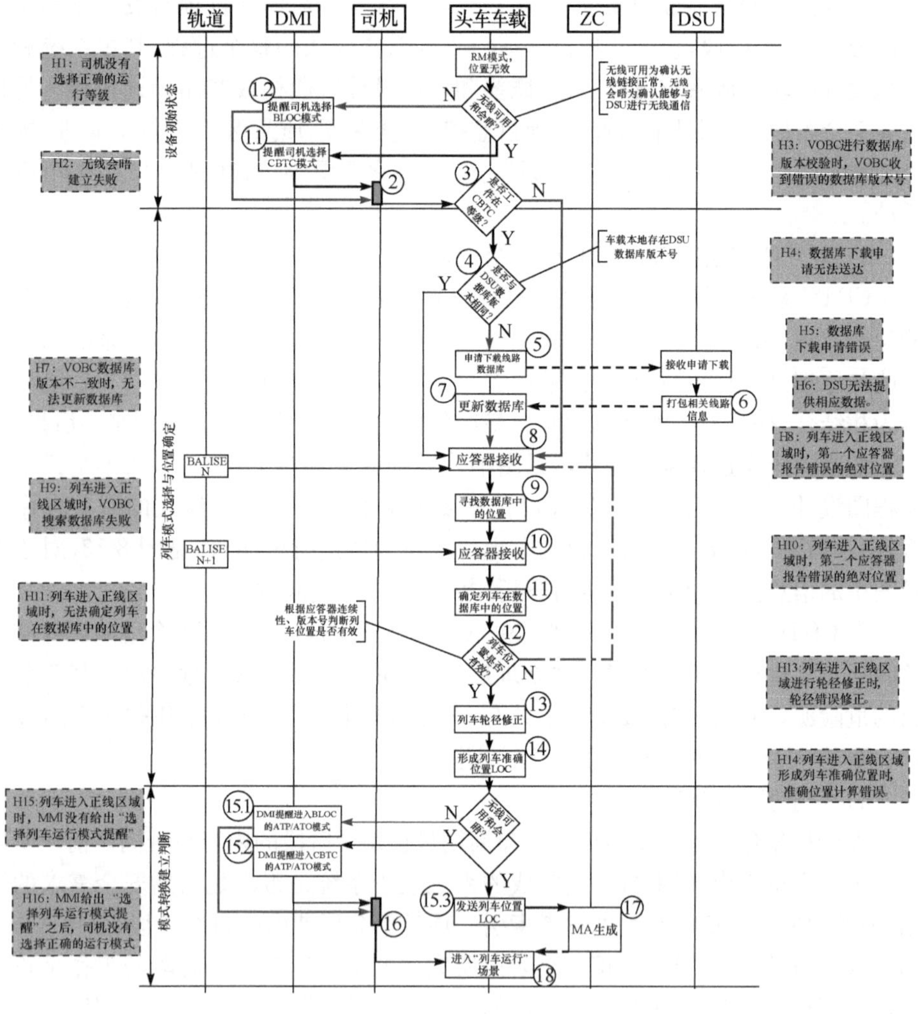

图 8-13 列车定位场景危险源辨识过程

括轨旁系统单体静态调试和动态调试、车载系统静态调试和动态调试、单车动车调试、多车动车调试、试运行等测试过程，通过上述测试后方可投入载客试运行工作。

图 8-14 所示的完整的全面的测试验证体系覆盖了从软件到硬件再到系统级的各项功能性能测试，也覆盖了从实验室到现场的各种环境下的系统测试。

6）安全审核

在系统生命周期的各阶段应进行安全审核，以监控安全管理过程是按照安全计划及相关标准的要求实施的。

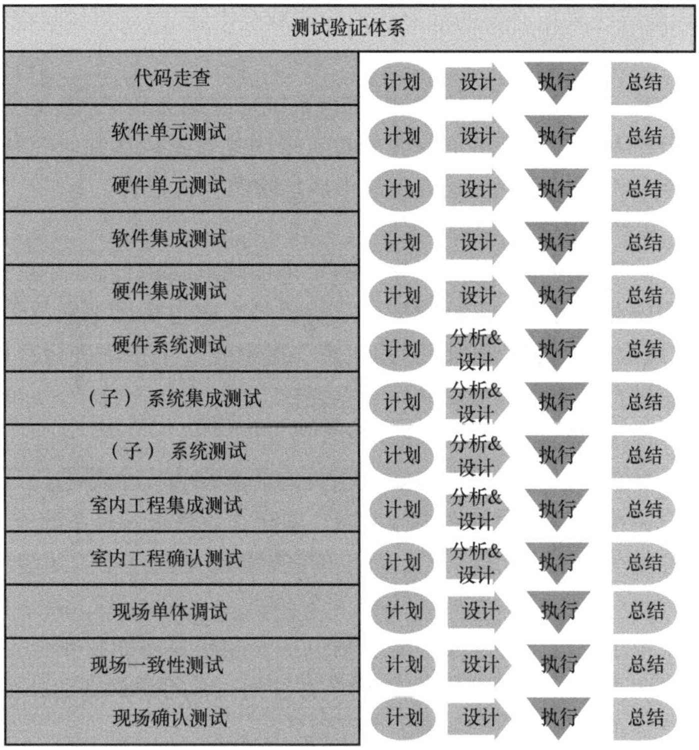

图 8-14　测试验证体系示意图

8.5.2　CBTC 系统安全论证

为论证系统或产品的风险在可接受的范围内，需整理全生命周期过程各个阶段的安全管理活动，收集风险得到有效控制的证据，主要包括：

1）确定系统定义、功能和边界

描述对系统或子系统设计的总体概述，和使相关人员全面深入地理解系统所用的原则和技术，描述系统的主要功能和内外部接口。

2）建立安全计划

在系统全生命周期过程的初期制定安全计划，确定安全管理的组织架构，贯穿整个生命周期过程中的安全相关活动和阶段，在适当间隔内对安全计划进行回顾。当对原系统或子系统进行变更和扩展后，对安全计划进行更新并评审。如果已进行变更，应在全生命周期过程的适当阶段对变更带来的安全影响重新进行评估。

3）危险源分析

系统需求定义和设计初期对危险源进行识别，找出危险源的原因和后果进行评估，根据风险等级采取必要的危险源消除或减轻措施，以便将风险控制在可接受的水平内。

危险源分析一般包括初步危险源分析、系统危险源分析、子系统危险源分析、接口危险源分析及操作和支持危险源分析。采用危害及操作性研究和故障模式、影响及危害性分析等方法以便最终整理形成危险源分析报告。

4）建立、更新和维护危险源日志

系统设计的初期应根据危险源分析的结果创建危险源日志，并在整个安全全生命周期过程内对危险日志进行维护。危险源日志中包括已识别危险源，危险源的风险等级、风险控制信息和危险源的状态。对系统或子系统进行变更的同时也应对危险日志进行更新和维护。

5）建立和管理安全需求说明书

系统或子系统需求说明书中与安全相关的需求称为安全需求，可以从功能安全需求和安全完善度需求两方面进行考虑。安全功能需求就是系统或子系统应具备的与安全性相关的实际功能，而安全完善度需求定义安全相关功能的安全完善度等级。

每个系统或子系统的特定安全需求则包括安全相关功能和安全完善度等级，并应在需求说明书中予以确定并形成文档，往往通过危险源识别和分析，风险评估及分类和安全完善度等级分配三种方法予以实现。

6）安全完善度等级（SIL）分配

根据系统 SIL 的要求，子系统和组件所实现的功能，将系统的 SIL 等级逐级分配给子系统、组件和相关的每个软件，以保证其安全完整性等级需求。相关子系统、组件及软件按照 EN 50128 和 EN 50129 标准要求的措施和方法进行开发和实现。

7）量化风险评估

通过故障树分析（FTA）和事件树分析（ETA）等分析，对相关的危险源进行量化风险分析，以确定危险源的风险等级是否在可以接受的范围内。此外，通过对核心危险源或危险源的组合进行量化风险分析，以确定危险源的风险是否能够达到规定的安全完善度等级要求。

8）安全审核

CBTC 系统全生命周期过程的适当阶段进行安全审核，以确保安全管理过程是按照安全计划及相关标准的要求实施的。在安全计划中应明确安全审核的过程，审核结果应文档化，系统或子系统的任何变更和扩展也应相应进行审核。

9）安全验证和确认

安全计划定义用于验证全生命周期过程每个阶段的安全活动内容是否满足前一阶段所规定的安全计划，确认完成的系统或子系统是否满足初始的安全需求，或给出验证或确认计划的参考索引。

安全验证和确认工作包括适当测试和安全分析在内的活动，并通过文档进行记录。若后续工作中对 CBTC 系统或子系统作出变更和扩展，应重复执行相应的安全验证与确认工作。验证和确认人员所需的独立性应与 CBTC 系统或子系统的安全完善度等级要求保持一致。评估员由安全权威机构授权，完全独立于项目团队且直接向安全权威机构报告，可以是供应商组织或用户代表。

10）安全证明文件

安全证明文件用来论述整个 CBTC 项目的安全管理、质量管理、系统功能和技术安全的实现过程，整理并总结上述 9 个方面的重要安全管理活动，同时证明所提供的系统符合规定的安全需求。

8.5.3　CBTC 系统安全评估

CBTC 系统安全评估分为产品级安全评估和工程级安全评估，其结构如图 8-15所示。通用产品级安全评估是指针对通用产品功能和安全性等级的评估，工程级安全评估是指将一般产品应用到具体工程项目中，针对项目特定应用过程的安全评估活动。在获得通用产品安全认证证书后，每次应用到特定的信号系统工程都需要再次进行工程安全认证。工程级安全评估应基于 CBTC 系统通用产品级安全评估。

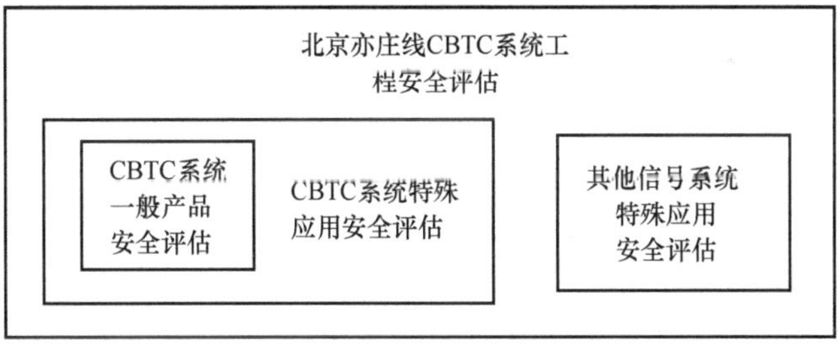

图 8-15　亦庄线 CBTC 系统工程安全评估结构

图 8-16 给出了安全评估工作的流程图，对于 CBTC 工程来说，分为工程实施和产品研发两个方面，图中外圈是 CBTC 工程实施作业面的流程图，包括工程需求分析、工程设计、工程项目数据开发、工程需求确认、设备安装和现场测试与认证等阶段，内圈是研发流程，包括产品设计、子系统需求分析、软硬件开发、子系统集成和系统集成和室内集成确认等阶段。在产品研发工作完成后，可获得相应的安全认证证书，相关产品可以安装配置到现场进行工程安全认证。

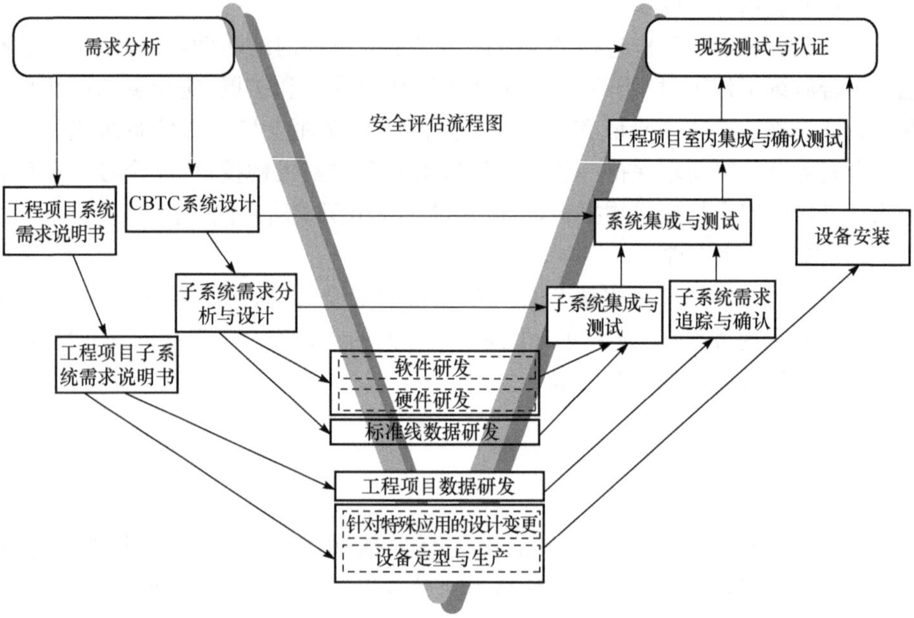

图 8-16　安全评估流程图

8.5.3.1　CBTC 系统安全评估

产品安全评估工作涉及全生命周期过程的如下阶段：

1）概念与可行性探讨阶段

研发单位进行编写提交的资料并选择 ISA。ISA、项目单位以及安全主管部门在本阶段密切协作制订安全目标，约定提交用于评价的证据，明确合适的评价和审核流程，让所有组织部门能够协调一致，确保有效验收。ISA 参与如下工作：

(1) 评价初步安全计划；

(2) 评价初步危险识别，包括关注危险及可操作性研究(HAZOP)；

(3) 评价危险日志的管理流程，危险日志的创建，审核后续过程(贯穿全生命周期过程)；

(4) 评价 CBTC 相关项目、开发计划和验收过程，特别是为满足安全性能的目标计划而使用的技术和方法；

(5) 评价分析使用方法的结论和设计的可行性，以确保安全风险被接受。

2）需求定义阶段

ISA 在需求定义阶段的工作包括：

(1) 评价危险的识别、危险的分析、风险评价和作为结果的安全需求；

(2) 领导独立的需求(包括接口需求)评审以确保需求的完备性，包括对项目需求管理计划和需求管理工具使用的审核；

(3) 评价全部安全计划；

(4) 评价确认与验收计划。

3) 设计阶段

ISA 在设计阶段的工作包括：

(1) 评价安全需求在设计阶段的分配；

(2) 评价任何正在进行的危险分析(如系统危险分析)与风险评价活动(如风险矩阵)，特别需要检查是否满足低到适当可行安全原则(As Low As Reasonably Practicable，ALARP)；

(3) 评价设计；

(4) 审核设计和计划相关的验证过程。

ISA 必须确保在正确的配置管理下保留全部安全证据，配置管理保存所有对安全论据起作用的文档和证据。对于条款版本的变更(版本升级)，应确保项目单位能够全面理解文档或证据修改的含义。

ISA 应要求配置管理覆盖所有的项目文档——计划、报告、安全例证和证据，以及相关的文件，如规定、规章和区域危险日志。安全论据应与自身及其应用和维护的行车运营政策一致，并与安全性能目标相符。

4) 实施阶段

在实施阶段 ISA 的主要工作：

(1) 实施评价，如硬件制造、软件代码、单元测试和验证，以确保系统需求与设计一致，并对实施过程进行审核；

(2) 审核配置管理过程(在生命周期的早期就可以进行审核)；

(3) 评价正在进行的危险分析(如失效模式与影响分析(FMEA))以及风险控制(如可容忍风险率分配)，特别是 ALARP 的执行情况；

(4) 评价项目单位用的安全相关工具；

(5) 审核确认测试(如出厂验收测试)，特别是安全需求，包括测试的见证(可能是基于采样的)；

(6) 评价安全例证的安全论据，包括该论据与安全需求的一致性。

在 CBTC 系统研发过程中，英国劳氏公司于 2008 年 5 月开始对其核心子系统 LCF-300 型 ATP/ATO 系统产品进行一般产品安全认证，包括安全保障计划、定性安全分析、安全需求辨识、风险控制和监督、定量安全分析、安全审核和安全证明文件等工作。2010 年 5 月底，劳氏英国总部批准颁发一般产品安全证书，CBTC 的 LCF-300 型 ATP/ATO 系统产品研发过程满足 EN 50126/8/9 要求，安全功能满足 SIL 4 要求。亦庄线示范工程项目安全认证是由英国劳氏公司负责审核和发证，于 2010 年 12 月 20 日颁发允许北京地铁亦庄线 CBTC 工程试运营的独立安全评估证书。

具体安全评估过程如图 8-17 所示。

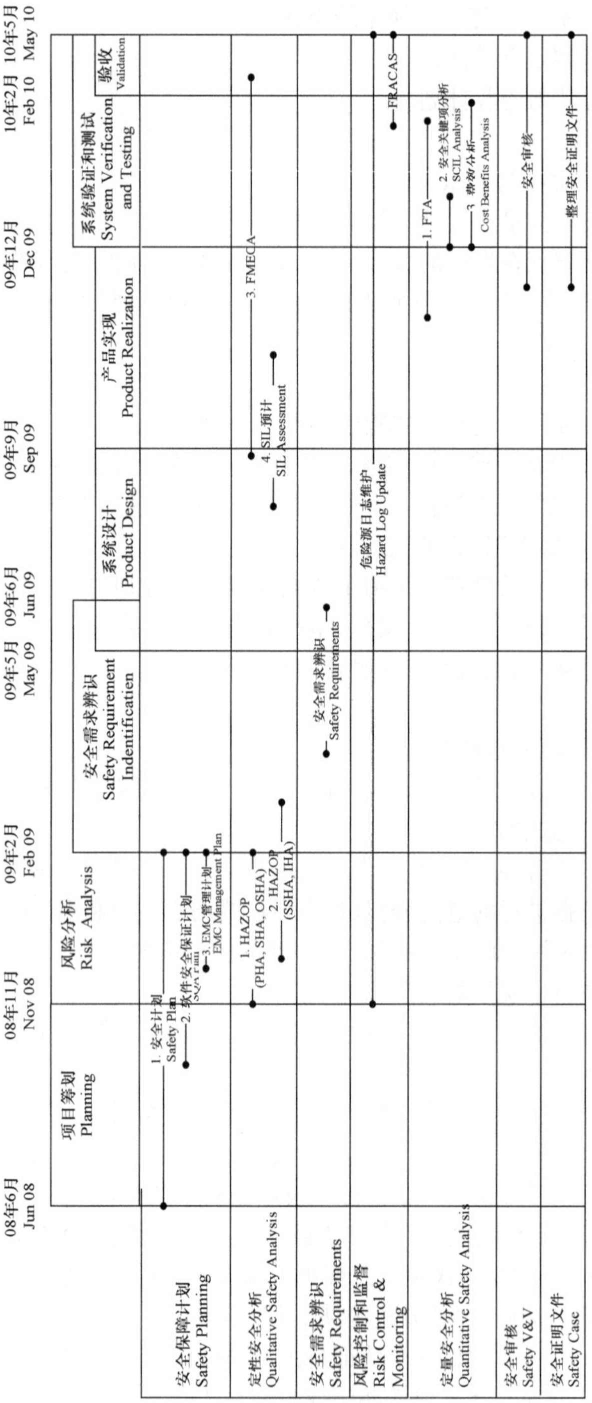

图 8-17　产品安全评估过程

8.5.3.2　工程安全评估

如图 8-18 所示，工程安全评估分为项目筹划、设计、实现、测试交付和运营等阶段，在相应独立第三方安全评估机构都需要对供应商的工作进行审查。

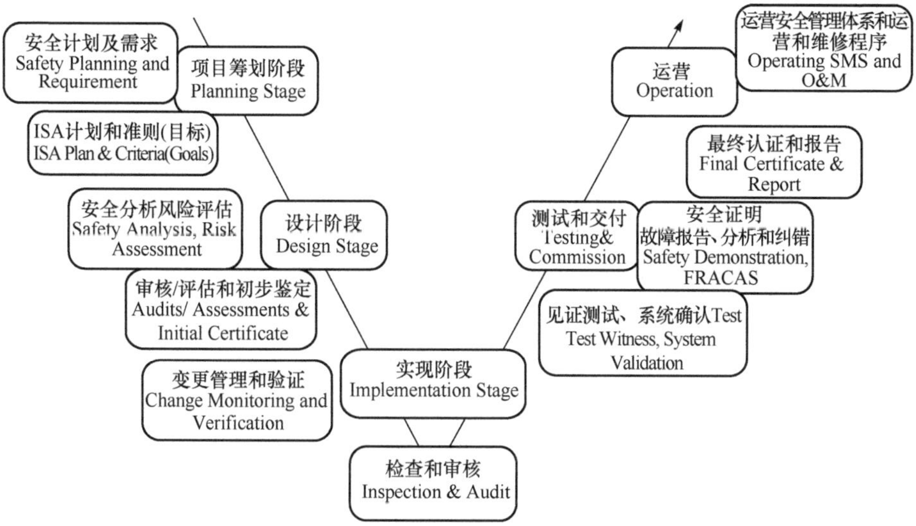

图 8-18　工程安全评估过程

在工程项目进行安全评估时，ISA 会特别的查看供应商所提供的安全苛求系统的产品是否已经获得产品的安全认证证书。用于北京地铁亦庄线的 CBTC 系统产品中的车载 ATP 子系统和区域控制器（ZC）子系统已获得英国劳氏公司的 SIL 4 级通用产品安全认证证书。若有安全苛求系统的产品未获得安全认证证书，则设备提供方不具备对项目颁发安全认证证书的条件。按照独立第三方评估的要求，进行其他安全评估的相关活动，提交安全评估相关文档。

表 8-3　安全评估活动及文档列表

安全活动		产生文档	所用方法	主要评估点
PHA	初步危险分析	PHA 报告	一自顶向下分析，产生一个标准事故列表（HAZOP）	一顶层安全需求（包括操作、维护、健康和安全，可能包括派生需求）
SHA	系统危险分析	SHA 报告	一风险/危险分析 一（FMECA）	一标准模式 一降级模式
SSHA	子系统危险分析	SHA 报告	一FMECA（可能会通过特定安全研究来完成）	系统需求间的可跟踪性； 一子系统功能的评估
IHA	接口危险分析	IHA 报告	一FMECA（可能会通过特定安全研究来完成）	一子系统间的接口

续表

安全活动		产生文档	所用方法	主要评估点
OSHA	操作和系统危险分析	OSHA 报告	—FMECA; —HAZOP	—标准模式和降级模式
安全论据收集和总结		安全证明文件	—文档结构在 EN 50129 中进行完整说明	—可应用设备的描述; —质量管理报告; —安全管理报告; —技术安全报告; —结论,包括限制、导出的需求和关于开放式点的评估 —请参照详细说明章节

工程安全评估包括以下工作内容:

1）文档评审

项目建设初期开始,独立安全评估人员对项目计划、安全计划、质量计划、配置管理计划和测试计划,以及系统需求说明书等文件进行评审,并以书面的形式提出相关改进意见。在系统设计、实现和室内测试阶段,ISA 对所有的安全文件进行全面的评审,同时抽取一定数量的设计文件进行评审,并以书面的形式提出相关的改进意见。

在集成商和分包商完成相关子系统开发工作后,ISA 对各子系统的集成测试和系统测试的测试规格书、测试计划和测试报告进行全面的评审,并提出书面的改进意见。上述改进意见待记录文档更新并经 ISA 评审合格后方可关闭,独立评估方重点审核的文档列表如表 8-4 所示。

表 8-4　ISA 审核方重点审核的文档列表

序号	文档名称
1	系统安全计划
2	系统安全需求规范:包括安全目标和系统的安全完善度等级
3	系统安全原则符合性评估:用来评估和确定安全需求说明的符合性
4	系统危害分析
5	系统操作和支持危害分析
6	系统接口危害分析
7	系统安全危害记录
8	系统故障模式,影响及危害性分析:包括安全关键项清单
9	系统定量风险分析:包括故障树分析(按照子系统的安全完善度等级目标)和结果分析报告
10	系统安全论据:包括互认接受报告(在适用的情况下)

续表

序号	文档名称
11	对安全审核报告做出响应
12	系统验证与确认计划:包括安全验证(例如:安全控制验证)和系统(安全功能)测试计划
13	系统验证与确认报告:包括安全验证(例如:安全控制验证结果),系统(安全功能)测试结果和安全需求的确认
14	调试和质保期内的故障调查和活动报告

2) 现场审核

ISA根据EN 50128和EN 50129等标准的要求从系统保证、安全保证、软件保证和质量管理等方面,在系统需求、设计、实现和测试等主要阶段对系统集成商和核心技术供应商进行现场审核,并提出书面审核报告。系统集成商和核心技术供应商需要对ISA提出的审核意见进行回复,并提供相关的证据后ISA才可关闭其意见。此外,ISA也在实验室仿真测试和现场测试过程中见证测试,设计适当的测试案例进行测试,特别是针对安全需求的测试案例,以确保满足相关的安全需求。

对于审核过程中存在的问题,业主、独立安全评估人员、系统集成商与核心技术供应商应每周召开安全例会,对安全审核和评估过程中存在的问题及时进行沟通并加以解决。

3) 安全确认

为确保CBTC系统在测试调试和投入运营后的安全性,ISA对北京地铁亦庄线的单车动车调试、多车动车调试、试运行和载客运营等阶段进行特别监控。系统集成商和核心技术供应商提供相关的设计文件、测试报告和安全证明文件后,ISA根据EN 50128和EN 50129等标准的要求通过文件评审、现场审核和见证测试等手段进行安全评估,提供安全评估报告并颁发安全证书,随后开展上述阶段的测试调试和系统投入运营等工作。

2010年底,CBTC系统与示范工程获得SIL4级独立第三方安全认证证书,并在北京轨道交通网络中的亦庄线进行应用。

从风险的角度衡量和评估系统或产品的安全性,并在系统的全生命周期过程内的每个阶段利用国际上通行标准和科学方法进行安全保证和质量管理工作,聘请独立第三方评估团队对每个过程和应用工程进行安全审核和评估工作,是保证CBTC系统安全、可靠地投入到城市轨道交通中应用的关键。随着中国高速铁路的发展,高速列车运行控制系统也应借鉴这一方法,不断地完善和提高系统的安全性,从而确保高速列车的安全高效运行和可持续发展。

第9章 展 望

高速铁路作为一种安全可靠、快捷舒适、全天候、运载量大、低碳环保的交通工具，已经成为世界交通发展的重要方式之一，在世界各国综合交通运输体系中已经和正在发挥着不可替代的作用。作为高速铁路的“大脑和神经系统”，高速列车运行控制系统是保证高速列车行车安全和提高行车效率的核心技术和关键设备。在本章中，将对高速铁路未来发展趋势和高速列车运行控制系统未来的发展方向进行探讨。

9.1 高速铁路的发展

经过半个多世纪以来的发展，高速铁路作为一种大众化交通工具，在世界各国已经展现出其强大的生命力。特别是当前，人类正面临着化石能源危机和气候变化的挑战，高速铁路作为一种绿色的交通运输工具，已经成为世界各国发展综合交通体系的必然选择。高速铁路的快速发展推动了铁路乃至整个综合运输体系技术水平与服务能级的全面提升，大幅缩短了区域之间的时空距离，改善了人们的出行条件，带动了沿线城市和地区的经济发展，提升了全社会的整体效率。在中国，由于其幅员辽阔，人口众多，资源分布不均衡等特别国情，选择发展高速铁路是一种正确的战略选择。近年来，中国高速铁路发展迅速，取得了举世瞩目的成就。随着2012年9月28日郑武线的通车，中国高速铁路营业里程已经突破7500km，成为全世界高速铁路发展快、系统技术全、集成能力强、运营里程长、运营速度高、在建规模最大的国家。

与其他交通工具相比，高速铁路具有的技术优势之一是安全性高，不仅高速铁路线路设施的质量和精度很高，尤其是其列车运行控制系统利用日益进步的电子技术和智能化控制，能确保高速列车间行车的安全距离；高速列车与其他运输方式相比，如航空和公路运输，高速铁路发生的人身伤亡事故率是最低的；高速列车行车速度高，中国高速列车的运营速度目前是300km/h，设计速度为350km/h。欧洲和日本的高速列车运营速度分别为310km/h和320km/h，而法国TGV试验列车(3编组)曾创出574.8km/h的世界最高纪录(2007年4月3日13点13分)，中国高铁在京沪先导段曾创出了运营列车(16编组)486km/h的世界纪录(2010年11月3日)；高速列车车组运能大，京沪高速列车设计间隔时间可达3分钟，这也是公路和航空所无法相比的；全天候运行，受雨、雪、雾、风的影响最小；此外还具有能耗低、节约用地、环境污染轻、舒适度高等特点。

2010年12月在中国举行的第七届世界高速铁路大会上，与会专家对世界高速铁路未来的发展趋势展开了热烈的讨论。不断提高列车运行速度无疑是高速铁路发展的目标之一，但地面高速轮轨铁路的最高速度究竟能达到多少，其最高经济时速应该是多少，目前尚无定论。从1964年世界上第一条高速铁路的运行速度为210km/h的日本新干线开始，半个世纪过去了，目前高速铁路的运营速度已经可以达到350km/h。如果考虑地面交通克服空气阻力消耗的能量与速度增加成立方关系，有专家认为地面交通工具的最佳经济运行速度应该是320km/h左右，追求过高的列车速度既不经济，也无意义。有专家认为发展真空管道磁悬浮高速列车是未来高速铁路的发展趋势，运行速度将会更高。很显然，高速铁路的发展是不会停止的。另外除了速度之外，安全、经济、提高服务质量、节能和环保也是高速列车发展追求的目标。

未来的几十年世界高速铁路仍将处于一个快速发展的时期，包括高速铁路在内的轨道交通系统作为综合交通系统的骨干，是一种绿色交通工具的共识已经确立。根据规划，中国将会在未来建成一个覆盖整个国土的近20000km的高速铁路网，也是世界上最大的高速铁路网。而欧盟国家的高速铁路网、海湾地区铁路网络、北美高铁网络、泛非铁路网络等等，都在交通发展的建设和规划之中。可以预见，未来世界上必将出现多个局域高铁网络或世界高速铁路网络。

高速铁路系统是一个多学科、跨领域的复杂巨系统，涉及几乎所有的工程学科，以及经济、人口、资源和气候等人文和社会学科。高速铁路不仅整体系统复杂，其子系统也非常复杂。整个运输和维护过程也错综复杂，未知因素较多，任何一个环节的疏漏都可能酿成大祸。如何在确保高速和安全基础上进行高效的管理和运营，也是高速铁路系统未来发展将要面临的巨大挑战。

纵观世界高速铁路的发展历程，列车速度和可靠性的提升不仅仅能够带来地域经济的持续繁荣，也为区域间的文化交流带来了潜在的契机。因此，经济发展和社会进步必然会为高速铁路的发展提出更高的要求，同时也提出更大的挑战。可以预言，未来的高速列车必将向着更加稳定、高效、安全、可靠、节能的方向发展，随着高速列车系统的日趋精密复杂，列车运行控制系统所需要应对的不确定性因素也会显著增加。因此，在未来高速列车的发展过程中，安全可靠的高速列车运行控制系统将成为整个高速列车安全高效运行的关键环节。

9.2 高速列车运行控制系统的发展

作为高速铁路的“大脑与神经系统”，高速列车运行控制系统是确保高速列车运行安全和提高运行效率的核心关键技术。因此，随着高速铁路网络的建成、运营里程的不断增加，以及新技术的不断发展，高速列车运行控制系统的进一步完善和发展也成为必然。

本书中所涉及的高速列车运行控制系统，如欧洲 ETCS 或中国 CTCS 系统，在保证行车安全和提高运输效率方面的原理和功能，都能满足现有的列车速度运行安全要求。但从系统完善和提升的角度来看，仍有较大发展的空间。高速列车运行控制系统在未来几十年内，主要围绕新技术应用和完备的系统功能扩展等方面发展。例如随着无线通信技术的发展、车地通信技术的更新换代，使得车地信息传输更加安全和可靠、传输带宽更宽。如从 GSM-R 到 LTE-R。LTE(Long Term Evolution)是 3G 的演进，是铁路未来综合数字移动通讯发展方向。又如高速列车实现自动驾驶，其运行过程在安全的基础上更加平稳和节能，或称之为基于完全感知系统(物联网应用)的新一代智能化高速列车运行控制系统。因此，对高速列车运行控制系统未来的发展可以综合为以下几点。

第一，设计和开发一个基于完全感知系统的高速列车运行控制系统。从完全感知系统的角度来讲，目前的高速列车运行控制系统虽然已和地震预报系统、天气预报系统等建立了关联，但并非基于完全感知系统。高速列车运行控制系统虽然可以实现连续获得列车运行的目标速度和目标距离，但对于列车到达目标距离前线路的完全状态，并不是完全自动感知和全天候检测。随着传感技术的进一步发展，对于线路状态的完全自动感知和全天候检测从技术上和经济上都将成为可能。同时，对于列车的运行工况信息已经具备较为完善的数据获取，但对于数据的完备性以及和运行控制系统的关联性仍有极大的挖掘空间。基于完全感知系统的高速列车运行控制系统将成为高速列车运行控制系统的未来发展方向之一。

第二，高速列车运行控制系统的智能化。从智能化系统的角度来讲，目前欧洲 ETCS-2 和中国 CTCS-3 系统虽然具备自动驾驶的基础，但要实现自动驾驶还不成熟。列车的减速和制动，基于超速防护的功能是完全自动的，但其智能化程度较低。例如，如何将高水平司机的操作经验在高速列车运行控制系统中“固化”下来，作为辅助驾驶技术的支撑和列车自动驾驶的依据，使所有的高速列车司机或自动驾驶都能达到一个较高的驾驶水平，也是系统智能化需要解决的一个关键问题。对于高速列车这样的复杂系统，在高速运行的车-线-网-气流耦合作用的条件下，如何在实现列车平稳运行的同时，又能舒适、节能和高效运行并不是一个简单的优化控制问题，其中存在着大量的优化和自适应控制等问题。进一步而言，如前所述的高速列车运行自动驾驶，也是高速列车运行控制系统的未来发展方向之一，更是系统智能化的重要内涵。

第三，高速列车运行控制系统功能的扩展。例如，高速列车间的通信目前尚不完备，后行列车获取前方列车的位置和速度是通过系统的地面系统取得。建立列车之间的直接信息通信，使后行列车可以连续、直接获得前方列车的速度和位置也是新一代高速列车运行控制系统需要迫切解决的问题，有专家建议希望设计一套独立于列车运行控系统的独立系统，来完成列车间位置和速度信息的直接交换的功能等。也有专家认为，如果需要这一功能，不论通信系统独立与否，都应将其功能纳入高速列车运行控制系统进行统筹考虑，因为通信系统的目标最终是为列车运行控制提供输入信息。事实上，对于追踪列车实现直接通信，其意义在于给后行列车和前行列车间的运行间隔控制增加了冗余设计。即当前行列车意外减速或停车后，原有的列车运行控制系统由于意外失效，不能将这一信息及时反映给后行列车的速度控制中。由于这一系统的存在，即独立通信系统的存在，使得后行列车仍然可以及时得到前行列车减速和停车信息，及时实施减速和停车，避免列车尾追等灾难事故发生。但增加通信系统必将使整个系统的复杂度增大，不仅降低整体系统的可靠性，也使得系统的成本大幅度提高。如果从高速列车运行控制系统的可靠性和安全性的角度考虑，这种冗余设计势必增加系统的复杂度和成本，其必要性和设计策略值得进一步思考。

第四，高速列车运行控制系统的标准化，也是高速列车运行控制系统未来发展的重要方面，尤其是国家高速铁路网络建成以后，标准化的作用将会更加凸显。不同线路的列车是否可以混线运行，不同公司的高速列车运行控制系统车载系统是否可以兼容，也是需要尽早考虑的问题。目前，欧洲 ETCS 和中国 CTCS 系统其实是一种国家标准，在车载系统兼容性问题上并没有完全解决。未来发展过程中，提出一种综合的高速列车运行控制系统国际标准，特别是能解决车载系统的兼容性问题，对世界高速铁路和轨道交通的发展具有里程碑意义。也有专家称此为“互联互通”问题。但是，其核心是标准化的问题。由于历史的原因和技术发展的原因，这一问题在世界各国普遍存在。

第五，更加关注系统和装备安全。在高速列车运行控制系统的进一步完善和发展中，无论其如何发展，对于高速列车运行控制系统本身的安全性和可靠性必须给予足够的重视。高可靠性和“故障导向安全”原则是系统的基本要求和永恒的标准。首先在技术方面，除了故障检测和诊断、容错设计等方法的应用，还要有一套严格的设计规范和标准，特别是以软件为主体系统的软件设计，要严格按照软件工程设计规范进行设计和测试。对于高速列车运行控制系统，作为“量体裁衣”式系统，无论是“核心系统”设计，还是“二次设计”，对于其中的每一次完善和维护，都必须按照规程操作并进行完善的测试。其二是建立独立的第三方评估和认证，确保系统的设计和运行安全。第三方评估和认证在国内起步较晚，认识尚不统一，经验不足，特别是缺乏符合资质的从业人员和企业，必须要给予足够的重视，尽快补足这一缺陷。这方面的内容在第八章已有详细介绍，这里就不再一一赘述。

第六，可维护性设计。由于高速列车运行控制系统应用的特点，一旦投入使用，在其整个寿命周期内，为了确保安全性、可靠性和功能的发挥，对其进行维护是不可避免的。任何设备无论其可靠性多高，故障都是难免的，维护是必需的，而且如何提高维护的效率，需要利用计算机仿真技术建立维护支持平台。因为系统的复杂性不断增加和分布范围广大，应该利用系统运行中获得各种数据，建立维护数据库和计算机辅助维护工具，来不断提高维护水平。另一方面是要确保设备在维护时段的安全也是未来系统重要的发展方向。业内人士都熟知，铁路的许多事故都发生在设备维护期内，有人戏称许多“事故”都是“修”出来的，不无道理。在这方面，中国铁路有诸多血的教训。除了提高系统的诊断能力，提高维护人员的素质和水平之外，必须有一套有效的管理措施来确保维护的规范。例如，要有严格的维护规范，严格按规程操作进行维护，同时保证足够的维护时间和维护后的一系列确认，在维护期内，禁止因考虑影响效率而匆忙恢复运行等。总之，利用仿真系统的技术支持进行维护，是高速列车运行控制系统未来需要不断完善和发展的重要方向之一。

第七，注重运用安全。高速列车运行控制系统的智能化程度再高，也离不开人工来操作，运用人员必须具备较高的素质和必要的训练。对于正常情况下的运用，要求操作人员熟悉设备和系统的性能。更重要的是在异常情况下的处置能力和水平。因此对于操作和使用人员的基本培训，定期培训都是必需的，从而提高他们按规程操作的水平和提高他们在特殊情况下的应急处置能力和水平。因而，建立和完善培训案例库是必要的。这也是为高速列车运行控制系统建立一个“友好环境”的重要方面。

第八，注重高速列车运行控制系统的仿真系统建立和完善。列车运行控制系统仿真系统的作用，在第 7 章中亦有较为详细的论述。对于高速列车运行控制系统，由于其特殊性和复杂性。因此必须有一套完善的仿真系统作为技术支持，对其进行设计支持，开发支持，安全性、可靠性和功能测试验证，调试和维护支持，故障分析和诊断支持，技术更新和升级支持，培训支持等。因此，随着高速列车运行控制系统的发展，其相应的仿真系统和技术也在不断地发展和完善中。因此，各种仿真模型和算法的建立和研究，各类仿真平台设计和完善都在此范围之内。

第九，高速铁路平行控制和管理系统。平行控制和管理方法将理论研究、科学实验和计算技术三种科学研究手段相结合，该人工系统能够实现对于列车相关设备、操作人员、运行环境，以及运营规则进行有效建模。通过在人工高速列车系统中进行各种计算仿真，那些在实际系统几乎无法完成的实验从而得以低成本高效率的完成，此外，实验的结果可进一步用于方案的可行性验证和评估，从而对于高速铁路系统的安全控制和有效管理提供有力的实验数据保障。具体而言，高速列车的平行计算将从列车运行、调度、管理、服务、应急等多方面展开，涉及超速防护、临时限速、紧急制动、列车定位、信息采集和处理、在线跟踪、时刻表生成、运行图编制和调整等列车运营中的各个细节。平行系统与仿真系统不同，仿真系统往往依附于现实系统，作为辅助系统，提供支持与服务。而平行系统与现实系统一样是一个独立的人工系统，研究现实系统无法实现的状态，从而对现实系统进行预测和引导等方面的研究。高速列车运行控制系统的平行系统的建模和设计工作刚刚起步，随着它的进展，在高速列运行控制系统相关方面的研究工作将会进一步深入。

第十，提高服务质量。从高速列车运行控制系统发展的角度来讲，如何增强系统的灵活性和弹性，满足不同类型的高速列车的需求，提供个性化的服务，从而提高服务的质量。例如，随着移动自动闭塞技术在高速列车运行控制系统中的实现，不同速度，不同编组的列车将会共线运行，为不同时段，不同类型的旅客提供不同类速度运行的列车。再者，随着列车运行控制系统与旅客信息系统的关联度的增加，高速列车能为旅客提供更多的列车运行信息，以增加旅客的乘车和换乘选择自由。提高高速列车运行的舒适度，也是高速列车运行控制系统的功能之一。

第十一，通过智能化控制，进一步节能和减少排放。对于高速列车来讲，除了其使用能源类型的变革之外(从燃煤、燃油到电力，再到可再生能源)，节能和减少排放有两个重要方面。一个方面是改造其牵引制动装置使其节能。第二各种方面，就是在高速列车运行控制系统上做文章。在安全和正点的基础上，优化驾驶曲线，使其尽可能避免不必要的加速和制动，这样就能即使乘客感觉运行平稳，又节省能量和减少排放。有专家认为，通过驾驶曲线的优化，在正常情况下理论上节能可以达到8%左右。这是一个相当可观的期望结果。

第十二，高速列车运行控制系统的保安措施。随着高速铁路的发展，高速列车运行控制系统将与更多的系统有更紧密的关联，如调度和管理系统，旅客信息系统，物流系统，物联网系统等联结，成为一个功能更完善，更开放的系统。对于这样的系统，技术上和管理上不完善，有意和无意违规和破坏，都应该在考虑之内。系统应该在原来的需求基础上，具有较高水平的保安措施，对意外变故有防护功能。

综合来看，随着高速铁路的发展，高速列车运行控制系统将沿着以上的十二个方面发展。也许，这里并没有将发展趋势论述完全，但其可持续发展的步伐是不会停止的。

在结束本书之前，我想进一步阐述对“安全”的认识。对于高速列车来讲，同航空运输一样无论是高速轮轨列车，还是高速磁悬浮列车，绝对的安全其实是不存在的，安全总是相对的。人类进步的历史，就是在不断分析风险、防范风险、化解风险和控制风险过程中，不断攀登“安全”的新等级。我之所以这样讲，就是希望从事这个行业的所有人员，任何时候都不能掉以轻心，放松对安全的警惕和追求。对于高速列车运行控制系统来讲，其完善过程是一个不断地积累和开发的永恒的过程。同时，对于高速铁路不幸发生的意外“事故”，必须理性的对待。人类文明发展至今，诸多进步和安全都是付出了生命的代价换来的。这样讲，并不是认为高速铁路可以出事故或者要为那些意外的事故的责任人开脱责任。而是对于万一不幸发生的事故，要理性对待，要首先将事故的“原因”调查清楚，并通过技术的手段和规章制度的加强，来避免同样的事故和类似的事故再发生，这是事故调查的主要目的。处理责任者不是事故调查的主要目的。这样可以避免在事故调查中的不理性和过度反应，甚至于有人为的掩盖事故真相的事情发生。当然，在事故调查中，如果发现有不负责任和玩忽职守者等其他问题，那是绝对不能原谅和有丝毫迁就的。意外事故的发生往往是许多小概率事件同时发生，这才构成事故发生的条件，从这个意义上讲，“事故”又是我们完善系统设计难得的“机遇”。对于一个复杂系统，在其“故障集”设计时总是有条件的，无法做到无限的完备，这就是为什么我们讲安全总是相对的。对于安全，除了技术上的手段之外，必须辅以管理上的规章制度来防范意外的发生。此外，对在高铁和航空等高风险领域的从业人员和有关企业，由于行业的重要性与特殊性，必须建立规范的准入制度，培训认证制度等，规范其行为与职责，也应该建立必要的法律制度和保险制度，界定其司法职责和建立保护措施，使其能可持续发展。

总之，伴随着世界各国经济的迅速腾飞，高速铁路的发展也进入了一个黄金时期。高速列车运行控制系统作为高速铁路系统中最为核心的环节之一，必然在其发展和完善过程中面临着诸多的困难与挑战。我们相信，高速列车运行控制系统，必将随着高速列车技术和现代技术的发展而发展，在全生命周期伴随着高速列车运行的全过程，以更加完善的功能使高速列车的运行更加安全、舒适、节能和高效。

参 考 文 献

《当代中国铁路信号(2001-2005)》编辑委员会. 2007. 当代中国铁道信号(2001-2005). 北京：中国铁道出版社

陈炳生. 1987. 电子可靠性工程. 北京：国防工业出版社

郜春海，李开成，唐涛，等. 2005. 基于通信的列车运行控制技术发展战略探讨. 都市快轨交通，6：25-29

郜春海，唐涛，张建明. 1999. 高速铁路列车运行控制系统车载控制子系统的软件设计. 北方交通大学学报，23(5)：77-82

郭保青，唐涛，王少伟，等. 2006. 采用时域相关匹配信息融合的列车定位方法. 铁道学报，3(4)：97-100

何华武. 2007. 中国铁路既有线 200km/h 等级提速技术. 北京：中国铁道出版社

侯卫星，刘刚，康熊. 2010. 0 号高速综合检测列车. 北京：中国铁道出版社

胡思继. 2005. 综合运输工程学. 北京：清华大学，北京交通大学出版社

黄良骥，唐涛. 2003. 列车自动驾驶系统控制算法综述. 铁道学报，2(5)：98-102

黄卫中，季学胜，刘岭，等. 2010. CTCS-3 级列控车载设备高速适应性关键技术. 北京：中国铁道科学

季学胜，唐涛. 2007. CTCS-3 级列车运行控制系统综合测试平台研究. 铁道通信信号，7(3)：1-3

贾利民. 2004. 铁路智能运输系统. 北京：中国铁道出版社

简炼. 2007. 地铁智能交通系统研究与实践. 北京：中国铁道出版社

客运专线列控系统临时限速技术规范. 2010. 铁道部科技运 137 号

客运专线信号系统安全数据网技术规范. 2010. 铁道部运基信号 821 号

郎宗棪等. 2007. 轨道交通信号控制基础. 上海：同济大学出版社

李开成，卜长堃. 2005. 国外铁路通信信号新技术纵览. 北京：中国铁道出版社

李开成，刘雨，唐涛，等. 2011. CTCS-3 级列控车载设备实验室互联互通测试方法. 铁道通信信号，12(4)：4-7

李开成. 2010. 现代铁路信号中的通信技术. 北京：中国铁道出版社

李学伟. 2010. 高速铁路概论. 北京：中国铁道出版社

李映红. 2009. 高速铁路信号系统. 成都：西南交通大学出版社

刘朝英，莫志松. 2010. 京津城际高速铁路信号系统集成. 北京：中国铁道出版社

陆阳，王强，张本宏，等. 2010. 计算机系统容错技术研究. 计算机工程，36(13)：230-235

毛俊杰. 1994. 高速铁路列车速度自动控制系统. 北京：中国铁道出版社

闵耀兴，黄俊武，于新安，等. 1997. 既有铁路列车提速. 北京：中国铁道出版社

倪文波，王雪梅. 2010. 高速列车网络与控制技术. 北京：西南交通大学出版社

宁滨，唐涛，等. 2010. CTCS-3 级列控系统互联互通测试研究. 第七届世界高速铁路大会论文集

(上册). 北京:中国铁道出版社,176-183
邱宽民. 2007. JT1-CZ2000 型机车信号车载系统. 北京:中国铁道出版社
沈志云. 2003. 交通运输工程学. 北京:人民交通出版社
石先明. 2009. 高速铁路 CTCS-3 级列控系统无线闭塞中心工程设计. 中国铁路,1-6
汤丹. 2006. 浅析 38G 无线电系统在上海磁浮示范运营线中的应用. 城市轨道交通研究,(10):69-72
唐涛,谢雨飞,徐田华,等. 2011. CTCS-3 级列控系统规范的建模与形式化验证方法研究. 铁道学报,7(6):67-72
唐涛,徐田华. 2008. 列车控制系统中数据通信子系统的帧丢失概率. 中国铁道科学,3(5):110-114
唐涛,徐田华,等. 2010. 列车运行控制系统规范建模与验证. 北京:中国铁道出版社
唐涛,燕飞. 2005. 轨道交通信号系统安全技术的发展和研究现状. 中国安全科学学报,15(6):94-99
唐涛,张友兵. 2012. 基于有色 Petri 网的 CTCS-3 级列控系统 RBC 切换的建模与形式化分析. 铁道学报,7:49-55
唐涛. 2011. 列车运行控制系统. 北京:中国铁道出版社
唐涛. 2012. 3C 融合与列车运行控制技术发展. 自动化博览年鉴,6(3):56-58
铁道部电务段. 2008. CTCS-3 级列控系统总体技术方案. 北京:中国铁道出版社
铁道科学技术情报研究所. 1992. 先进列车控制系统
铁道科学研究院. 2003. 高速铁路技术. 河北:铁道部工程管理中心,铁道科学研究院
汪希时. 2004. 智能铁路运输系统 ITS-R. 北京:中国铁道出版社
汪希时,等. 1994. 微机控制通用式机车信号. 北京:中国铁道出版社
王庆云. 2006. 交通运输发展理论与实践. 北京:中国科学技术出版社
魏庆朝,孔永健. 2010. 磁浮铁路系统与技术. 北京:中国科学技术出版社
魏晓东. 2004. 城市轨道交通自动化系统与技术. 北京:电子工业出版社
吴祥明. 2003. 磁浮列车. 上海:上海科学技术出版社
肖代宁,刘红燕. 2008. 国外高速列车运行控制系统. 铁道标准计,4:125-127
徐啸明. 2009. 列控车载设备. 北京:中国铁道出版社
杨士元. 1989. 安全系统的故障诊断与可靠性设计. 北京:清华大学出版社
杨中平. 2009. 漫话高速列车. 北京:中国铁道出版社
袁由光,等. 1988. 可靠系统的设计理论与实践(上下册). 北京:科学出版社
员春欣. 1997. 铁路信号容错技术. 北京:中国铁道出版社
员春欣. 2003. 安全关键计算机系统. 北京:中国铁道出版社
曾生奎. 2001. 系统可靠性设计分析教程. 北京:北京航空航天大学出版社
张曙光. 2009. 京沪高速铁路系统优化研究. 北京:中国铁道出版社
张铁增. 2009. 列车运行控制系统. 北京:中国铁道出版社
赵鹏. 2009. 高速铁路运营组织. 北京:中国铁道出版社
钟章队,李旭. 2007. 铁路 GSM-R 数字移动通信系统. 北京:中国铁道出版社

周达天. 2007. 基于多传感器信息融合的列车定位方法研究. 北京:北京交通大学博士学位论文

周民立. 2010. 上海磁浮线车地无线通信技术特点分析. 城市轨道交通研究,13(12):26-29

Adelard. 2004. Guidance for Integrated Project Teams for use in contracting for Independent Safety Auditor(ISA)services. Technical Report STG/181/1/9/1. UK:Ministry of Defence

Aeberhard M,Courtois C,Ladoux P. 2010. Railway traction power supply from the state of the art to future trends,in Power Electronics ElectricalDrives Automation and Motion(SPEEDAM),2010 InternationalSymposium,1350-1355

Althammer E,Schoitsch E,Sonneck G,et al. 2008. Modular certification support—the DECOS concept of generic safety cases. In Industrial Informatics,2008. INDIN 2008. 6th IEEE International Conference,258-263

Astengo G,Rossi C,Sciutto G. 1989. Single-phase 25kV electrification of Sardinia railway:Some particular problems related to an electrified railwaylocated in an island,in Main Line Railway Electrification,International Conference on,178-181

Bailey C. 1995. European Railway Signalling. London:A&C Black

Barnes R,Wong K T. 1991. Unbalance and harmonic studies for the Channel Tunnel railway system. Electric Power Applications,IEE Proceedings B,138:41-50

CENELEC EN 50126,Railway Applications:The specification and demonstration of Reliability, Availability,Maintainability and Safety(RAMS)

CENELEC EN 50128,Railway Applications:Software for Railway Control and Protection Systems

CENELEC EN 50129,Railway Applications:Safety related electronic systems for signaling

Chair H. 2000. Krueger,Simulation Within The Railroad Environment,Proceedings of the 2000 Winter Simulation Conference. 1191-1200

Chen T. 1994. Comparison of Scott and Leblanc transformers for supplying unbalanced electric railway demands,Electric Power Systems Research,28:235-240

Craven P,Oman P. 2008. Simulation of Advanced Train Control System,IFIP International Federation for Information Processing,Critical Infrastructure Protection II,Boston,290:243-256

CTCS-3 级列控系统功能需求规范. 2008. 铁道部科技运 113 号

CTCS-3 级列控系统系统需求规范. 2008. 铁道部科技运 127 号

CTCS-3 级列控系统应答器应用原则. 2010. 铁道部科技运 21 号

Diedrichs B,Berg M,Stichel S,et al. 2007. Vehicle dynamics of a high-speed passenger car due to aerodynamics inside tunnels. Rail and Rapid Transit,221:527-545

Dong H R,Ning B,Cai B G,et al. 2010. Automatic Train Control System Development and Simulation for High-Speed Railways. IEEE Circuits and Systems Magazine,10(2):6-18

Dong H R,Ning B,Qin G Y,et al. 2012. Urban rail emergency response using pedestrian dynamics. IEEE Intelligent Systems,27(1):52-55

Easterbrook S M. 1996. The Role of Independent V&V in Upstream Software Development Processes. In:Texas Second World Conference on Integrated Design and Process Technology (IDPT-96)

Emmerson A. 2012. 100 Years of Railway Signalling and Communications. Great Britain: Fericon Press Ltd

EN 50159-1 Railway applications: Communication, signaling and Processing systems-Part 1: Safety-related communication in closed transmission systems

EN 50159-2 Railway applications: Communication, signaling and Processing systems-Part 2: Safety-related communication in open transmission systems

Erfanian M H, Xu W. 2008. An Investigation on the Effectiveness of Scott transformer on harmonic reduction, in Power and Energy SocietyGeneral Meeting-Conversion and Delivery of Electrical Energy in the 21st Century, IEEE, 1-4

ERTMS/ETCS Functional Requirements Specification, www. era. europa. eu

ERTMS/ETCS System Requirements Specification(SUBSET 026), www. era. europa. eu

European Commission. 2004. Safety Management in Railway, WP. 2. 2. 2: Guidance for the safety management system

Fong B. 2011. Principles of Independent Safety Assessment(ISA). http://edgilis. com

Froome P. 2005. Independent Assessment of Safety Arguments. in Proceedings of 13th Safety Critical Systems Symposium

Froome P. 2005. Independent Safety Assessment of Safety Arguments, in Proceedings of Thirteenth Safety-critical Systems Symposium, London: Springer

Froome P. 2012. New MoD ISA Guidelines. http://www. theiet. org/policy/Collaboration/aisa

Goddard E. 2009. Metro Railway Signalling. Great Britain: Fericon Press Ltd

Golovanov N, Lazaroiu G C, Roscia M, et al. 2005. Voltage unbalance vulnerability areas in power systems supplying high speedrailway, in Power Engineering Society General Meeting, 3: 2509-2514

Graydon, Patrick J. 2010. Assurance Based Development. University of Virginia

Hale A R. 1997. Modeling of Safety Management Systems. Safety Science, 26(1-2): 121-140

Hansen I A, Pachl J. 2008. Railway Timetable & Traffic: Analysis Modelling Simulation. Germany: Eurail Press

Harms-Ringdahl L. 2004. Relationships between accident investigations, risk analysis, and safety management. Journal of Hazardous Materials, 111(1-3): 13-19

Harrison K, JoDawson J. 2003. Effective Independent Safety Assessment. Praxis Critical Systems Ltd

Health and Safety Executive. 1994. HSE, Railway safety cases-railway(safety case) regulations 1994-guidance on regulations. HSE Books

Heine C, Matsche G. 2001. The Influence of the Nose Shape of High Speed Train on the Aerodynamic Coefficients. Proceedings of the World Congress on Railway Research

Heine P, Hyvarinen M, Niskanen J, et al. 2010. The impact of 50Hz railroad systems on utility systemunbalance, in Electric Power Quality and Supply Reliability Conference(PQ), 2010, 61-66

How F. 2012. Signalling the future. IRSE News issue 181

IEC 61508, Functional Safety of electrical/electronic/programmable electronic safety-related systems

IEC 62279-2002. Railway applications-Communications, signaling and processing systems-Software for railway control and protection systems

IEC 62425-2007. Railway applications-Communication, signaling and processing systems-Safety related electronic systems for signaling

Independent Safety Assurance Working Group. 2009. Competency framework for Independent Safety Assessors(ISAs). Technical report, Institution of Engineering and Technology. London: British Computer Society. Issue 1

Inge J R. 2007. The Safety Case, its Development and Use in the United Kingdom. In proceeding 25th Internatinal System Safety Conference. System Safety Society, 725-730

International Union of Railways. 2004. UIC CODE 544-1 Brakes Braking Power. Paris: International Union of Railways

Jaschke K P, Hartwig K, Hörste M M, et al. 2005. A facility for testing ERTMS/ETCS conformity and human factors, Second European Conference on Rail Human Factors, UK

Kelly T P. 1988. Arguing safety-A systematic approach to managing safety cases. Department of Computer Science. York: the University of York, 341

Kelly T, McDermid J. 1997. Safety case construction and reuse using patterns. In: York Computer Safety and Reliability(SAFECOMP'97), 16th International Conference

Kerr D, Rowbotham T. 2009. Introduction to Railway Signalling. Great Britain: Fericon Press Ltd

Khier W, Breuer M, Durst F. 2000. Flow structure around trains under side wind conditions: a numerical study. Computers and Fluids, 29(2): 179-195

Kichenside G, Williams A. 2010. Two Centuries of Railway Signaling. Second Edition. UK: Oxford Publishing Co

Krajnovic S. 2009. Shape optimization of high-speed trains for improved aerodynamic performance. Rail and Rapid Transit, 223(5): 439-452

Krajnovic S. 2008. Improvement of aerodynamic properties of high-speed trains by shape optimization and flow control. Proceedings of the World Congress on Railway research. Seoul

Kuo H-Y, Chen T-H. 1998. Rigorous evaluation of the voltage unbalance due to high-speed railway demands. Vehicular Technology, IEEE Transactions on, 47: 1385-1389

Kwon H, Park Y, Lee D, et al. 2001. Wind tunnel experiments on Korean high-speed trains using various ground simulation techniques. Wind Engineering and Industrial Aerodynamics, 89(13): 1179-1195

Leveson N G. 1995. Safeware: System Safety and Computers. Boston: Addison-Wesley Publishing Company

Leveson N G. 2002. System Safety Engineering: Back to the future. MitEditors

Leveson N G. 2011. The use of safety cases in certification and regulation. ESD Working Paper

Series. System-safety. org. http://esd. mit. edu/wps

Liu Y Q, Wu G P, Hua H S, et al. 2011. Research for the effects of high-speed electrified railway traction load on power quality, in Electric Utility Deregulationand Restructuring and Power Technologies(DRPT), 2011 4th International Conference on, 569-573

Lowe C. 2008. A Human Factors Perspective on Safety Management Systems Improvements in System Safety. London: Springer

Lundstrom A. 2002. EU legislation on railway safety-Rail International

Martin P. 1999. Train Performance and Simulation, Proceedings of the 1999 Winter Simulation Conference. 1187-1294

National Science Foundation of United States of America. 2006. A report of the national science foundation blue ribbon panel on simulation-based engineering science

Ning B, Dong H R, Wen D, et al. 2011. ACP-Based Control and Management of Urban Rail Transportation Systems. IEEE Intelligent Systems, 26(2): 84-88

Ning B, Tang T, Dong H R, et al. 2011. An Introduction to Parallel Control and Management for High-Speed Railway Systems. IEEE Trans on Intelligent Transportation Systems, 12(4): 1473-1483

Ning B, Tang T, Gao Z Y, et al. 2006. Intelligent Railway Systems in China. IEEE Intelligent Systems, 5(21): 80-83

Ning B, Tang T, Qiu K, et al. 2004. CTCS——Chinese Train Control System. Computers in Railways IX, 393-399

Ning B. 2005. English-Chinese and Chinese-English Railway Dictionary. Beijing: China Railway Publishing House

Ning B. 2010. Advanced Train Control Systems. UK: WIT Press

Nock O S. 1980. Railway Signalling. London: A&C Black

Noger C, Regardin C, Széchényi E. 2005. Investigation of the transient aerodynamic phenomena associated with passing manoeuvres. Fluids and Structures, 21(3): 231-241

Pachl J. 2002. Railway Operation and Control. USA: VTD Rail Publishing Co

Paradot N, Talotte C. 2001. High Speed Train Running Resistance Analysis through Numerical Simulation and Experimental Investigation. Proceedings of the World Congress on Railway Research

Rail Net Europe. 2006. Customer Handbook, version of: 06 February

Railtrack. 2000. The Yellow Book. Engineering Safety Management, Volumes 1 and 2 Fundamentals and Guidance. Issue 4

Red Eléctrica de España TI. 2010. Acilities connected to the mainland transmission network: minimum requirements for design andequipment

Schetz J A. 2001. Aerodynamics of high-speed trains. Annual Review of Fluid Mechanics, 33: 371-414

Stanley P. 2011. ETCS for Engineers. Germany: Eurail Press

Suzuki M, Tanemoto K, Maeda T. 2003. Aerodynamic characteristics of train/vehicles under cross winds, J. Wind Eng. Ind. Aerodyn, 91: 209-218

The Office of Rail Regulation. 2011. The Railways and Other Guided Transport Systems (Safety) Regulations(ROGS): A guide to ROGS. http://www.rail-reg.gov.uk/

The Search for Safety. 1981. Union Switch & Signal Division. The Search for Safety. USA

Theeg G. 2009. Railway Signalling and Interlocking. ENrail Press

TIFSA. 2003. Safety Management in Railways, WP2. 1: Analysis of existing approaches, Draft Final Report 2. 1

UIC(Peter Winter). 2009. Compendium on ERTMS. ENrail Press

Vanns M A. 2012. Signalling in the Age of Steam. England: Ian Allan Printing Ltd

Wagner S, et al. 2010. A case study on safety cases in the automotive domain: modules, patterns, and models. In: Software Reliability Engineering(ISSRE), 2010 IEEE 21st International Symposium

Waller J. 1991. Railway Control Systems. London: A&C Black

Wilson S, Kelly T, McDermid J. 1997. Safety case development: current practice, future prospects. Belgium: Safety and Reliability of Software Based Systems-Twelfth Annual CSR Workshop

Xun J, Ning B, Gao C H. 2007. Study and Realization of Train Tracking Simulation System. Beijing: Journal of Beijing Jiaotong University, 2(31): 34-37

Xun J, Ning B, Li K P. 2007. Network-based Train-following Model and Study of Train's Delay Propagation. Acta PhysicaSinica, 9(56): 5158-5164

Xun J, Ning B, Li K P. 2009. Station Model for Rail Transit System Using Cellular Automata. Communications in Theoretical Physics, 4(51): 595-599

Yellow Book 4, Application Note 4-Independent Safety Assessment, Railway Safety and Standards Board, Issue 2. 0

